JN033565

一歩進める 英語学習・研究ブックス

# 42の事例から考える
# 異文化間
# 英語コミュニケーション

TAKAO ABE　　MAYUMI ABE
## 阿部隆夫・阿部真由美

開拓社

## 序文

　本書は，小学生から中・高生，大学生，社会人一般，英語教師など広範囲の読者を対象に，異文化経験が浅い日本語話者でも違和感のない英語コミュニケーションの基本的な理解と実践を目標に，英語圏に特化した異文化間コミュニケーションの手引きとして著したものです。本書では，日本語発想の翻訳の次元を超えて社会言語学や異文化間コミュニケーション論の見地から英語圏特有のコミュニケーション方法を問題形式から入り，考察，解説していきます。

　留学や転勤で英語圏に滞在している日本人や，英語で初めて外国人と仕事をしようとしている日本人の多くが経験することですが，英語の語彙と文法を熟知していて発音も上手であるにもかかわらず，実際に英語圏の人々とコミュニケーションをとろうとすると予想通りにはいかないことがよくあります。その原因の一つに日本式の英語教育が関係していると考えられます。日本で英語の学習といえば「読む」「書く」「聴く」「話す」技能に基づいて読解，文法，語法，作文，発音の教科書やそれに付随する CD を連想しがちです。しかし，英語コミュニケーションには，基本四技能の訓練だけでは到達できない社会言語文化の背景が存在します。その社会言語文化を様々な事例や局面から学び自分の内に取り込んで実践していくことで真の意味での英語コミュニケーションが可能となります。

　英語と日本語では，社会言語文化を背景としたコミュニケーションの違いがあります。例えば，Pardon me. や I am sorry. という簡単な言葉でさえも，使うタイミングや状況のみならずその言葉の発話目的自体が日本語の「すみません」「ごめんなさい」とは異なる場合があります。日本語の発想で Pardon me. や I am sorry. を使い続けると，英語圏では違和感をあたえるばかりか，誤解による訴訟に巻き込まれる恐れさえあるのです。これは，日本語と英語では直訳としては同じ意味であっても，その言葉が本来持っている社会言語文化の意味合いが根本的に違うからです。日本語発想での英語コミュニケーションをたとえるならば，野球は得意でもクリケットについてはルールさえよく知らない日本人にいきなりクリケットの試合を強要するようなものと言えるでしょう。

　基本的な社会言語文化が異なるのだから異文化間のコミュニケーションは上手

くいかなくて当たり前と諦めるのは簡単ですし，また日本人ばかりが何故英語コミュニケーターにあわせなければならないかのか納得がいかないと思われる節もあるかもしれませんが，When in Rome, do as the Romans do.［郷に入っては郷にしたがえ。］という諺にもあるように，基本的に他国に来ている人がその地の社会言語文化に順応するよう心がけることは今日でも変わりはありません。その点で本書は，今現在および将来的に留学や転勤等で英語圏に滞在を予定している日本人を主な対象層としていますが，同時に近年増加し続けている英語圏からの観光客やビジネスマンと接し，迎え入れる立場にある多くの日本人に向けて著されたものでもあります。

　社会言語学と異文化間コミュニケーション論から発展した英語コミュニケーションを学校の教科から習得する機会は極稀であると推察されます。英語圏で行われている ESL, EFL などの外国人向け英語コースでは，様々な国から来た学習者の言語文化背景を逐一担当教師が分析し対応する余裕はないので，この種の異文化間アプローチを取り入れることはまずありません。日本での英語教育の場合も，大学までの教育を一貫して日本の学校で受けてきた日本人英語教師はもちろんのこと，一，二年間の英語圏留学経験のある英語教師にも理論だった説明は難しいことでしょう。また，日本に短期契約で来ている外国人英語助手なら担当できるかといえば，その人が日本語とその社会言語文化に精通していない限り不可能です。英語教材でさえも著者が探した限りにおいては，日本人の社会言語習慣ゆえに無意識にしてしまう英語コミュニケーションの不具合を指摘・解説する教材を見つけることもできませんでした。

　実際に著者がどのように学習したかを振り返ると，北アメリカと UK での数回にわたる長期留学の中での様々な交流から経験した英語コミュニケーションの慣習と日本での社会生活で少しずつ身につけてきた日本語特有の言語習慣の両方を体験比較し年齢と共にようやく理解できるようになったと言えます。読者の方々には，著者のように何年もかけて一から問題分析に能動的に取り組む時間を費やさずとも，本書を英語コミュニケーションへの近道として巧みに活用し，そ

の上にご自身のさらなる経験を積み重ねていかれることを願っています。

　本書で扱う事例の大半は，人名や地名などは架空の設定ですが，概して著者が実際に体験，見聞したことに基づいています。一部，他の著書から得た間接経験情報に由来する事例もありますが，そのまま引用するのではなく，自らの経験を再度掘り起こして類似する事例として設定し，再考察しています。設定事例は，主に著者が留学していた北アメリカ（カナダおよびアメリカ合衆国）とUK（通称イギリス）での体験，見聞を基盤としています。

　したがって，本文の「英語圏」とは，便宜上，主に上記の二地域のことを指し，著者が短期滞在しかしたことのない例えばオーストラリア，シンガポール，香港や南アフリカなどの地域は正確を期するために除外してあります。本来「英語圏」とは，広義に世界中で英語が話される地域であり，狭義に英語を母国語とする地域であるはずですが，個人が一生に体験できる地理的範囲は限られるので上記の地域限定の定義としたことを考慮の上，読み進めていただきたく思います。加えて，この便宜的な対象地域の限定によって，英語コミュニケーション文化の考察が例外の少ない簡潔なものとなっています。

　本書を通じて，学校教育では通常学べないような英語圏独特のコミュニケーション文化が存在することを感じ取ってもらえれば幸いです。一個人の経験程度では多様化する社会言語文化の全貌をとらえることも，すべての事象に通用する定則を確立することにも限界があります。他の異文化体験次第では異なる解釈もできうるかもしれません。仮にそうであっても読者の方々が将来的に様々な状況下において英語圏の人々と英語によるコミュニケーションを行う状況が訪れた際，コミュニケーションを少しでも無理なく，楽しくこなすための実用的な手引書として本書を記憶の片隅にとどめていただければ著者として冥利に尽きません。最後になりましたが，本書を開拓社のシリーズ新刊として企画し度重なる訂正や差し替えにも快く応じて下さった出版部の川田賢氏に御礼申し上げたく存じます。

## 凡例

　本書の構成として，異文化場面設定から入り，付随問題に対する直接的な説明を解説で詳述し，その他幅広い角度からの関連情報をコラムにて記載しています。問題に対する解答例を掲載していないこともありますが，解説やコラムを手掛かりに各自で考え，それぞれの意見を持って頂くことを目的としているがゆえです。テーマは各事例ごとに異なり独立した構成となっているため，興味のある事例だけを読んでいくことも可能です。

　カタカナ表記は英語発音にできる限り近づけるように試みました。日本語の慣例表記には，実際の発音からかけ離れたカタカナ表記が多数存在するからです。例えば「コーヒー」を英語の発音に近づけて「コーフィー」とし，London を日本語の慣例発音の「ロンドン」と読む英語話者はいないので，英語の発音に近い「ランダン」と表記しました。

　英文の短縮形は極力用いてはいません。これは，短縮形が地域によって異なり，規則が万国共通ではないからです。例えば，I have not seen him. の短縮形が地域によって，I haven't seen him. や I've not seen him. と変わります。It isn't. と It's not. も地域的な差異です。また，文語体では省略できない接続詞の that を口語体の文調でも（that）のようにカッコにして省略が可能であることを示しています。

　本書で英語圏として主に記している UK と北アメリカという呼称に関して補足すると，UK は，13 世紀のイングランドによるウェールズの併合から始まりスコットランドとの合併，アイルランドの併合から分離独立を経て，現在のグレートブリテンおよび北アイルランド連合王国（United Kingdom of Great Britain and Northern Ireland）が正式名称となっているので，略して UK と表記しています。カナダは UK が中心となる Commonwealth of Nations の連合国ですが，地理的にアメリカ合衆国（USA）と隣接しているだけでなく，言語・文化的にも USA と類似点が多いため，カナダと USA の両国を指す場合は，北アメリカとして言及しています。また，英語表現については，事例が北アメリカの場面設定でのみ北アメリカ方式の英語を用い，それ以外は著者が通常使う UK 方式の英語を採用しています。

# 目次

7

# 1 自己紹介をする

　日本から半年の研究予定で USA ワシントン州立大学へやってきた科学者の後藤健史博士が受け入れ先学部の担当事務員 Shirley Millard と会います。後藤博士はこれが初めての外国研修で英語は日本の学校でしか習っていません。

---

*Takeshi*: Good morning.  I am Takeshi Gotoh.  I am here for six-month research.

[おはようございます。後藤健史と申します。これから半年の間ここで研究のためお世話になります。]

*Shirley*: Oh, good morning, Mr Gotoh.  I am Shirley.  Nice to meet you.

[後藤さん，おはようございます。シャーリーです。はじめまして。]

*Takeshi*: Nice to meet you, too.

[はじめまして。]（心の中で「えっ？　なぜ博士に対して後藤さんなんだよ。せめて Professor Gotoh とか Doctor Gotoh とか呼んでくれないのかな？」）

*Shirley*: Mr Goddard has asked me to help you until you get used to this department.  Is there something I can do for you today, Mr Gotoh?

[ゴダードからこの学部に慣れるまでお手伝いするようにと仰せつかっております。後藤さん，今日は何かありますか？]

*Takeshi*: ... well, where could I park my car?

[ん… ええっと，職員用の駐車場はどこですか？]（心の中で「しかしまあ，あくまでも後藤さんなのか？ 用件は何かって？ お前，少しくらい気を利かせて自分から動け。いい加減にしろ」）

---

問題

後藤博士は，日本語の習慣をそのまま英語圏に持ってきてしまい，職員の対応にいらいらしています。これは英語の得手不得手とは関係ありません。まず，日本語の呼称文化と英語の呼称文化でどのような差異があるのか考察しましょう。次に，後藤博士が英語圏の社会言語文化に従って Shirley との間でどのようなコミュニケーションを図るべきだったのか考えた上で適切な会話例を作ってみましょう。

解　説

日本語の習慣をそのまま英語圏に持ってきてしまった後藤博士は，英語圏の三つの社会習慣が分からず腹を立ててしまっています。（凡例に記しましたが，本書で扱う英語圏とは厳密な意味での世界規模の英語圏ではなく，北アメリカとUK を指すことにします。）英語圏で定着している習慣とは，第一に自分の呼称を自分で決めるということ，第二に相手の名前を頻繁に呼ぶこと，第三に自分の要望は相手から察してもらうのではなく自分から発することです。

まず，英語圏では，自分をどう呼ばせるかは自分から表示します。相手の気遣いで決めてもらったり，人間関係の優位で暗黙に推量させたりすることは歴然とした階級差がある場合を除いて，普通はありません。日本の職場で「後藤先生」などと呼ばれるのに慣れきっている後藤博士は，Shirley が気をきかせて Doctor Gotoh と呼んでくれるものと勘違いしています。したがって，彼がとるべき方法は，Call me Takeshi, please. や I am Takeshi, Doctor Takeshi Gotoh, from Japan. などと，自分から呼び方を指定することです。

例外的に，英語圏でも自分がどう呼ばれるかということに関して相手に決めさせるという人もいますが，その場合は相手が自分の許容想定内の呼び方をするという前提でそう主張しているに過ぎません。また，英語圏にも日本語でパパ，ママ，○○○おじさんと呼ばせるように自分以外の人物の視点で自分の呼び方を定める習慣はありますが，それは Mummy, Aunt Susan, Grandpa のように親子間や祖父母・孫といった親族間に限られます。したがって英語母語者が一歩社会に出ると，自分の呼び方を決めるのは，他人にとって相対的に自分が何であるかではなく，あくまでも自分にとって絶対的に自身が何であるのかという自己決定になります。

　それ故に後藤さんは，英語圏で注意すべき間違いを三重にしていることになります。一つめは呼び方を自己決定せず自分の呼ばれ方を相手の気遣いに期待してすべてゆだねてしまうこと，二つめはその呼ばれ方が気に入らないにもかかわらず即座に自分の要望を相手に伝えようとしないこと，三つめは自分の不満の原因はもっぱら相手が社会的上下関係を無視した配慮不足にあるとみなして腹を立ててしまうことです。

　次に英語圏の習慣として，発話の最初か最後で相手の名前を繰り返し呼びながらコミュニケーションをとります。特に挨拶ではその頻度が高くなります。そうすることで友好関係を深めようとします。Shirley から Oh, good morning, *Mr Gotoh*. と呼ばれても後藤博士は，Nice to meet you, too, *Shirley*. とはいわずに Nice to meet you, too. だけで済ましています。そこで Shirley は更に Is there something I can do for you, *Mr Gotoh*? と名前を付けて呼びかけましたが，日本語の習慣で後藤博士は一切 Shirley に名前で呼びかけることを思いつきません。Shirley には友好関係を拒絶されたように感じられたかもしれません。

　最後に，英語圏の大多数の人々には，日本特有の察しの文化がありません。特別待遇の上流貴族を除き，一般人の間では自分の要望は相手から察してもらえないので，皆自分から主張します。Shirley の Is there something I can do for you today? には全く悪意もなければ後藤博士をあしらう気持ちもありません。それどころか，Is there *anything* ...? と否定的にいわずに something と肯定的に表現することで後藤教授が Yes, please. と言いやすくなるように気を遣ってくれています。しかし，それが分からない彼は，日本で客をもてなすようにあくまでも Shirley のほうから何か進んでしてくれるものと最初から思い込み，何もしても

らえないので「何か用か」と聞かれたと勘違いしています。

　関連して，日本と英語圏では自己紹介の仕方そのものが異なります。日本社会では堅苦しさを伴う自己紹介が多く，そのような場面では押しなべて姓名の前に社名，所属部署等を長々という習慣がありますが，英語圏では講演や授賞式など極めて堅苦しい公式の場以外ではあまりそのような習慣がありません。略式の場面では，日本人は判で押したように山田，小倉などの姓（surname）を言うだけですが，英語圏では基本的に二通り，正確には三通りの方法があります。すなわち，I am David. というように個人名（personal name）だけで簡単に自己紹介する場合が多く見られます。または，英語圏では自分の個人名を自分の裁量で変形，省略することが頻繁にあります。例えば，Richard という人物が自分の名前を Richard のほか Rich，Rick，Richie，Dick のように自分の呼ばれたい名称で自己紹介することが社会的に認められているのです。三番目に，相手との社会的地位が違いすぎる，相手と一定の距離を保ちたい，など何らかの事情で姓のほうで呼んでほしい場合は I am Bumsted，Doctor Bumsted. などのように姓だけで済ませる人もいます。特に personal name を使う習慣には，多民族国家であるということも一因となっています。英語圏の国家は世界中から移民が集まってできていますから，surname にも世界中の多様なものがあります。ロシア，東ヨーロッパ，アフリカ，アジア，中東などの姓は英語圏の人々には何回聞いても分かりづらいものです。そこで，相手にわかりやすく自己紹介する原理が働くわけです。したがって自己紹介を聞いた人々は，余計な気遣いをせず，限られた自己紹介の情報だけを基にして個人名でまたは短縮名で呼ぶか，あるいは姓で呼ぶことになります。

　英語圏では自分自身が自己紹介で指定した呼称が即ち相手が今後自分を呼ぶ際の呼称となり，相手との社会的な人間関係で相手に違う呼び方を工夫させることはありません。日本では自分より社会的な地位が下だとみなす相手から自分のことを姓名で呼ばれることを失礼だと感じる人々がいます。自分が「社長」，「会長」，「先生」，「奥様」，「旦那様」，「横綱」，「監督」などと呼ばれるのに慣れていて，目下として扱っている者から名前で○○さんと呼ばれることがないからです。しかし北アメリカでは，日本人のように実名を避けながら Doctor，Director，Captain，Chief，Pastor，Professor などと気を利かせて呼ぶ必要はありません。例外的に UK のような階層社会では社会的上位者に対して姓名の代わり

に Professor や Doctor と敬意を示して呼ぶ習慣がまだ残っています。とりわけ王族，貴族など平民でない特殊階級の人々に対しては，自己紹介での呼称に関係なく Your Majesty や Your Highness のように呼びます。以上の習慣に基づいて，仮に後藤博士が英語圏文化に精通していたとすると次の解答例のようなコミュニケーションがとられたことでしょう。

### 解答コミュニケーション例 1

**Takeshi Gotoh:** Good morning. I am Takeshi Gotoh. I am here for six-month research.

**Shirley Millard:** Oh, good morning, Mr Gotoh. I am Shirley. Nice to meet you.

**Takeshi:** Nice to meet you, too, Shirley. However, just call me Takeshi, if not Professor Gotoh, Shirley. By the way, have you received any instruction about me?

**Shirley:** Certainly, Doctor Gotoh… oh, Takeshi. Mr Goddard has asked me to help you until you get used to this department. Is there something I can do for you today, Takeshi?

**Takeshi:** Yes, please, Shirley. I am completely a stranger in this building and on this campus. I wonder if you would guide me to some important places, such as parking, the refectory (*or* cafeteria) and the exit after five o'clock.

### 解答コミュニケーション例 2

**Takeshi Gotoh:** Good morning. My name is Takeshi, Professor Takeshi Gotoh. I am here for six-month research.

**Shirley Millard:** Oh, good morning, Professor Gotoh. I am Shirley. Nice to meet you.

**Takeshi:** Nice to meet you, too, Shirley. By the way, have you received any instruction about me?

**_Shirley:_** Certainly, Professor Gotoh. Mr Goddard has asked me to help you until you get used to this department. Is there something I can do for you today, Takeshi?

**_Takeshi:_** Yes, please, Shirley. I am completely a stranger in this building and on this campus. I wonder if you would guide me to some important places, such as parking, the refectory (*or* cafeteria) and the exit after five o'clock.

## コラム　第一印象を左右する英語圏の握手

　英語圏では，初対面で欠かせないのが握手です。日本人が挨拶をしてお辞儀をするように，英語圏では挨拶をし，にこやかに握手をします。自らの第一印象を良いものとするためにも適切な握手の仕方は意識して習得しておくと無難です。なぜなら，握手になれた人であれば，最初の握手一つで相手がどのような人間なのかかなりの推測が可能だからです。まず基本的に年長者や社会的地位が高い人のほうから手を差し出します。握手を求められた側が椅子に掛けていた場合は立ちあがります。自分の手のひらが汗で湿っていると感じた場合は，さりげなく自分の服の横で拭います。汗をかいたままだと，相手に不快感をあたえるばかりか，神経質で緊張しているような感じを与えてしまうからです。手を握る際には，「○○さん，初めまして，お目にかかれて光栄です」などの言葉を添えます。アイコンタクトをとりながら柔らかな表情で相手の名前を呼ぶことで，人当たりのよい良い印象を与えることができます。手を握る圧力はしっかりと，強すぎると傲慢な印象に，弱すぎても自信の無さを連想させてしまうので要注意です。手を握る時間は3，4秒で，その間に2，3度上下に振るのが一般的ですが，相手のペースに合わせるのもよいでしょう。また，握手は右手でするのが基本で，左手も添えて包み込むような両手での握手は，初対面の挨拶としては英語圏でも一般的ではありません。

　初対面に限らず英語圏では，日常的に握手は交わされています。就職の面接や仕事で顧客と会う際に，契約の締結時に，自宅に招かれ訪問時にその家の方々と，着

席式晩餐会で知り合った同席者と，久しぶりに再会した旧友と，別れ行く仕事仲間や友人となど実に様々な握手の機会があります。握手で始まり，握手で締めくくるビジネスミーティング等も少なくありません。

　握手という行為は古代ギリシャ叙事詩イーリアスやオデッセイアにも登場し，数千年もの歴史があると考えられています。その起源は相手に武器を持っていないこと，特に上下に振ることで袖の内側に短剣なども隠していないことを証明するのが目的だったという説や，握手をすることでお互いの言葉が嘘偽りの無い真実であることを表明する聖なる手段であったという説もあります。古代ローマでは，握手を忠誠や友好の証とし，貨幣のデザインにもなっています。ただし，握手が挨拶の習慣として広く大衆まで普及したのは意外と新しく 17 世紀頃とされ，エチケットマニュアルにも適切な握手の仕方というガイドラインが記載され始めました。[1]

　長い時をかけて社会全体で握手が慣習化された英語圏とは異なり，日本で握手が挨拶の手段として紹介されたのは明治以降のためまだ日が浅く，令和の時代になっても全体的にみて日本人はあまり握手を得意としていません。握手の最中に日本人の多くが，相手の目を見ずに手を見ていたり，そっぽを向いていたりします。アイコンタクトをしない握手は，内向的で何か隠し事をしているかのようなネガティブな印象となってしまうので特に注意すべき点です。また，身についた日本の習慣から反射的に握手には不要なお辞儀を握手と同時にしていることもあります。フットボール（サッカー）の国際大会中継を注意深く観戦すると，日本人選手が無表情な顔つきで相手選手の手を触る程度の中途半端な握手をしているのが目に留まります。日本に来ている外国人は日本の風習もある程度理解しているためとりたてて問題はないとしても，英語圏にいく場合は少し意識して握手に臨むことで相手に好印象を与え，ビジネスや社交などその後の展開にも有利となるかもしれません。

　英語圏での挨拶の典型が伝統的な握手であることに変わりはなくとも，最近では握り拳を作って指関節部分を相手と軽くあて合うフィストバンプ（fist bump）が若い世代やスポーツ選手の間で流行しています。カジュアルな感じが支持層を広げ，また手のひらを合わせる握手より細菌感染リスクも少ないことから病院などでもフィストバンプ式挨拶を選択する職員や患者もいます。外国に行った際には，その時々に応じて新しい英語圏の挨拶を試すのも一興かと思われます。

---

[1] Evan Andrews, 'What is the origin of the handshake?' <https://www.history.com/news/what-is-the-origin-of-the-handshake>（2018 年 12 月 6 日）

# Mark と呼んでください

日本企業のシカゴ支社で鈴木浩介さん所属の部署に新しく部長 Mr Mark Johnson が赴任してきて 3 か月がたっています。

---

**オフィスで**

*Johnson*: How are you today, Kohsuke?
［浩介，どうだい？］

*Kohsuke*: I am just fine, thank you. How are you, Mr Johnson?
［好調です。ありがとう。Johnson さんはいかがですか？］

*Johnson*: Good, thanks. By the way, as I asked you the other day, just call me Mark from now onwards. Mark is just enough.
［いいよ，ありがとう。ところで以前にもお願いしたとおり，これからはわたくしのことを Mark と呼びなさい。Mark でいいぞ。］

*Kohsuke*: Yes. ［はい。］(心の中で「でも部長を呼び捨てか？」)

---

**後日，オフィスで**

*Johnson*: Kohsuke, have you finished (*or* Did you finish) the analysis I asked for (*or* I had asked for)?
［浩介，頼んでおいた分析は終わったかい？］

*Kohsuke*: Yes, *Mr Johnson*. Here it is.
［はい，Johnson さん。どうぞ。］

*Johnson*: Thank you, *Mr Suzuki*.
［ありがとう。鈴木さん。］

**問題**

Johnson 氏は，この後ずっと鈴木浩介さんの呼び方を Kohsuke から Mr Suzuki に変えます。二人の人間関係に何が起こったのか分析しましょう。もしも，鈴木さんが Johnson 氏と親近感のある人間関係を築きたい場合はどのようにすればよいのでしょうか，コミュニケーション例を作ってみましょう。

**解 説**

　前章で記したように，英語圏では基本的に自分の呼ばれ方は自分で指定します。それは，職場など公の場でも同じです。例えば事例のように，Johnson 氏が鈴木さんに対して，自分が鈴木さんのことを Kohsuke と呼ぶのと同様に，鈴木さんにも自分のことを Mark と呼んでほしいと告げた場合，鈴木さんは Johnson 氏のことを Mark と呼ぶことになります。

　Johnson 氏から Mark と呼んでほしいと言われたのにもかかわらず，鈴木さんは上司である Johnson 氏のことを Mark と呼ぶことには抵抗があり，Mr Johnson と呼び続けます。あくまでも自分にとって相手がどのような立場である人間かで呼び方を決めているからです。その結果，Johnson 氏は，鈴木さんが自分と距離を置きたいのだと理解し，鈴木さんに対しても Mr Suzuki と呼び方を変えます。Johnson 氏と鈴木さんは，今後お互いに Mr Johnson，Mr Suzuki と呼び続けることになります。特に北アメリカでは，職場においても個人名（personal name）で呼び合うことが多く，相手に Mr/Mrs/Ms をつけた形式的な関係から親近感を感じられるものにしていこうという意図の表れです。鈴木さんの場合これ

を認識しなかったため Johnson 氏とのより親しみのある人間関係を構築する好機を逸してしまいます。

　また，ここで紹介した Mr Johnson とは対照的に，職場の上司や顧客の中にも会社関係では距離感や上下関係をはっきりさせておくために苗字で通すことを良しとする人もいます。上位者から自分を個人名で呼んでほしいと明確に言われない限り，下位の者は上位者に対して Mr Collins や Doctor Harris のように敬称をつけて姓（surname）で呼ぶのが普通です。仮に I am Mr Johnson. I am the director here. と初対面で自己紹介された場合，そのまま Mr Johnson または Director と呼びかければ良く，気を利かせてさらなる敬称を考える必要はありません。

　ちなみに英語圏では，親しい友人どうしでは personal name を使って呼び合います。友人に対して Mr Wells というように敬称をつけて呼ぶことは，まずありません。Mr/Mrs/Miss/Ms と姓の組み合わせで友人を呼ぶと呼んだ側は敬意を示したつもりであったとしても，そう呼ばれた側はその場限りの仕事上の取引先に対するように扱われているような感じを持ちます。日本語の「○○さん」は「○○様」とは違い親近感のある語調ともなりますが，英語の Mr ○○には親しさはないのでかえって疎遠感を強調する結果にもなりえます。著者のカナダの知人の感想によれば，Mr ○○と呼ばれると「何か故人として（第三者的に）扱われている気がする」そうです。

---

**解答コミュニケーション例**

**オフィスで**

*Johnson*:　How are you today, Kohsuke?

*Kohsuke*:　I am just fine, thank you.　How are you, Mr Johnson?

*Johnson*:　Good, thanks.　By the way, as I asked you the other day, just call me Mark from now onwards.　Mark is just enough.

*Kohsuke*:　*Okay, Mark.*

*Johnson:* Kohsuke, have you finished (*or* Did you finish) the analysis I asked for (*or* I had asked for)?

*Kohsuke:* Yes. Here it is, *Mark*.

*Johnson:* Thank you, *Kohsuke*.

---

## コラム　敬称・呼称

　事例 1 と 2 で述べてきた敬称と呼称について補足すると，まず日本語で敬称と言えば，「さん」，「様」，「殿」，「先生」など氏名の末尾に付け，自分の置かれた人間関係によって上下関係を基に判断され現状に合わせて変化します。また，日本語の敬称には男性か女性，既婚か未婚などの違いは現れません。対照的にインドヨーロッパ語圏に属する英語圏では，Mr, Mrs, Miss, Dr, Capt のようにその人が既婚・未婚，また所属する社会においてどのような身分，階層，職業に属するかが客観的に明示される固定化された敬称となっています。例えば，Mr Morrison を社交上どのような人が呼んでも Mr Morrison であり，Dr Morrison や Capt Morrison に変化することはありません。

　英語圏における固定的敬称の起源は中世封建制度下のイングランド（England, 後の UK）で，貴族階級の確立に伴い Your Grace, Lord や Sir などの称号も周知されるようになりました。Mr, Mrs, Miss が歴史資料に登場するのは 16 世紀，master, mistress から派生し，主にナイトの称号を持つ者とその家族の呼称として使われていたとあり，17 世紀には，Mr, Mrs, Miss は姓名の前に付ける敬称として状態化したと考えられています。[1] 現代の UK では，Mr, Mrs は称号や職業上の高位の役職を持たない一般人の苗字またはフルネームの前に付ける敬称と定義されています。[2]

　UK と北アメリカでは，同じ英語圏であっても敬称の用い方自体にも違いが見ら

---

[1] '"Mr"—"Mrs"—"mister"—"missus": origin | word histories' <https://wordhistories.net/2017/11/15/mr-mrs-origin/>（2018 年 11 月 23 日）

[2] 'mr | Definition of mr in English by Oxford Dictionaries' <https://en.oxforddictionaries.com/definition/mr>（2018 年 11 月 23 日）

れます。例えば，UK では準男爵やナイトの称号保持者に対して Sir Michel Jagger というように用いられ，一般人に対しては Sir の呼称は使われません。例外的には，軍隊内や警察官が市民に対して，学校で生徒が先生に対して，または高級ホテルや小売店舗で接客担当のスタッフが名前を知らない顧客に対して Sir が使われることは UK でもあります。しかしながら北アメリカで多用されるような，年齢が単に自分より上だからという理由や知らない人の注意を喚起する呼びかけとして，否定を強調する場面，または自分の父親や祖父に対して Sir と呼びかけることは UK ではまずありません。ちなみに madam の短縮形である ma'am は，北アメリカでは女性全般に対する丁寧な呼びかけとして浸透していますが，UK では，ma'am は女王陛下または軍隊・警察機構の女性上官に対する呼称とされています。[3]

　Mr は UK でも北アメリカにおいても基本的に一般人に対する敬称とされていますが，Mr President，Mr Prime Minister，Mr Chairman，Mr Speaker というように高位の官職名につけて用いられることもあります。また，スポーツ分野でも Mr Baseball，Mr Basketball のようにその分野の代表的選手の敬称としても用いられます。UK 特有の Mr の使い方として，外科医の敬称に Dr ではなく Mr を用いる慣習があります。歴史的に 18 世紀以前の外科医は，医学博士号を持つ内科医の下部労働者のような位置づけにあり Mr 付けで呼ばれていたことに由来し，変革を経た現代医学会においても Mr の称号を大切にする風習が残されているためとのことです。[4] また，敬称の表記にも違いがあり，UK では Mr，Mrs の後につける短縮形を表すピリオドは省略されますが，北アメリカでは Mr.，Mrs. というようにピリオド表記が用いられます。

　次に呼称についても，ビジネスや学校，友人，知人との交流場面において UK と北アメリカでは差異が見られます。現代まで封建制度が崩壊することもなく階層社会が継続し，称号等も維持されている UK と比べると，北アメリカでも特に USA では交流関係においてファーストネームが好まれ，多用されるのが特徴です。歴史的背景として考えられるのは，18 世紀下ブリトゥン（Britain，後の UK）の植民地であったアメリカ 13 州が不平等な扱いに対して，1776 年 The Declaration of Independence（独立宣言）を採択するに至ります。基本的人権に言及した第一部には，平等，自由，幸福の追求権が明記されており，USA で初等教育を受けた

---

[3] 'Definition of ma'am in English by Lexico Dictionaries' <https://www.lexico.com/en/definition/ma'am>（2018 年 11 月 23 日）

[4] 'Why are (male) surgeons still addressed as Mr?' <https://www.ncbi.nlm.nih.gov/pmc/articles/PMC1119265/>（2018 年 11 月 29 日）

者なら誰もが知っている有名な一説です。幼少の頃から繰り返し聞かされ，自由，平等，幸福への希求は大方のアメリカ人の価値観として定着しているので，日常生活においても基本的に人は皆平等という概念のもと，単純なファーストネームのほうが出身や貧富の差が表面に出にくいということからも選択されていると考えられます。特にプライベートの交流の場においては，老若男女を問わず親しみを込めてファーストネームで呼び合うのが常です。

　英語圏では，事例 1 と 2 で述べたように，各自がどう呼ばれたいか自分自身で決め，それを相手に伝えるのが基本です。ただし，実際に英語圏で生活してみると迷う場面に出会うことも少なくありません。例えば，職場の上役となったアメリカ人に挨拶に行った際，その上司が I am Geoff. とだけ端的に名乗った場合，今後その方をどう呼ぶべきか逡巡すると思いますが，明確に Call me Geoff. と言われない限りは当面は苗字に敬称をつけて呼び，相手が呼び方を指定するまで様子をみるのが無難です。上司からの提案でお互いファーストネームで呼ぶようになったとしても，公の場で聴衆に向かってその上司のことを述べる時や，当人不在のパーティーなどで第三者にその上司の話をする際などは，敬称を付けた苗字で話す方が適切です。また，第一印象で距離を保ちたいと感じた上役など目上の人から，今後貴方を名前と苗字のどちらで呼びますかと尋ねられた際などに，「苗字でお願いします」と率直に申し難いのであれば，Either way is fine.［どちらでも結構です。］と言っておくと大方，苗字呼称を選択してもらえます。明確に自分の意思を伝えるのが基本の英語圏であっても，遠回しに伝えたりそれを察したりしながら協調路線を選択するという状況も皆無ではないのです。

# 3 知らない人と話す (その1)

　カナダに留学中の理恵は，学校で習った簡単な英語のはずの会話で戸惑っています。

---

**Case I**

(理恵はスーパーマーケットでシナモンパウダーを探している)

> ***Rie:*** （心の中で「ここら辺にあると思うのだけれど … あっ，店員さんが歩いてきた」）

> ***Salesclerk:*** Hello, how are you?
> [(言葉の上では) こんにちは，お元気ですか？]

> ***Rie:*** （心の中で「ええっと，シナモンパウダーの場所を知っているかな?」） Good, thanks.  Do you know where cinnamon powder is?
> [良好です。シナモンパウダーはどこにあるか知っていますか？]

(店員はそのまま無視して通り過ぎる)

> ***Rie:*** （心の中で「あれっ？ 行っちゃった」）

---

**Case II**

(理恵はスーパーマーケットで支払いをしようとする)

> ***Cashier:*** Good morning, how are you today?
> [(言葉の上では) おはようございます。お元気ですか？]

> ***Rie:*** Fine, thank you.  And you? [元気です。あなたは？]

(店員は，黙って商品の合計を計算する)

> ***Rie:*** （心の中で「あれっ？ 何の返事もない。声が小さかったかしら?」）

> ***Cashier:*** Thirty two, seventy-three, please. [合計 $32.73です。]

(理恵が代金を支払う)

> ***Cashier:*** Thank you.  Have a good day, ma'am.
> [ありがとう。よい一日を。]

> ***Rie:*** You, too.  [あなたもね。]

21

**問 題**

　Case I と Case II で店員はどうして理恵に応対しないのでしょうか。理恵の会話が思うように成り立たない原因を，英語圏の慣習と理恵を含む日本人一般の習慣との両方の観点から考えてみましょう。

**解 説**

　人間は学校で教育されたとおりにコミュニケーションをするわけではないことが如実に現れた例です。この場合にはそれ以上に特殊な事情があります。まず英語圏では，日本語の「いらっしゃいませ」にあたる言葉がありません。雰囲気のよくない店ではともかく，フレンドリーサーヴィスの教育を徹底しているスーパーマーケットの店員は，Hello, how are you today? と店内ですれ違いざまにあいさつをします。正しいか否かにかかわらず流行りの言い方は，How ARE you? と are のところに強勢をおくのではなく，How are YOU? のように you に強勢があります。また UK では，本来電話の挨拶である hello が北アメリカのように日常化していないので，替わりに good morning や good afternoon を使う頻度が増えます。いずれにせよ，Case I で店内を巡回中に挨拶をしていた店員は，知り合いならまだしも，知らない客から返事など期待していないので，How are you? は相手の状況を聞く質問ではなく日本語の「いらっしゃいませ」程度の意味しかありません。Case II でも同様で精算担当の店員も店のマニュアルとおりに Good morning, how are you today? と挨拶しているだけで，客からの返事など期待していません。

　店員の挨拶はもともと表面上の挨拶だけで，How are you? は本当の質問ではないのですから，丁寧に返答しても応答があることのほうが例外と考えておいたほうが無難です。著者は，カナダと UK に滞在中に同様の状況で返事をしてみましたが，Case I では店員は客の応答などに一切関心がないので全く反応はなく，Case II では個人差があり，精算係の店員によっては Good, thank you. と応えてくれる人もいました。

　同じような挨拶が，あまり親しくないかまだ親しくなっていない知り合いどうしの間でも度々なされます。例えば知り合い程度の理恵と Kate が偶然出会う想定で Hi, Rie, how are you today? とすれ違いざまに挨拶され，理恵が Good, how are you, Kate? と返答し終わるときには既に Kate は理恵の後方 10 メートルのところを返事も聞かずに歩いているということは日常茶飯事です。この場合もHow are you? は「お元気ですか？」という質問ではありません。

　会話が成立しないもうひとつの可能性は，相手の顔を見て話すアイコンタクトとスマイルにある場合があります。日本語での挨拶の傾向として，相手のほうを向かずに挨拶をする人や，相手のほうを向いていても目をそらしている人が大多数です。日本ではスマイルのないアイコンタクトに対して敵意を連想し，友人ではない人のスマイルに対してニヤニヤして気持ちが悪いと感じる人々がいるので，日本人どうしの習慣が身に付いている人々は英語での会話中でさえもアイコンタクトとスマイルが消極的です。実際に挨拶の指導をする立場にいる日本人がよく指摘することは「声が小さい」「はっきり発声しない」などの点だけで，アイコンタクトやスマイルがないという指摘はまずしません。特に Case I で理恵がもしも同様にアイコンタクトをしないで巡回の店員に話しかけているとしたら，店員は自分が話しかけられているとは認識できません。Case II の場合は，アイコンタクトに直接的な効果がなくとも，英語圏では精算時でもアイコンタクトをしながらコミュニケーションが進みます。日本人が挨拶するときに重視する傾向にあるのはおじぎの角度とはっきりと声を出すことですが，英語圏では挨拶で最も大切なのは親近さを象徴するスマイルとアイコンタクトであり，声の大きさではありません。

### コラム　スマイルとアイコンタクトは日常コミュニケーション

　解説で述べたように英語圏では日常生活にアイコンタクトとスマイルは欠かせません。USA 南部の田舎町などでは，老若男女を問わず知らない者同士が道ですれ違っただけでも，アイコンタクトとスマイルを交わし，Hi と声を掛け合って行き交うのが慣習となっています。特に，道案内等をたまたま通りかかった相手に頼む時は，スマイルとアイコンタクトが最初のコミュニケーション手段となります。見ず知らずの方から親切に道案内等をしてもらった場合は，OK, I see. Bye.［オーケー，分かりました。じゃあ。］で終わらせずに，Thank you so much for your help.［ご親切にありがとうございました。］I am a stranger here. I could have been completely lost without your help.［不慣れなため，教えて頂かなかったら迷ってしまったか

もしれません。〕など自分のために相手が費やしてくれた時間と親切心に対し感謝の意を伝えた方が良いのは英語圏でも同じです。ただし，目的地まで同行してくれるなどと言われ相手の親切が過剰に感じられた場合などは，If you tell me the direction, that will be just fine. Thanks, anyway.〔方向だけ教えて頂ければ大丈夫です，有難うございます。〕と相手の申し出を断っても失礼にはなりません。

　道案内に限らずアイコンタクトとスマイルは英語圏の日常生活において自分の意図することを相手にしてもらうための必須コミュニケーションスキルです。事例のようにスーパーやドラッグストア等の店舗で日常的な買い物をする際に自分の探している商品が見つからない場合や購入した商品に瑕疵があり交換や返金を要請する場合などは，上から目線ではなく柔らかなスマイル視線のアイコンタクトで店員や担当者の注意をひいてから話しかけると，適切な手助けを受けられる確率が上がります。業務時間中の店員にそこまで気を遣って買い物をする必要性があるのかと思われるかもしれませんが，英語圏では，日本流の「お客様は神様」ではないのです。顧客と店員は基本的に対等な人間関係の上に成り立っており，店員はあくまで顧客の買い物を手助けする業務に携わっているだけという認識だからです。

　アイコンタクトを格別意識しない社会で成長した日本人にとっても参考になると思われるのが，ウェブ上に掲載されているアイコンタクトを苦手とする人のための対策です。それによると，目安としては自分が話をしている間はアイコンタクトを話している時間の三分の一位にとどめ，自分が聞く番になったらアイコンタクトを聞いている時間の三分の二とすることを推奨しています。聞いている時により長くアイコンタクトとることで，相手が話していることが大切で注意深く聴いているということを印象付けることができるからです。ただし，相手が話している間じっと目を見続けると睨んでいるような感じになってしまうので，注意が必要です。相手の話を聴きながらアイコンタクトを5秒から10秒とった後に目を意識的にそらし，頭の中で今聞いたことを復唱し自分の考えをまとめて，再度アイコンタクトをとるということを繰り返します。実際のアイコンタクトでは，相手に威圧感を与えないためにも真正面から相手の目を覗き込むのではなく，相手の片目または目の周辺を見る程度がちょうどよいとのことです。[1] The eyes are as eloquent as the tongue.〔目は口ほどに物を言う。〕というのは日本でも英語圏でも共通というわけです。

---

[1] Steve Mueller, 'The Importance of Eye Contact and How to Improve It' <http://www.plane-tofsuccess.com/blog/2016/importance-of-eye-contact/> （2018 年 12 月 30 日）

24

# 4 知らない人と話す (その2)

カナダに留学中の理恵は，若い男性に鉄道の駅へ行くバスの乗り場を教えています。

---

**Man**: Hi, can you tell me how to get to the station?
[やあ，駅への行き方教えてくれるかい？]

**Rie**: The coach station, or terminal, is just round the corner over there.  Do you want me to show you how to get to the railway station instead?
[長距離バスのターミナルならあそこの角をまがったところです。それとも鉄道の駅への行き方を教えてほしいのですか？]

**Man**: Yeah, just tell me how to get there.
[そう，行き方だけ教えて。]

**Rie**: You see that MacDonald's over there.  The bus stop (*or* bus stand) is just in front of it.  You take Route No. 32, and the bus will take you straight to the railway station.
（心の中で「please くらい言えばいいのに，人にものを尋ねる礼儀を知らない人ね」）[あそこにマクドナルドが見えるでしょう。バス停はその前なので，32 番に乗ってね。バスは駅まで乗り換えなしで連れて行ってくれます。]

**Man**: Okay. [オーケー]

**Rie**: You mean just okay?
[あなたオーケーとしか言えないの？]（心の中で「オーケーではなくて Thank you くらい言えば？」）

**Man**: Yeah, okay. [うん，オーケー]

**Rie**: （心の中で「失礼な人」）

---

　理恵に話しかけた男の人はなぜ please や thank you のような言葉遣いをしないのでしょうか。反対になぜ日本人の理恵はそのような言葉遣いをその人に期待しているのでしょうか。理恵の会話が思うように成り立たない原因を，英語圏の庶民の慣習と理恵の習慣との両方の観点から考えてみましょう。

## 解　説

　この場合，理恵には全く非がありません。英語圏には，人に対して please という依頼の言葉や thank you（UK の口語では cheers）という感謝の言葉が言える礼儀正しい人間と，その表現を使う習慣がなく okay と返事をする人間がいます。okay とは，Okay, I see. の省略のような表現です。著者の体験では，okay と返答された瞬間に You mean just OKAY? とすかさず相手に訂正を試みたことがあります。しかし，当人からばつが悪いそぶりもなく Yeah, okay. と繰り返されたので，唖然としました。okay としか言えない当人は決して悪気がなく社交的な言葉の使い方に無知なだけなので，感謝の言葉がないことを不快に思うのが嫌ならば，礼儀をわきまえていそうな人間が相手のときだけ親切にしてあげるくらいしか回避策はありません。

　まず，please に関しては以下の体験例が参考になることでしょう。著者は，カナダの食料品スーパーマーケット Safeway で買い物した直後に赤ピーマンの値段が間違って表示価格より高く請求されていたので，カスタマーサーヴィスで差額の返金を要請したことがあります。係の女性店員は，何回かの押し問答のあと

ようやく重い腰を上げ，著者に対し命令形で Come along with me. と言いながら売り場に行き，最終的に値段の間違いを認識し，Okay, you get a \$1.42 refund. ［金を返してやるぞ。］のようなぞんざいな態度で差額を返してきました。そこでも，please や We are sorry. のような言葉のかけらもないままでした。これは，特殊な一例ではなく，サーヴィス業界ではよくあることで，サーヴィス業界以外の社会生活全般でも観察できる言葉遣いです。

　このような命令口調の傾向は UK でよりも北アメリカで強く見られます。北アメリカではサーヴィス業界でもフレンドリーサーヴィスが普通で，対等な立場で話す表現が普及しており，対等な人間関係の想定を覆す please を伴う依頼の表現は，客に対してでも常時習慣的に使われることはありません。しかし大西洋を越えて UK では，日本の習慣に似て礼儀正しいのがサーヴィスであるという領主制度の名残のような風習がまだあり，UK のサーヴィス業界では please を省略しない丁寧表現が北アメリカでよりは多い頻度で使われています。

　ひとつの考え方としては，日本語で丁寧に依頼することと英語で please を添えて依頼することは根本的に違う動機に基づいているといえます。日本語では，客，上司，年配者，有力者など社会的な人間関係の上で相手を立てなければならない場合に丁寧な表現を用います。しかし，英語圏，特に北アメリカでは，学校で教えられる使い方とは無関係に，依頼に please を添えなければ相手が応じてくれそうもないかどうかで please の有無が決まりがちです。please を添えなくてもその依頼どおりに相手が動いてくれると確信している場合には，高級レストランや五つ星ホテルのサーヴィス場面などの例外を除いて英語圏の大半の人々はわざわざ please を添えることはありません。著者の英語圏の友人の中にも何を頼むにも命令形の文は発しても please がまるで語彙に存在しないような人がいます。反対に自分が命令したり指示したりする立場にないと分かっている場合は，英語圏の人々は必ず please を添えたり，I should/would appreciate it if … のような丁寧表現を使ったりします。

　thank you に関しても，著者の観察では，社会経験の少ない若い人々に特にそのような無礼な傾向が見られます。いろいろな分析が可能でしょうが，二つの理由が挙げられます。一つめの理由は，その人間の育った社会自体に人に礼を言う習慣が日本社会と比べると充分に浸透していないことです。英語圏，特に北アメリカの地域によっては，本来日本の常識では家庭と社会生活の中で自然と半ば非

公式に学ぶべき thank you や please の必要性と使い方があえて保育園や小学校で公式的に繰り返し教えなければならない事態になっています。二つめの理由は，thank you を本当に困った時に助けられた場合の表現だとみなしていて，道案内ごときに礼を言う必要がないと考える人々がいることです。このような人々は，thank you と言い合う頻度が低い社会に生活しているので，自分が道案内した場合でも普通は thank you と言われることを期待しません。

　なお，お礼を言わない人がいるのは，英語圏に限った現象ではありません。日本には他人を外見で判断し，特に年少者や女性に対して見下した態度で道などの情報を聞いた後，感謝の言葉を言うどころか偉そうな態度で無言のままで，または「よし」と言うだけで，その場を去ろうとする高慢な人間がいます。そのような人間は感謝の表現を知らないのではなく，社会的に上位にいる人物に対しては感謝の言葉を丁寧に言えるものです。しかしそのような計算高い日本人と，英語圏でお礼を言わない人間とは，根本的に異なります。英語圏で thank you と言わない人々は，先の日本人のように相手を見下しているからであるというよりも，感謝の言葉が道案内程度では必要だと思っていなかったり，感謝の言葉自体を頻繁に使う習慣がなかったりするからです。著者の観察では，英語圏で thank you の言葉を交わさない人々のほとんどは，反対に人に好意を施す立場になっても感謝の言葉を要求しないばかりか期待さえもしていません。

　また，別の考察も可能です。日本のように社会階層の差や民族相違に鈍感な人が多く，かつ識字率が高い社会とは違い，英語圏では，すべての人間が自分の許容範囲の品性と言葉遣いでコミュニケーションを維持してくれるという幻想は持てません。英語圏の場合は，UK のような古い国だけでなく建国数百年の移民の国である USA やカナダでさえも社会階層の格差と教育格差が歴然とあり，価値観の違う多民族が共存しています。英語を全員が流暢に話せるわけでもありません。更には，理恵が感じるような「失礼，礼を失う」という儒教観念は英語圏にはないので，人に「礼をつくす」のが当然という日本式の考えは期待できません。

　英語圏で人々が日本的な礼儀や行儀で行動しない典型的な例にバス車内でのマナー違反があります。UK のウェストヨークシャー（West Yorkshire）の都市 Leeds，カナダの中央部の都市 Winnipeg，西海岸の Vancouver などで著者が実際に何度も体験したことですが，公共のバスの中で他人の足を踏んでおいて被害

者の ouch!（イタッ！）という言葉に知らないふりを貫いて決して謝らない人間がかなりいます。また，UK のバスには前後に 4 人が向き合う席があり，Leeds の少年層から若年層にかけては，この相向き合うタイプの座席の反対側の席に土足のまま両足を乗せている乗客は男女問わず無数にいます。したがってバス車内のクッション席はいつも汚れています。Leeds では，運転者の目の届かない 2 階席のいたるところにペンキ等による落書が発見され，目撃者探しのため，バスが停車したこともありました。学校での社会マナー教育と社会での実態とがこれほど違うことがあることからも，人間は皆，礼儀正しく行儀良い言動をするという期待は，日本でも難しく，英語圏では更に幻想でしかありません。

---

### コラム　please の意味は，厳密には「○○してください」の意味ではない

　本文解説で，please を添えて依頼することが日本語で丁寧に依頼することとは異なると述べました。これは，please の根本的な意味が「○○してください」という意味ではないからです。please という語は，基本的には他動詞で「喜ばせる」，「満足させる」という意味です。Oxford English Dictionary（OED）によると，依頼する時に文頭におかれる please の元来の表現は If it pleases you（もしもそれがあなたを満足させるのなら）とされています。please に「満足する」「喜ぶ」といった自動詞の意味が加わり，現代英語では依頼表現や末尾の please が if you please（もしもあなたが満足するのなら，うれしいのなら）の意味で使われるようになっているとあります。それが表現としては更に省略されて，丁寧に依頼する時に添える決まり文句になりました。

　したがって，日本語の「○○してください」という表現自体には自身の意向を優先し相手に意思選択をさせる含みが全くないのに対して，相手の自由意志への尊重を示す英語の please にはその意思選択の幅が残っていることになります。例えば知らない人に道案内をしたり友人に贈り物をしたりする場合など，対等の人間関係であるかまたは上下関係が顕著でない場面で話者が相手にある行為をさせることができると確信している場合には，話者が please という言葉を添える必要性を感じないのも当然のことと言えます。例えば相手が自分から行おうとしているのに *Please* go along this street and turn right at the second crossing. と道案内をしたり，相手が喜んで受け取ろうとしているのに Please accept our little gift. と贈り物をし

たりするのは英語話者には不自然に感じられるはずです。普通は please を使わずに，Go along this street and turn right at the second crossing. や This is a little gift for you. I hope you will like it. といった表現が自然です。

　同様にタクシー利用を例に挙げると，「ブリティシュミューズィーアムまでお願いします」と運転手に指示する際に丁寧な意味を込めて Please take us to the British Museum. というのは不自然な感じがあります。タクシーの運転手とは金銭契約の関係であり，行先が危険地区などで乗車拒否をされそうな場合を除いて，乗客が支払う側で運転手がその料金と引き換えに必ず目的地へ連れていく側です。このような運転手の本来の業務のゆえに，乗客の行先の指示を受け入れなければ利益にならず，運転手に業務を断るかどうかの意思選択の自由は通常の場合ありません。この契約関係は，ほぼ対等かもしくは顧客の立場が若干優位なものです。そのような場合，乗客が発する言葉は Can you take us to the British Museum? や We want to go to the British Museum. が自然です。万が一，*Please* take us to the British Museum. とか *Please* go to the British Museum. のように依頼しなければならない場面があるとするならば，運転手が故意か不本意にも乗車拒否をちらつかせているか，目的地に行くのを嫌がっているような通常ではありえない状況下としか考えられません。

# 5 ご無沙汰しています

　小山明さんには，Mr & Mrs Oniki (David & Joan) という名前の日系人の遠戚がカナダのウィニペグにいます。息子が春休みを利用して，ウィニペグ市内の高校に短期留学することが決まり，その連絡をしようと国際電話をかけます。

---

**Akira:** Hello, am I speaking to Mrs Oniki?［鬼木夫人ですか？］

**Joan:** Speaking.［そうです。］

**Akira:** Hello, Aunt Joan.　This is your nephew Akira speaking, from Yokohama, Japan.
［もしもし，Joan おばさん。日本の横浜にいる甥の明です。］

**Joan:** Akira? … Oh, hello, Akira.［明？あら，明君ね。］

**Akira:** I am sorry to have kept silent for a very long period.
［どうもご無沙汰しております。］

**Joan:** Oh, do not mention it.　It is perhaps three years since we met last.　How have you been, Akira?
［そんなこといいのよ。3年ぶりかしら。元気だった？］

**Akira:** Thanks to your kindness, I have been just fine.
［おかげさまで元気です。］

**Joan:** Akira, you are speaking to me in English.　You do not have to do such a weird greeting.　What is up?　Do you want to speak with David?
［あらまあ，明君。英語でわたくしに話しているのだから，そんなへんてこな挨拶はいらないのよ。ところで今日の御用は？ David と話しますか？］

（以下省略）

---

## 問題

　丁寧に電話をかけている明は，Joan おばさんにへんてこな挨拶と言われています。英語圏の Joan おばさんにとって小山さんの何が変なのでしょうか。また英語圏で自然な挨拶はどのようなものでしょうか。模範会話例を同様の状況下で作ってみましょう。

## 解　説

　日本語では，「ご無沙汰しております」「おかげさまで ...」「お世話になっております」などの挨拶文句を成人するまでに身につけ，社交辞令として日常的に使います。実際にはほんの少しの期間だけ会っていない相手にも，特に仕事上の取引先などに対して，日本語の世界では「どうもご無沙汰しています」という表現で連絡を取っていなかったことを詫びる習慣があります。また，必ずしも相手のおかげではない場合にも，「おかげさまで」という表現で感謝と謙譲の気持ちを表現します。事例では，英語圏で生活している Joan にたいして明はあくまでも日本の挨拶習慣のまま挨拶しており，率直な Joan は甥に変な挨拶だと諭しています。

　英語圏の挨拶には，日本語のような社会的に浸透したしきたりのへりくだりの決まり文句はありません。久しぶりにコンタクトをとる相手に対して，頻繁にコンタクトをとらなければならないのにとらなかった特殊な事情がある場合をのぞいて，一般的にはへりくだったお詫びではなく，相手とあくまでも対等の関係で挨拶します。How have you been? または I hope (that) you have been just fine since last. のように挨拶しあうだけです。ここで不用意にお詫びから始めると，聞いた相手は状況把握に戸惑うか，不審に思う可能性もあります。そのほか，お久しぶりの意味の Long time no see. という中国語起源の挨拶も一部大衆の間では使われています。

　英語圏では，「おかげさまで」ではなく，普通は儀礼的に再会を喜び合います。How have you been? に対して，「おかげさまで」は大抵の英語圏の人々にとっては虚構に感じられます。thanks to you や by virtue of your kindness のような言葉を安易に言われたら，相手は自分が何をしてあげたのか考えても思い当たることがないので困ることでしょう。代わりに，I have been just well, thanks. のように平凡な答えで十分です。

　英語圏で電話や挨拶を受ける側の応答には，ある儀礼的な共通点があります。たとえ電話をかけてきた人や挨拶をしてきた人が話したくない人間であっても，儀礼的に Glad to hear from you (*or* to meet you again). や Oh, Akira, I was thinking about you recently. と肯定的な対応をします。それに即応して，電話をかけたり話しかけた本人も，同様に Nice to hear your voice. または Nice to see you again. のように肯定的な喜びを表現します。英語圏の久しぶりの挨拶で大切なのは，虚構の中でへりくだったり，謝罪をしたり，お礼を述べるのではなく，対等の立場で再会を喜ぶことです。ましてや，自ら進んで卑屈な態度をとって相手が社会的に優位にあることを強調したとしたら，英語圏ではそれは滑稽でしかありません。

*Akira:* Hello, am I speaking to Mrs Oniki?

*Joan:* Speaking.

*Akira:* Hello, Aunt Joan.  This is your nephew Akira speaking, from Yokohama, Japan.

*Joan:* Akira? … Oh, hello, Akira.

*Akira:* It is a long time since we talked last.  I hope (that) you have been very well.

*Joan:* I have been just great, thank you.  I am glad to hear your voice.  How have you been, Akira?

*Akira:* Just busy, but fine, thanks.  By the way ….

（以下省略）

---

**コラム**　人間どうしが対等である前提の英語表現と上下関係が前提である日本語表現

　本文解説で，英語にはへりくだりの決まり文句がないと述べました。日本語の敬語には丁寧語のほかに謙遜語と尊敬語があるのに対し，英語の敬語には丁寧表現しかありません。例えば，I *want* you to meet me in front of the station at four o'clock. と同じ意味の表現で I *should*（北アメリカ英語では *would*）*like* you to meet me in front of the station at four o'clock. があります。どちらも「4 時に駅前に迎えに来てほしい」という意味の表現ですが，should like の文には謙遜や尊敬の意味はなく丁寧さが増すだけになります。他の例としては，日本語の「与える」に関して，謙遜語は「差し上げる」，尊敬語は「くださる」のように相手に応じて言い換えが必要ですが，英語で与えるに相当する give は上下関係で目下の者や目上の者に区別なく give のままです。厳密には accord や grant といった上位者が下位の者に「与える」意味の言葉がありますが，この言葉自体に尊敬の意味は含まれていません。

　このように日本語と英語とで敬語表現に差があるのには，社会慣習の違いが背景にあります。日本語の表現は，上下関係があることが前提で成り立っています。日

34

本の社会では，人間どうしの関わり合いで上下関係を言葉に表す慣習が根付いています。さらに，上下関係が明らかでない相手に対しては，相手を上位に扱い自分を下位に置く表現，架空の上下関係に基づくコミュニケーションが慣習となっています。例えば，親しい対等の友人以外には「近くにいらっしゃることがあれば，拙宅にもぜひお立ち寄りください」とは言っても，「近くに来たらうちにぜひ寄っていきなさい」とは言いません。

それに対して英語圏では，UK の社会階層などのようにどれほどの上下関係の格差があっても，人間どうしは対等であるという架空の前提でコミュニケーションをとる儀礼的慣習が根付いています。その結果，長い言語の歴史の中で謙遜語も尊敬語も生まれることがなく，通常語と丁寧語だけで社会のコミュニケーションが成り立っています。英語圏には身分格差がないのではなく，どれだけ上下関係が歴然としていても目上の者と目下の者が対等の言葉で会話し，仮に違いが生じたとしても丁寧さの度合いが異なるだけになります。

日本と英語圏でこのように社会慣習の違いが存在するのには，いくつかの理由が推察できます。日本では，例えば徳川幕府の時代に上下関係に厳しい儒教と身分制度を導入して幕府が各階層の民を支配したように，昔から上下関係に厳格な教育がされ，三種類の敬語を使い分けられる国民を社会全体で育成してきました。社会の中で「謙遜は美徳である」と広く教え込まれています。したがってこの厳しい上下関係の中で社会の頂点から底辺まで瞬時にお互いの上下関係を判断し合う人間関係が成り立っており，敬語，特に謙遜語と尊敬語が上司と部下，上級生と下級生，年長者と年少者など社会全体のあらゆる人間関係に浸透したと推察できます。

反対に北アメリカなどの英語圏では，実際には社会に上下関係があるのにも関わらずそれを表面的には強調しない方向に言語が発達したと考えられます。資産や収入の差だけで社会の上下関係が決まるわけではありませんが，USA を例に挙げると，大富豪と貧乏人との間の社会格差，経済力格差は日本社会内の格差とは比べようがないほどの大きさになっています。そのような格差社会で，尊敬と謙遜の表現を各階層間ごとに，さらに各階層内でも上下関係の表現を強要したら，どれほど複雑で多様な英語表現が生まれるのか，またそれ以前に階層相互間でコミュニケーションが実際に成立するのかどうか，想像さえつきません。人間は対等であるという儀礼上の虚構前提の下で人々が対等に話した結果，社会の中で上から下まで尊敬語も謙譲語もない，皆で意思疎通ができる社会が形成されたと思われます。

カナダのトロントー（Toronto）で水浄化装置の国際講演が開かれています。開催初日の晩の講演会で，講演者の一人である水谷陽介さんが自分のスピーチを謙遜しながら次のように始めました。

---

**Yohsuke**: It would be presumptuous of me to give a lecture in front of this large audience. I am just unworthy of being on this stage. However, let me begin my presentation.

［このような大聴衆の前で講演をするのは僭越ではございますし，わたくしのような不肖な者がこのような舞台に立つべきではありませんが，ともかく始めさせていただきます。］

**Audience 1**: … (If you are not qualified to give a lecture, just step down. It is just a waste of time for me.)

（心の中で，「講演する資格がないと思うなら降壇しなさい。わたくしには時間の無駄です」）

**Audience 2**: … (A completely wrong speaker has been chosen for the lecture.)

（心の中で「講演者の人選を全く間違えましたね」）

**Audience 3**: … (I came here all the way from Hamilton. Refund me my train fare!)

（心の中で「遠く Hamilton からやってきたのになんでしょう。電車賃返して」）

---

**問題**

　水谷さんが，聴衆に受け入れられていない理由を考察しましょう。水谷さんは，どのようにスピーチを始めればよかったのでしょうか。日本語と英語でのスピーチの始め方の違いに着目して，水谷さんになったつもりで英語圏の言語文化に則したスピーチの開始文句を考案しましょう。

**解　説**

　水谷さんは，日本語式に自分を謙遜して聴衆に敬意を示すことが英語圏でも通じるしきたりと勘違いしています。聴衆にとって雲の上の存在の偉人，権力者，有徳者，貴人などのスピーチは稀な例外で謙遜表現が含まれることもあるかもしれませんが，通常の場合は英語圏の聴衆は講演者と対等であると考えます。したがって，謙遜の開始文句は，高尚な人物が聴衆と対等になるために行う行為としては効果があるかもしれませんが，元来，高位とみなされていない一般人の水谷さんが謙遜表現をしても逆効果になります。日本では壇上での謙遜は美徳とみなされるかもしれませんが，英語圏の人々の目には謙遜の行為が元来，目下のものが目上の者に対して行う行為に見えても，決して美徳とは映りません。

　また，同じ謙遜でも英語圏では，日本語のように自分自身を虚構の中で卑下するのではなく，せいぜい I am just honoured (honored) to have a chance to speak to you all. のように感謝や喜びを表現することはあっても，自己の価値否定はしません。水谷さんの自己卑下は，聴衆にとっては例えば講演者の人選を間違えたのか，あるいは緊急の代理担当なのかというような誤解を招きかねません。彼が優秀な人物と知っている人々に至っては，一層事態は悪くなり，嫌味として受け止める人も少なからずいることでしょう。

　講演前の聴衆の雰囲気を想像すると英語圏の言語文化が分かってきます。聴衆は，お互いに知らない者どうしで緊張していたり，講演者が題目の特にどの部分を話すのかに期待していたりします。そのため有効な英語スピーチの開始方法としては，軽いジョークで緊張感をほぐしたり，講演に関係していて皆がよく知っている話題などをあげながらただでさえ隔たれている聴衆と講演者の心理的な距離感を縮める工夫をしたり，という始め方が一般的です。

　平常時の緊張度の違いが，ジョークを言わない日本人講演者とジョークを言お

うとする英語圏講演者の違いを物語っています。平常時に軍隊式の号令で何年間も「起立」，「礼」，「直れ」，「着席」，「黙祷」などと緊張状態で行動させられたり背筋をピンと伸ばして一日中教育を受けさせられたりすることに慣れている日本人と，平常時に公共の場でも脚を組んだり背もたれに寄りかかってリラックスするのが日常の北アメリカの人々とでは，日常で本来あるべき精神状態に違いがあります。USA のとある高校を訪ねた際に，そこで日本語を教えている日本人教師の指摘がきっかけで著者が観察したところ，アメリカ人の学生が慣れない会場などで着席している状態は，著者が日本で見かける光景と違っていました。日本人学生の場合，何も注意されずとも行儀よく座っている割合が比較的多いのに対し，足を投げ出したり背もたれに腕を回してリラックスしたりしている割合が多いのがアメリカ人の学生です。この違いを考えれば，日本人講演者が緊張状態に慣れきっていてその会場の緊張を解こうと配慮しないのに対して，英語圏話者が緊張した雰囲気を異常と感じてジョークで本来のリラックスした状態に戻そうとするのだと納得できます。

　関連して，英語圏のスピーチには聴衆に対してアイコンタクトが重要になります。スピーチ上手な人はアイコンタクトでコミュニケーション効果の倍増を図ります。壇上の投影資料を皆で見ながらのプリゼンテーション中には，聴衆にアイコンタクトをとる機会がありませんが，それ以外の状況においても日本人の講演には，聴衆のほうを全く見ないで下を向いている場合や，聴衆に顔のみを向けて視線が常に宙に浮いている場合があります。英語圏でも原稿を読みながら聴衆を見る余裕のない講演者もいるので，前者はさほど聴衆に違和感を持たれないとしても，後者は聴衆を見ているふりだけをしてアイコンタクトを拒絶している点で違和感を持たれるので注意が必要です。講演者が聴衆のほうに顔をむけるだけで意図的にアイコンタクトを拒絶すると，聴衆は最初どれほど熱心に聴こうとしても次第に「自分は無視されている」と感じ始めて注意が散漫になる人々が出てきます。

**解答コミュニケーション例 1** (jokes)

*Yohsuke*: This afternoon a gentleman asked me what I did for profession and why I was visiting Toronto by coming all the way from Japan. I answered, 'I work for providing people with clean water, and am going to speak at an international convention.' Then he said, 'Oh, is Toronto special for the *plumbers* working all over the world?'

**解答コミュニケーション例 2** (jokes)

*Yohsuke*: Wow, in front of such an enormous audience, I am getting nervous and have just begun to feel like being as completely invisible as the cleanest purified water I want to present now ….

**解答コミュニケーション例 3** (common information)

*Yohsuke*: As any of you know, in the remote countryside of Africa, the colour (color) of water most children drink is brown or yellow ….

---

## コラム　コミュニケーションの究極のスタイルとしての壇上スピーチ

　英語圏出身者と日本人による集まりや会議などを観察していると，話を中心になって展開しているのは英語圏の人々で，それを静かに頷いて聞き時折発言するのが日本人という構図をよく見かけます。日本語による会議進行でも，たとえ流暢とは言えない日本語であっても英語圏出身者が中心になって活発に発言している光景によく出会います。これは，英語圏と日本の理想とするコミュニケーションのスタイルが根本的に異なることから生じています。

コミュニケーション学者ハル・ヤマダによると，日本では人の話を注意深く聴いて察しをもって理解することこそが良いコミュニケーションの基本とされます。つまり日本語のコミュニケーションはその成否が聞き手次第で決まる聴衆型というわけです。他方，USA では，自分が意図するところを理論整然と端的にはっきり話す人が好まれ，不明瞭にためらいがちに話すのは良くないとされます。コミュニケーションが上手くいくのも迷走するのも話し手次第というわけです。USA のみならず英語圏全体で話し手中心のコミュニケーションが形成された理由として，新約聖書のヨハネによる福音書１：１「初めに言葉があった。言葉は神と共にあった。神は言葉であった」を例に挙げ，昔から言葉が最高位のものとみなされていたことや，近代に入り言葉は神からの賜りものという認識から，科学の言葉として人間に作り出されたものであるという認識に変わった後も，科学である以上正確さを第一とし，言葉を正確に選択し自分の意図するところを正確に伝えることに重きを置くようになったとハル・ヤマダは説明しています。[1]

　話すことを基本とする英語圏のコミュニケーションの中でも究極の形態が壇上スピーチです。中でもパブリック・スピーチ（公的演説）と共に USA の歴史は作られたと言われるほど歴史の重要な場面でパブリック・スピーチは大きな役割を担ってきました。アメリカ建国以来の名高い演説は一字一句記録保存，出版もされており，1990 年代以降の名演説になるとランキング付けされ実際の映像のオンラインアクセスも可能となっています。また，公的な演説に限らず英語圏では社会生活一般においても壇上スピーチは，自分の意見や考えを人に聞いて貰う身近で大切なスキルとして浸透しており，人前で話す訓練を重要な教育の一環として位置付けています。

　壇上スピーチの歴史的起源をひも解くと，USA 建国より遙か昔の古代ギリシャ・ローマ社会にまで遡ります。古代ギリシャの哲学者アリストテレス（Aristotle）は，修辞学／弁論術を説得の技法とし理論，道徳，感情に分けて説明しています。アリストテレスより約三百年後，キケロ（Cicero）によって修辞法 5 原則に発展し，今日の壇上スピーチの基礎が確立されました。[2] 説得力のあるスピーチの原則とは，要点を絞り込むこと（invent），聴衆に衝撃を与える巧みな構成にすること（arrange），プレゼンテーションの技法を決めること（stylise），メモに頼らず暗記す

[1] Haru Yamada, *Different Games, Different Rules* (New York & Oxford: Oxford University Press, 1997), 15, 16, 38

[2] 'History of Public Speaking' <https://courses.lumenlearning.com/boundless-communications/chapter/history-of-public-speaking/>（2018 年 12 月 2 日）

ること（memorise），発声や間合い，アイコンタクトを練習すること（deliver）の5点です。特に，自分の主張要点を証明する引用文や統計，その他の資料をどのように提示するか，適切な言葉の選択，正しい発音，強調すべき点や文章の流れを意識し，話すペースやトーンの調整，中継ぎやジョーク，ジェスチャーをどのように要点に絡めて入れていくか，また，聴衆からの質問を想定して解答を準備しておくことも大切とされています。聴衆を説得できるか否かの分かれ目は，道徳と，論理と感情のバランスがとれていること，つまりこの話し手は聴くに値する人物と思われること，話しのポイントが理論的で実効性があること，そして聴衆の感情に訴えかけることが成功の鍵というわけです。[3]

　英語圏では話すコミュニケーションに重きを置き，高校や大学の授業では今日でもキケロの弁論術を基本とするスピーチの授業も設けられているほどですが，誰もが壇上スピーチを得意とし易々とこなしているというわけではありません。大手世論調査会社ギャラップ（Gallup）の調査結果によると壇上スピーチはアメリカ人の不安要因の第2位に挙げられ，国民の約40パーセントが壇上スピーチに対して何らかの不安を抱えているという結果になっています。[4]　その他の調査では7割以上という結果もあります。緊張のため血圧が上昇し，発汗，頭痛，めまい，パニック症状などを伴うステージ恐怖症（glossophobia）という病名も存在し，それを克服するための心理療法，投薬治療，専門団体による講座開発も進んでいるのもまた実状です。

[3] Esther Snippe, 'Cicero's not-so-secret formula for persuasive talks' <https://medium.com/@speakerhubHQ/ciceros-not-so-secret-formula-for-persuasive-talks-8f1b2866f96e>（2019年4月18日）

[4] Gallup, Inc., 'Public speaking, heights and being closed in small spaces also create fear in many Americans' <https://news.gallup.com/poll/1891/snakes-top-list-americans-fears.aspx>（2019年4月24日）

パーティーに出席する

東京本社からスィアトル（Seattle）支社へ転勤してきた谷口正雄さんと大貫
はじめさんは，所属している製品開発課で毎年恒例のパーティーに参加します。
入口近くで同じ部署の部下の George Langley が夫人の Allie 同伴で，まず谷口
さんに，次に大貫さんに会います。

---

**Masao:** Oh, good evening, George.  How is it going?
［George こんばんは。どうだい？］

**George:** Good, thank you, Masao.  This is my wife Allie.
［正雄，調子いいよ。こちらが妻の Allie です。］

**George:** Allie, this is Masao, my superior (*or* boss).
［Allie，上司の谷口正雄氏だよ。］

**Allie:** Nice to meet you, Masao.  You look nice in your dark
green suit.
［お会いできて光栄です。深緑のスーツお似合いですね。］

**Masao:** Oh, this is almost nothing, just an ordinary suit.
［いいえ，それほどでも。平凡なスーツですから。］

**Allie:** I like your brown tie, too. ［茶色のネクタイも素敵ですね。］

**Masao:** It is nothing special, just a no-name tie.
［いいえ，たいしたことありません。ありふれたネクタイです。］

**Allie:** ....（話題に尽きてしまう）

**George:** By the way, where is your wife, Masao?
［ところで，君の御夫人はどこだい？］

**Masao:** Emi is at home now. ［絵美なら家だけど。］

**Allie:** Is she all right? ［奥様大丈夫ですか？］

**Masao:** Yes, she is just fine. ［ええ，ピンピンしています。］

**Allie:** ....（心の中で「なぜ元気なら，パーティーに来ないのかしら？」）

---

（時間がたって Langley 夫妻が大貫はじめさんに話しかける）

**George:** Hajime, How are you doing? ［やあ，はじめ，どうだい。］

*Hajime*: Good, thanks, George.　How about you?
　　　　　［いいよ，George。君は？］

*George*: Good.　By the way, this is Allie, my wife.
　　　　　［いいよ。ところで，妻の Allie を紹介するよ。］

*Allie*: Good evening, Hajime.　Have you come with your wife?　［はじめさん，こんばんは。奥様もご一緒ですか？］

*Hajime*: Yes, I have.　She is chatting with her Japanese friends over there.
　　　　　［ええ，あそこで日本人の友人たちとおしゃべりしていますよ。］

*George*: You mean those ladies ever sitting on chairs?
　　　　　［あそこでずっと座り込んでいる婦人方のことかい？］

*Hajime*: Yes ….　［そうだけど］

---

**問題**

　谷口さんは，部下 George の夫人に会え，いろいろとほめてもらっているのに会話の発展を放棄してしまいました。英語圏の言語習慣に従うと，谷口さんはどのように応答すればよかったのでしょうか。それはなぜでしょうか。点線部より上の前半部分を英語圏で好感を持たれる会話例にしてみましょう。

　次に，なぜ George と Allie は谷口夫人や大貫夫人がどこにいるか尋ねたのでしょうか。英語圏の社会文化をもとに考察しましょう。

---

**解　説**

　谷口さんは，スーツとネクタイとで二回ほめられたのに，日本語的な謙遜の慣習に則り，「いいえ，とんでもありません」のような感じで繰り返し応対してしまいます。日本社会では，ほめことばをそのまま受けるのがほめてくれた相手より自分の立場が優位だと意志表示することになりかえって反感を買うことになる，と会得します。そこで，ほめた相手が自分より立場が下ではないことを暗示するように「そんなことはありません（わたくしは，ほめてもらうほど立場が上

ではありません)」のように謙遜して，実際には自分を卑下して，応対する習慣
があります。

　英語圏社会では，初対面かどうかにかかわらずコミュニケーションを発展させ
るために真意はともかく相手をよくほめます。ほめるのは，コミュニケーション
を発展させる手段なのです。Allie は，一回目にスーツをほめるのですが，話題
をそらされてしまい，再度ネクタイをほめます。それでもまた谷口さんにほめ言
葉を否定されてしまい，話題に尽きてしまいます。したがって，谷口さんは，
スーツやネクタイをほめられた時に，Thank you. I am comfortable in this green
suit. や Thanks. I like the design of this tie. というようにそのまま同調しながら
応対すればよいことになります。実際にそのように思っていなくても，英語圏の
言語文化では同様に応対することによってコミュニケーションを継続させようと
するのが慣例です。

　また，英語圏の人々は，ほめられるとお返しに相手のことをほめます。谷口さ
んは，Allie に対しては Your necklace looks good on you, Allie. とか，George
に対しては George, you have got a kind partner. というようにほめ返しておくの
が無難です。そのようなほめ言葉の交換で，更にコミュニケーションは発展して
いきます。

　このように相手をほめ返す英語圏の習慣も反対に謙遜する日本の慣習も，結局
のところ同じ効果を生じさせています。社会機能的には，英語圏社会で人をほめ
る行為が相手や相手の持ち物の価値を高く評価する機能を持っていますが，呼応
して相手がほめ返してこちらの価値を上げてくれることで，お互いの価値がほぼ
対等に戻ることになります。他方日本社会では，相手にほめられてもすぐに自身
が謙遜することで，表現上で相手より相対的に上がってしまったこちら側の価値
を，相手側と同等の価値まで下げることができ，その結果お互いの価値が対等程
度にまで戻ることになります。

　英語圏社会と反対に日本社会で謙遜型の均衡是正方式が浸透したのは，儒教の
慣習の有無が要因であると考えられます。古代中国大陸で社会の頂点の支配者階
級が広大な国土で膨大な数の人民を統治する方法として考案され学問として高め
られたのが儒教です。日本社会でも徳川政権時代初期から統治の補助手段として
普及が図られ，今では社会通念として学年間の上下関係から企業組織や地域社会
の人間関係にまで広く深く浸透しています。その儒教の示す美徳の一つが謙遜

で，これが日本社会に深く根付いていて社会の上層から下層まで治安のよいピラミッド型の社会階層を構築するのに貢献しています。この「謙遜」という美徳に基づいて日本人には，対等な人間同士では均衡な人間関係を，上下関係のある人間同士では確固たる上下関係を維持するように慣習が浸透しています。この儒教の慣習がない英語圏社会では，謙遜して自身を下げる行為の代わりにほめ返して相手を持ち上げる行為が人間関係で同等の効果を生むコミュニケーション習慣として広まっているものと思われます。

次に，谷口さんは，単身で参加することが多い日本式の飲食会に慣れてしまっているようで，谷口夫人はどこにいるか，すなわち，「同伴の夫人に会いたい」を意図した英語らしい質問に「家にいます」とそっけなく答えています。日本では団体や会社の親睦会に参加するのはその団体や会社に所属する会員，職員だけで，家族が招かれることは稀ですが，英語圏のパーティーでは夫婦同伴が原則です。家で幼児などがいる場合は，子守（babysitter）を臨時に雇って夫婦で出かけます。その社会習慣の中で生きてきた Langley 夫妻は，日本から転勤してきた上役たちが皆単身で出席していることに驚いたことでしょう。

英語圏では社交パーティーは立食形式が一般的で，テーブルに座る晩餐会は banquet と呼ばれます。大貫さんは，妻同伴で出席しているものの，大貫夫人は社交の場にいることの認識が薄く，脚が弱い高齢者や疲れてしまった客のための臨時椅子を日本人どうしで勝手に占有して座り込んで楽しんでいます。そして，大貫夫人の行動が，残念ながらまさに著者が英語圏のパーティーでよく目にした，駐在社員の御夫人方で立食パーティーに不慣れな人々が着席式 banquet と混同して取る典型的な行動様式です。日本で普段パーティーに夫人として招待されたことがない人々は，知らない人に積極的に話しかけたり夫の知り合いに挨拶したりすることが苦手のようですが，まさにこれが社交の場である英語圏の立食パーティーですべきことなのです。

英語圏と日本ではパーティーそのものの意味と参加趣旨が違います。英語圏でパーティーは開放的な社交の場なので，配偶者やボーイフレンド，ガールフレンドなどのパートナーと同伴で行くことは当然のこととして考えられています。しかし，日本の企業，役所などの歓送迎会，忘年会などの晩餐会では，通常は配偶者などの家族が招待されることはありません。日本の職場や団体が開く忘年会や歓迎会などは，会費制の閉鎖的集会である場合が多く，party という誤訳をあて

るよりも members' banquet と呼んだほうが適切です。この観点からも，英語の party と俗に言う日本語のパーティーとを混同しないほうがよいでしょう。

---

### 解答コミュニケーション例

*Masao*: Oh, good evening, George.  How is it going?

*George*: Good, thank you, Masao.  This is my wife Allie.

*George*: Allie, this is Masao, my boss.

*Allie*: Nice to meet you, Masao.  You look nice in your dark green suit.

*Masao*: Thank you, Allie.  I like this suit.  And you look wonderful in your dress, too

*Allie*: Oh, thank you.  This is one of my favourites.

---

### コラム　パーティーで好印象を持たれる服装と話題

party という言葉は，元来 10 世紀以降ラテン語の動詞「分ける」およびその派生名詞として「部分」の意味合いで使われていました。それが 1300 年代に入って政治的所属集団の意味に発展し，社会的な楽しみの集まりとしてパーティーという言葉が使われ始めたのが 1716 年とされています。[1] 以来，夕食会（dinner party），ティーパーティー（tea party），カクテルパーティー（cocktail party），ダンスパーティー（prom/dance party），仮装パーティー（fancy dress party (UK) / costume party (USA)），歓迎会（welcome party），新居祝会（house warming party），パジャマパーティー（pajama party）等々英語圏では人生の様々な場面で社交の場となるパーティーは欠かせません。

幼少期から誕生会に始まり成長の過程に合ったパーティーに繰り返し参加していくことで，所属する社会の文化・風習に即したパーティーでの立ち居振る舞いを自然と身に着けていくのは英語圏でも同じです。日本で生まれ日本文化の中で成長し

---

[1] 'party', *Online Etymology Dictionary* <https://www.etymonline.com/>（2018 年 12 月 11 日）

た日本人がいきなり英語圏のパーティーに出席した際，ぎこちなさを感じるのは当然のことですが，事前に適切な準備をしておくことで比較的違和感なく振る舞うことができます。例えば，招待されたパーティーがどんな集まりなのか漠然とした情報だけでなく，参加者が実際にどのような服装で来るのかドレスコード（dress code）を確認し，パーティーで好感をもたれる会話のトピックスや受け答えなども想定しておくとよいでしょう。

　留学やビジネスで英語圏に滞在中にパーティーに招待される場合，仕事関連であれば大抵のドレスコードはビジネスフォーマルと推察されます。基本は，セミフォーマルと同じで，男性はスーツ，女性は膝丈のワンピース，若しくはお洒落な感じのスーツが良いでしょう。露出度が少なくビジネスの延長としての雰囲気を保ちながらも華やかなスカーフやアクセサリーでアクセントを利かすのも可です。仕事関連でも結婚式（wedding reception）や年末パーティー（year-end party/ holiday party）に招待されドレスコードがカクテル装（cocktail attire）となっている場合は，男性は黒色以外の無地のダークスーツ，白または無地のシャツ，タイは蝶ネクタイも可，ポケットチーフ，黒革靴が基本です。女性のカクテル装は，シルクやサテン等の上質な生地のミディ丈のエレガントなドレスまたは LBD（little black dress）と称される膝丈のブラックドレスが主流です。加えて，ドレスに合ったハイヒール，アクセサリーやハンドバッグも欠かせません。仮にドレスコードがフォーマル（formal attire）のパーティーが予測される場合は，焦って現地調達するよりも日本から着物を一式持参しておくと華やかで見栄えもします。

　学生の場合は，大学の友人やクラブ，寮生の集まり等で参加するパーティーのほとんどが，ビーア（beer）を片手に騒ぐカジュアルなものなので，T シャツにジーンズ，スニーカーとラフな格好で充分です。ただし，英語圏では時に気分を変えてドレスアップしたパーティーを楽しむ催し物もあります。筆者の経験では，半世紀前の卒業生を迎えるフォーマルな同窓会（reunion party）を現役学生が手助けするパーティーで，ロングドレスの着用を依頼されたこともありました。

　以上のように英語圏のパーティーはカジュアルからフォーマルまで多種多様であり，一概にドレスコードと言っても，所属する団体によってずいぶんと意味が変わることもあるので，事前にパーティーの主催者や詳しい方と確認することであまり心配せずにパーティーに臨むことができます。それでも着飾り過ぎ（overdressed）やくだけ過ぎ（underdressed）ではないかと周囲とのズレで目立ってしまうことがとても気になる場合は，着飾る方を選んでおくと当日パーティー会場でネクタイやアクセサリー類を外すなどして調整することも可能です。

服装と同等またはそれ以上に重要なのが，パーティーにおける話題です。知り合いであれば共通のトピックスが分かっているのですんなりと入って行き易いのですが，初対面の人々と何を話すべきかは気を遣うところです。初対面の人に Hi, I'm ○○. と満面の笑みで話しかけ自ら積極的に話題を提供し，終始フレンドリーな雰囲気で盛り上げる典型的アメリカ人がいるかと思えば，「お天気良くないですね，いつものことですけど...」目の前の料理をとりながら「ブリティッシュ料理にしては美味しいですね」などと皮肉にも聞こえる世間話から入り初対面の人とは若干距離をおいた接し方を遠慮のある良いマナーとする UK 出身者もいたりと，外見からは判断がつかないケースもあるため周囲の出方を見て話題を合わせるというのも一つの方法です。

　無難なアプローチとしては，解説で述べたようにお互いの服装を褒め合うなどして相手に対して好感を持っていることをアピールするほか，互いの気持ちが乗りやすい共通の興味を探る方向で自分のことや相手についての会話を発展させていく例が挙げられます。熱中している趣味や特技，好きな食べ物やお気に入りのレストラン，日常生活の中で見つけた小さな発見，仕事や休暇で過ごした海外や国内での体験談，感銘を受けた本や映画，好みの音楽やたしなむ楽器，飼っているペットの話，これまでの人生において記憶に残る嬉しかったことやためになった教訓など誰にでも受け入れ易い無難なトピックスに終始し，個人的な深い話には言及しません。ジョークをいくつか用意しておくと場を盛り上げるのに効果はありますが，特定のエスニックグループをターゲットにしたようなダークジョークは回避するべきです。また，皆で興じられるような想像力を試すゲーム感覚のトピックスなどもお勧めです。

　仕事関係のパーティーでは，それをチャンスと捉え関連会社や他の部署に属する人々との意見交換や自分のこれまでの業務成果や今後の目標などについて話す人もいます。ただし，blow one's own trumpet/horn［自分のトランペットを吹く，つまり自慢話をする。］ことに対して，文化背景の違いから好意的な見方をする人が多数派のアメリカ人とあまりそう思わない人が多いヨーロッパ系やアジア系の人々とでは感じ方に差があります。したがって，仕事関係のパーティーであってもパーティーである以上人との親睦を深める社交の場ですので，仕事の話ばかりを持ち出すのは，暗黙のルール違反としてマイナスイメージにつながる恐れもあります。例外として，資金集めパーティー（fundraising party）など純然たる業務目的のために計画されたパーティーであれば，趣旨に沿ってのパーティー進行となるため目的の仕事の話に集中することになんら問題はありません。

# 8 料理や飲み物を勧める

谷口家（正雄，絵美）では，Langley 夫妻（George, Allie）を夕飯に招待しています。

---

**Emi:** （Langley 夫妻に）Please help yourself to a cup of tea. It is just a coarse blend, though.

[まず，お茶をどうぞ。粗茶ですが。]（心の中で「今日取り寄せた新茶を気に入ってくれるとよいのだけれど」）

**Allie & George:** Oh, thank you.

[ありがとう。]（心の中で「でも，お茶の文化が深い日本に粗茶なんてあるはずがないから，粗茶だなんて言わなくてもいいのに。それにどちらかといえば，冷たいものが飲みたいので一言聞いてくれないかな？」）

（お茶を一口飲んだ後で）

**Allie:** Emi, this tea is good.

[絵美さん，おいしいお茶ですね。]（心の中で「このような香りの高いお茶が粗茶なら，谷口さんたちは普段キッチンにもっと上等なお茶を備えているのかしら？」）

················································

（しばらくたって晩餐のテーブルに着いた後で）

**George:** They look gorgeous, Emi. [豪華で美味しそうですね。]

**Allie:** They sure do. [本当にそうね。]

**Masao:** There is nothing special, but please help yourself.

[何もありませんがどうぞ。]

**Emi:** You may or may not like this food, but please try it.

[お口に合うかどうか分かりませんが，どうぞお召し上がりください。]

**Allie & George:** ....（心の中で「こんなにおいしそうな料理なのに，なぜおいしいものがないとか料理がおいしくないとか言うのかな？」）

---

## 問 題

　おいしそうな食事を目の前にして，谷口夫妻の言葉との隔たりに Langley 夫妻は戸惑っています。英語圏の言語文化を考慮して食事を勧める場合に，谷口夫妻はどのような言葉で勧めればよかったのでしょうか。同じ場面設定で違和感のないコミュニケーション事例を作ってみましょう。

## 解 説

　Langley 夫妻の戸惑いは，聞いた言葉の否定的意味と，目前の料理が否定とは正反対においしそうであることとの隔たりから生じています。夫妻は，お茶と料理を勧められた時に視覚と嗅覚でおいしそうな物と判断しているので，「粗茶ですが」，「何もありませんがどうぞ」と食事を勧められても，その言葉を文字通りには受け取ることができません。しかし時には，「何もないのなら招待するな」とか「おいしくないものを出すのなら，勧めるな」と言葉通りに反感を持つ人も英語圏にはいるかもしれません。状況が正確に分からないまま Allie は，谷口夫妻が普段は更においしいお茶を飲んでいて極上のお茶を今日はたまたま切らしているのかも，と事実誤認の想像までしています。

　日本の家では客が質問してもいないのに自分が出す飲食物のうんちくを説明すると，そういうことに慣れていない客の中には自慢話かと否定的な印象をもつ人もいるかもしれません。しかし英語圏では，飲み物，食べ物を勧める場合に謙遜せず肯定的な表現をします。したがって日本語の習慣のように，相手の好みに合わないかもというような含みを持たせながら，せっかく良いものを勧めるのに「何もありませんが」，「お口汚しですが」などと，そのものを否定することで謙遜を表すことはありません。客の為においしいワインやお茶を選んだり，自分がおいしいと思っている料理を用意したりした場合，素直に楽観的で自信を持った言葉を使います。例えば，コーフィーなら This coffee is a special blend of organic beans. You must try this mild taste. と半ば強引に勧めます。料理なら，例えば Emi is good at cooking chicken. This is one of her best recipes. Just try it. と言うことでしょう。

　時には，料理が期待通りにできないことや想像以上の味がする料理であるかもしれませんが，その場合でも故意に謙遜する必要はありません。著者は，実際に

This is extremely hot. I hope (that) it is not too hot for you. のように言われたことがあります。また，日本風の料理に慣れていない客に対して This Japanese food is a special menu for this season of the year. I hope that you enjoy trying something new. If you do not like it, just leave it. と一言添えるのもよいでしょう。

　客も，勧められたものをほめるのが習慣になっています。例えば，This tastes really good. または You are an excellent cook. のように必ず一言添えます。これは日本語でも同じだと言えます。「いいえ，おいしいお茶ですね」などと日本語のようにまず相手の謙遜を否定するところから始めなくてよい分簡単かもしれません。また，日本語のコミュニケーションのように，自己卑下的謙遜に対して受けた相手がお世辞ででも必ずそれを否定しながらほめなければならない半ば強制的習慣は英語圏にはなく，英語圏で勧められたものをほめるということはあくまでも客の自発性に基づいています。ただし，You are a better cook than I am (*or* than me). などと自分などを卑下して比較しながらほめることはありません。

　また，英語圏と日本では飲み物の出し方にも違いがあります。日本では，迎えた側が客の好みをいちいち確認せずに自分の判断で冷たい飲み物や温かい飲み物を選んでさりげなく出します。英語圏では，What would you like to drink? We have tea, coffee, orange juice … のように客に何が飲みたいのか尋ねるか，もしくは Would you like a cup of coffee? と事前に yes か no かを確認します。Langley 夫妻は，冷たいものが飲みたいときに本人達に確認もなく温かいお茶が出てきて意外に思ったことでしょう。

---

**解答コミュニケーション例**

*Emi*: Allie, George, would you like a cup of green tea? We have a fresh blend today.

**Allie & George**: Yes, please. That sounds nice.

*Emi*: （Langley 夫妻に）Please help yourself to a cup of tea. It has (got) a fresh flavor.

**Allie & George**: Oh, thank you.

(お茶を一口飲んだ後で)

**Allie:** Emi, this tea is very good. I liked it.

**Emi:** I am glad (that) you like it.

---------------------------------------------------------

(しばらくたって晩餐のテーブルに着いた後で)

**George:** They look gorgeous, Emi.

**Allie:** They sure do.

**Masao:** This spread (*or* cuisine) is a combination of the best local food. You must try it.

**Emi:** We are particular about poultry. This is special chicken that have been fed with grains only. It contains no chemical additives. Please go ahead and try it.

**George:** This chicken is just perfect.

**Allie:** Emi, you are an excellent cook. You could even open a Japanese restaurant, I think.

### コラム　ホームパーティーへの手土産

　英語圏に赴任すると，会社や取引先で知り合った方々の自宅に夫婦で招待されることも少なくありません。その際，気遣いが大切となるのが手土産です。学生どうしのパーティーであれば，スーパーで買ったビーア（beer）やスナック菓子を持参するだけでも充分かと思いますが，英語圏でも社会人ともなればそれでは不充分です。無難な手土産の代表格は，化粧箱入りのチョコレート，シャンパン，美しく包装された花束などの高級消費物です。持参した手土産をホスト／ホステスに手渡す際も This is nothing special … [つまらない物ですが …。] と言った日本語発想の否定的謙譲表現を用いるよりは，I hope you like this. [気に入って頂けたら嬉しいです。] と率直な肯定的表現のほうがこちら側の気持ちも先方に伝わります。

　英語圏の中でも北アメリカと UK では喜ばれる手土産に違いがあります。赴任してまだ日が浅い場合は，日本から持参した工芸品やアート，漢字の入った T シャツなどもパーティーの話題の一つになり，特に北アメリカでは，個人の家も広いので，大喜びで即座に飾ってくれたり，着用してくれたりすることが多々あります。他方 UK では，日本と同様に手狭な家も多く，また衣食住のうち住に最もこだわり自分流のコーディネイトを確立している人も少なくないため，和風趣向の人以外の家では無用の長物となってしまう可能性があります。日本からの物を手土産として持参する場合も抹茶や日本酒など消費できる物のほうが UK では無難です。また，北アメリカではほぼ違和感なく受け入れられているホームパーティーへのワイン持参の習慣も，しきたりや伝統を比較的重んじる UK では，先方との上下関係と持参したワインとの価格のつり合いが難しかったりすることもあります。もし迷った場合は，百貨店や高級スーパーマーケットでお花やスィーツを籠に盛り合わせた手土産セットも販売されているので，それを利用する方法もあります。

　まだ互いをよく知らない方への手土産で特に気を付けなくてはならないのが，アレルギーと信仰です。近年英語圏でも小麦，ナッツ，牛乳，豆，甲殻類などの食物アレルギー人口が増加しており，USA では総人口の 10 パーセントにあたる 3,200 万人が何らかの食物アレルギーを有しているというデータがあります。特にナッツ類に対するアレルギーを持つ子供の数は，1997 年から 2008 年の 10 年間だけで 3 倍にも急増しています。食物アレルギーの症状は口の周りがかゆくなり腫れる程度から匂いをかいだだけでも喉が締め付けられ呼吸困難に陥り救急搬送されるまで様々ですが，アナフィラクシーショックを起こした場合は死に至ることさえもあります。[1] そのため，ホームパーティーの場合招待を受けた先方の家族や他の招待客の中に，重度の食物アレルギーや花粉アレルギーの方がいるという可能性も全くないとは言いきれず，プレゼントとしてのサプライズ効果は薄れたとしても，念のため事前に確認するのが今の時代に即していると思われます。

　また，移民を多く受け入れている英語圏では様々な信仰を持つ人々が共存しており，会社関係者の中にユダヤ信者やイスラム信者等がいるのは少しも珍しいことではありません。信仰が同じでも戒律を厳格に守る人や，柔軟な人もいて一概に把握することは困難であっても，ホームパーティーに手土産を持参する場合は，少なくともホスト側の大まかな信仰を事前に確認し，例えばイスラム教徒の場合であれば

---

[1] Food Allergy Research & Education, 'Facts and Statistics' <https://www.foodallergy.org/life-with-food-allergies/food-allergy-101/facts-and-statistics>（2019 年 6 月 1 日）

酒類全般や豚を原料とするゼラチン菓子なども避けます。

　相手の信仰を知った上での準備がより重要となるのは，お返しの意味も込めて先方を自宅に招く時です。豚やいか，たこ類を回避するだけで済むユダヤ信徒やイスラム信徒もいますが，仮に先方が食材選択から調理方法や食物の組み合わせまで厳格に守る信徒や，ベーガンと称される徹底した菜食主義者である場合などは先方も言及すると思われるので，無理をせず食事を回避して，ティーパーティーだけにするというのも一案です。また，何を食すのも自由と思われているクリスチャンの中にもモルモン派のようにアルコールおよびコーフィー，紅茶などカフェイン入りの物が一切禁止されている人もいるので，自宅に招待した客に気持ちよく過ごしてもらうためには，日本人どうしのように推察し自分の判断で飲食物を提供するよりは相手に確認をすることが大切です。

# お礼を言う

Langley（George and Allie）夫妻は谷口家で週末晩餐をご馳走になり，翌月曜日に George は谷口さんに会社の廊下で出会いました。George のお礼の言い方に注意して読んでください。

（谷口家で晩餐の最後に）

**Allie**: This has been a great dinner.  Because of you, I have begun to love Japanese food.  Thank you very much.
［素敵な料理でした。おかげさまで，和食が好きになり始めました。ありがとう。］

**George**: We enjoyed talking with you, Masao, Emi.  We had a wonderful time.  Thank you very much for your hospitality, too.
［正雄，絵美，おしゃべりが楽しかった。非常に楽しかった。おもてなしありがとうございます。］

**Masao**: Glad to hear that. ［嬉しく思います。］

**George**: Well, it is getting late and about time to go.
［さて，晩も更けてきたので，そろそろお暇する時間になってしまいました。］

**Masao**: Please drop by again sometime when you have a chance. ［またいつか必ずうちへお寄りください。］

**Emi**: It has been a pleasure having you here, Allie, George.
［Allie, George，お越しくださって非常に楽しい時間を過ごせました。］

（Langley 夫妻家へ帰る）

---

（翌週月曜日午前，会社の廊下で谷口さんと Langley さんが出会う）

**George**: Masao, good morning.  How are you today?

[おはよう，正雄。どうだい。]

**Masao**: Oh, George, good morning.  I am just fine.  And you?
[George おはよう。快調さ。君は？]

**George**: Just great, thanks.［絶好調だよ。］

**Masao**: Did you have a safe trip home last Saturday?
[先週末の帰りは大丈夫だった？]

**George**: Yes, we did.  The taxi driver was just good at driving the cab (taxi) smoothly.  We felt so comfortable that we almost fell asleep on the way back.
[うん，タクシー運転手は快適な運転をしてくれて，あまりにも快適すぎて途中でうとうとしたくらいだったよ。]

**Masao**: Good.  So ....
［良かったね。それで....］（心の中で「なぜ，先週の礼がないのかな？一言くらい言えば？」）

**George**: ....（心の中で「正雄は今日機嫌が良くないな」）

---

## 問題

　谷口さんは，なぜ翌週月曜日に George が再度礼を言わなかったことに対して不満を持ったのでしょうか。また George はなぜそのことに気付かなかったのでしょうか。考察の基となる英語圏のお礼のタイミングと表現の仕方について下記のようにまとめましょう。

| | English | 日本語 |
|---|---|---|
| タイミング | | 訪問とおいとまの時，後日再会した時 |
| お礼を言う回数 | | 二，三回の複数回，特に再会時にもう一度繰り返す |
| 表現例 | | 「ありがとうございます」，「先日はありがとうございました」など |

**解 説**

　日本と英語圏ではお礼をいうタイミングも頻度も違うことを谷口さんも
George も認識していないことがコミュニケーション失敗の原因です。日本の大
人の習慣では，招待された場合などでは訪問時の最初に「本日はお招きにあずか
りありがとうございます」，そしておいとまする時に「本日はご馳走様でした」
「本日はありがとうございました」などと言い，後日再会時に「先日はどうもあ
りがとうございました」と繰り返しお礼を述べます。ところが英語圏では，原則
お礼は一回のみで，上記事例の場合はご馳走になっておいとまする時です。した
がって翌週の月曜日に George が繰り返しお礼を言わなかったのは英語圏ではご
く普通のことです。仮に二人の間で英語圏の社会言語習慣を尊重する場合には，
谷口さんは George から再度の礼を期待してはいけないことになります。

　このように一回でよいお礼を，実際に英語圏で再会時に繰り返されると，いろ
いろな意味に解釈される可能性があります。計算高い人物だと敬遠し，しつこい
嫌味に受け取る人もいれば，何かそれ以上のことを遠回しに要求しているのかと
心配する人もいるという社会言語学者の調査意見もあります。[1] 日本に滞在中の
英語圏出身者の意見はともかく，英語圏にいる一般人がこの言動をそこまで深く
解釈するとは考えにくいにせよ，少なくとも日本人がなぜ時間差で後になってか
ら再度礼を言うのか不思議に思い，そのようなことをするくらいなら時間差なし
で言うべきであろうと感じる人は多いと思われます。日本式に好意的に解釈し
て，礼儀正しい人物だと評価する人は，ほぼ皆無です。

　例外として二回，お礼を言うこともあるかもしれません。例えば，プレゼント
をもらった時に一度お礼を言ったあとで，そのプレゼントが本当に気に入って
後日，具体的に，The baseball bat you have given to me is just perfect for my
hands. In yesterday's game, I hit two homeruns because of your gift. のように同
じお礼を繰り返すのではなく，更に具体的な報告をするのは好意的に受け取られ
る可能性が高くなることでしょう。しかし，十人中全員がそう捉えるかと言え
ば，個人主義が日本より強い英語圏の個人の考え方の個体偏差ゆえに確実ではあ
りません。正確な判断のために必要なのは，日頃から相手がどのようなお礼の習

[1]　直塚玲子著『欧米人が沈黙するとき』（大修館書店，1980 年）38-41

慣を身につけているかを見極めることです。

　英語圏では普通一回しかお礼を言わない反面，そのチャンスにははっきりと明確にお礼の意志表示をします。Langley 夫妻の場合は，晩餐の最後に Allie が This has been a great dinner. Because of you, I have begun to love Japanese food. Thank you very much. と言えば George が We enjoyed talking with you, Masao, Emi. We had a wonderful time. Thank you very much for your hospitality, too. と実に丁寧な描写でお礼を述べています。これだけのお礼を言えば，英語圏では充分で後日お礼を繰り返す必要はありません。

---

**解答例**

|  | English | 日本語 |
|---|---|---|
| タイミング | At the end of the dinner, just before one leaves | 訪問とおいとまの時，後日再会した時 |
| お礼を言う回数 | Once for all | 二，三回の複数回，特に再会時にもう一度繰り返す |
| 表現例 | Thank you very much for the dinner. Thank you very much for your hospitality. I had a very good time. | 「ありがとうございます」，「先日はありがとうございました」など |

---

**コラム**　　to と ing の意味する「○○すること」には，意味合いに違いがある

　事例スキットの It is about time *to* go at this late time.［お暇する時間です。］と，It has been a pleasure *having* you here.［お越し頂いてありがとうございました。］に見られるように日本語で「○○すること」にあたる表現方法が英語では二通りあります。名詞的用法の to 不定詞（to go, to see など）と動名詞（going, seeing など）の二種類の使い分けに英語話者は，無意識的に微妙な気持ちや意味の違いを込めて

います。基本的に to 不定詞は，まだし始めていない行為に使われます。方向を示す前置詞の to に動詞が続くことによって，「動作に向かっている」ような未来志向のイメージになります。もう一方の動名詞は，すでに終わったか始めてしまった行為，もしくは習慣化・慣例化した行為に使われます。動詞の語尾を ing という活用形で固定化するということは，その動詞がこれいじょう語尾変化，意味変化できなくなるということになり，行為の固定化の過去志向イメージにつながっています。

　対比例を挙げます。I usually like *hiking* in a wood. Yet today I should (or would) like *to take a long walk* along the beach. ［通例林の中を歩き回るのが好きです。でも今日は，ビーチをゆっくり散歩したい。］hiking は話者にとってこれまでもしてきた行為であり，習慣化した行為でもあります。しかしこの話者は気が変わって「今日は代わりにビーチを散歩したい」と，これから行おうとしている動作，まだ始めていない行為として *taking* a walk ではなくあえて *to take* a walk と使い分けているわけです。

　次の類似表現にも話者の異なる気持ちが表れています。*Eating* too many sweets is bad for your health. / It is bad for your health *to eat* too many sweets. ［お菓子の食べすぎは体によくありませんよ。］一番目の文の eating の表現は，主に習慣的に毎日甘いお菓子を食べ過ぎていて問題を抱えていそうな人に対して発する言葉です。これに対し二番目の to eat は，そのような食べすぎの習慣がなくこれから食べようとしているかもしくは食べ始めたばかりの人に発する言葉です。

　また，同じ時制の文章でありながら，過去に起こった事と現在や未来で起こるだろう事を明確に区別して表現することもあります。I cannot forget *losing* my wallet last month. ［先月財布を無くしたのが忘れられません。］/ I sometimes forget *to use* my credit card for shopping. ［買い物でクレジットカードを使えるのに使うのを時々忘れます。］この場合，同じ忘れる forget の行為でも財布を無くしたのはすでに過去にしてしまったことなので losing というように動名詞で表現し，買い物時にカード払いにすることは，現時点および未来のことなので to use というように to 不定詞を用いることで，忘れる内容の過去志向と未来志向の区別ができます。

USA に住んで間もない山口真美さんのところに友人の Lisa Stephanie が遊びに来ています。明日は真美の誕生日で，それを知っている Lisa はこっそりプレゼントを用意しています。

---

*Lisa:* Mami, guess what?

［真美，あててごらん。］

*Mami:* What is it, Lisa?

［Lisa，何のこと？］

*Lisa:* （大きなカバンの中から包みを取り出して）Here you are. Tomorrow is your birthday, isn't it? Though today is one day early, this is a little present for you.

［どうぞ。明日はお誕生日よね。一日早いけれど，ささやかなプレゼントです。］

*Mami:* Oh, thank you. What is in it?

［ありがとう。中身は何なの？］

*Lisa:* Just open it.

［開けてみなさいよ。］

*Mami:* That is very kind of you. I will open it right after this coffee.

［ありがとう。このコーフィーを飲みおわってから開けるわ。］

*Lisa:* （一瞬，間をおいて）... Well, okay.

［まあ，それでもいいけど。］

## 問 題

　プレゼントを用意した Lisa は，予想していない真美の反応にがっかりします。英語圏の習慣では Lisa は真美にどのような反応を期待するのでしょうか。真美は感謝の言葉を繰り返しましたが，気持ちが伝わりません。感謝の気持ちが伝わるようにプレゼントを受け取るコミュニケーション例を作ってみましょう。

## 解 説

　英語圏では，誕生日のほかクリスマスや聖ヴァレンタインの日などに贈り物をします。その時に，日本語のように「つまらないものですが」と品物の価値を否定することはありません。控え目に渡す人でも This is a little present for you. I hope (that) you like it.［ささやかながらプレゼントです。（「お気に召すと光栄なのですが」ではなく）気に入ることを期待しています。］と肯定的です。

　受け取るほうは，この時とばかりにすぐに包みを開けて感謝の気持ちを言葉に表現します。真美は，感謝の気持ちは丁寧に述べてはいますが，日本人がお歳暮やお中元をもらうときのように中身を見ないまま開けずに奥にしまう習慣を転用してしまっています。これでは，どのような感謝の気持ちも相手に伝わりません。さらに，英語圏では後日に再度お礼をする習慣がないので，お礼を言うチャンスはもらった瞬間にしかありません。したがって，真美はすぐに包みを開けて，This is neat. I have wanted this colour of scarf for a long time. You *do* know my favourites. Thank you very much. How happy I am to have such a nice friend as you. のように，日本語の観点では少々大げさに聞こえるかもしれませんが，はっきりと感謝と感想を述べると相手のプレゼント選びの努力も報われます。

　ちなみに包みをバリバリと破いて中身に興味を示すのも英語圏では感謝を表すデモンストレーションの一部です。日本では，その場で開ける場合も包みを破かないように丁寧に開いて折りたたむ習慣がありますが，英語圏では，大抵の人がバリバリと包み紙を破いてポイと捨てます。日本式に包みに凝って特別な仕掛けをしてもその包みは無残な形でゴミ箱に直行するので，がっかりしないようにしてください。

　Lisa は，上記のように真美が中を開けて大げさに喜んでくれると期待してい

るのですが，真美が結局それを開けないままお礼を言われます。真美は丁寧に感謝の気持ちを述べていますが，中身を見ないままの言葉なので，その気持ちが Lisa に伝わりません。英語圏では，プレゼントを持ってきた人は感謝の言葉だけでなく感想も聞きたいと思っています。この際に相手は受け取った人の反応を期待交じりに観察しているわけなので，英語圏式に相手の顔を見て表情でも感謝を表すとよく伝わります。相手にアイコンタクトをしない日本式の話し方をすると，効果がなくなるばかりか逆効果にもなりかねないのでアイコンタクトは重要になります。事例では，Lisa も持参したプレゼントをきっかけに This is a special import from Germany. とか It took me a week to look around to find a present for your taste. 等々，話がはずんでいくことを期待していただけに，この展開にがっかりしています。

　以下，英語圏で典型的なプレゼントの受け取り方の例です。

**Lisa:** Here you are. Tomorrow is your birthday, isn't it? (*or* is it not?) Though today is one day early, this is a little present for you.

**Mami:** Oh, thank you. （待ちきれないように包みを開ける。Lisa のほうを向いてうれしそうに）This is neat. How come you know I like natural silk? I have wanted this colour of scarf for a

long time.  You *do* know my favourites.  Thank you very
much.

**Lisa**: （ニコニコしながら）I am so happy because you like it.  That
is my favourite, too.  I hope (that) you will wear it.

**Mami**: Sure, I will.

---

### コラム　プレゼントの慣習

　日本社会で誕生日，父・母の日等の祝事，御中元，御歳暮など頻繁に贈り物が行き交うように，英語圏でもプレゼントの習慣は多々あり，広く普及しています。家族・親戚間の贈り物と友人・知人へのプレゼントなど贈る人と受け取る人との距離感によってプレゼントの内容や価値が変わるというのも共通しています。少し異なる点は，友人・知人に贈り物をする際，金額は円換算で1千円から1万円位とほぼ同額であっても，日本人が老舗デパートや有名店などで凝った品や目新しい物を比較的自分の好みで見繕うことが多いのに対し，英語圏でも特に北アメリカの人々は徹底的に相手の好みに合うプレゼントの選択に尽力します。まず，相手を良く観察することから始めます。相手が普段着用している服装，好みの色系，住んでいる家の内装や身の回りの物，これまでの会話の内容をよく思い出し，分析して，相手が心から喜んで実際に使ってくれるような品物を時間をかけて探し出します。また，日常のちょっとした相手の親切心に対して花やスィーツ等をお礼としてプレゼントする際にも，相手の好みの花やスィーツが何かを回りの人に聞いて調べる人さえいます。

　英語圏でプレゼントを贈る際，品物の選択に加えて大切なのがラッピングとメッセージ・カードです。たとえ上手とは言えなくても自分なりのラッピングを大胆に施します。例えば，店舗で購入可能な包装紙以外にプラスチックペーパーや和紙などの素材を用いて異なった質感を演出したり，プレゼントの外寸に合わせて豪華なシフォンの幅広リボンをあしらったり，極細のリボンを束ねてカールさせてみたり，単色のシックな袋のみで逆に目立つようにしたりと，個人個人のイマジネーションを働かせます。加えて，プレゼントに沿えるメッセージ・カードも英語圏の贈り物慣習の必需品です。多目的カードまたはプレゼントを贈る目的に合ったメッ

セージが印刷されているカードを通常選びますが，印刷文面の側にサインするだけでは充分とは言えず，自筆で書き添える内容がとても重要となります。相手の祝事に対する喜びの言葉や，病気やケガの際はお悔やみの言葉だけに終始せず，相手の存在が自分にとっていかに大切で感謝しているか，相手の幸せに対する心からの祈り，願いなどを相手に伝わるように自分の言葉で表現します。前述のような日常の小さな感謝の贈り物の場合でも，数行の手書きのメッセージ（thank-you note）を添えます。

　友人・知人間の社交的な意味合いのプレゼントと比較すると，両親・祖父母から子供・孫へのプレゼントは英語圏でも高額となることが多く，洋服，靴，家具，ゲーム機器・ソフト，趣味のスポーツ用品など身近な物から始まり航空券，自動車などが贈られることもあります。日本のように現金をプレゼントとして贈る慣習は一般的ではないので，これらの実用商品が本人のサイズや好みと合っていない場合，交換が可能なように購入店舗で代金が未記載のギフトレシートを発行してもらい，プレゼントに同封して贈るというのがこれまでの習慣でした。贈られた側は，そのギフトレシートを商品と共に購入店舗に持参し，自分に合った商品に交換して貰えますが，基本的に現金化はできません。また，自分のお金を足すことで，より希望に合った商品を入手することも可能です。しかしながら，オンラインショッピングが急速に発展した近年では，ギフトレシート付きのプレゼントよりも，より利便性を追求したギフトカードを初めからプレゼントするほうが贈る側も貰う側も簡単で選択肢も広がるという理由から好まれるケースが増えています。[1]

---

[1] National Retail Federation, 'Retailers in for a Very Digital Holiday Season, According to NRF Survey' <https://nrf.com/media-center/press-releases/retailers-very-digital-holiday-season-according-nrf-survey（2019 年 6 月 1 日)

　全米小売組合（NRF）が 2015 年に消費者 7,272 人を対象にクリスマス等ホリデーショッピングに関する動向調査を実施した結果，46.1 パーセントがオンラインショッピングを行うと回答，過去 10 年の最高値であった。貰って一番嬉しいプレゼントはギフトカード（58.8 パーセント）が 9 年連続一位となった。また，2018 年度の同調査では，一人当たりのギフトカードの購入枚数は平均 4 枚で，一枚当たりの額面は平均 49US ドルになるという結果だった。

# 11 依頼を断る

日本企業 J 社のニューヨーク支店の山本支店長は，非営利の P 団体から二人で来社した Savage 氏と Jones 氏から国際協力のための寄付を依頼されます。

（詳細な依頼の後で）

**Mr Savage:** I believe that you have understood (that) making a donation to our international charity will be beneficial to the advertisement and tax saving of the J Corporation.  Will you donate some?

［我々の団体の国際慈善活動に寄付されることが御社 J 社の宣伝と節税に役立つとご理解いただけたことと思います。寄付してくださいますか？］

**Mr Yamamoto:** （沈黙）… I understand (that) our donation may work well for our future profit.  This year we are making a less profit than we did last year.  Also I have to speak to the headquarters for final decision.

［今回の寄付が弊社の将来の利益に結び付くだろうということは分かりました。昨年と比べて利益が落ちていますし，本社に最終決定をうかがわなければなりません。］

**Mr Jones:** So, are you getting ready for paperwork?

［では，じきに手続きということでよいのですか？］

**Mr Yamamoto:** （沈黙）… I will think about it. ［考えておきます。］

**Mr Savage:** Thank you for your time, Mr Yamamoto.  We should like to meet you again.  May I call you this Tuesday, say ten o'clock?

［御時間ありがとうございました。ではまたお訪ねしたいのですが，火曜日の午前 10 時にお電話を差し上げてもよろしゅうございますか？］

**Mr Yamamoto:** … Okay, Mr Savage.  Have a good day.

65

[分かりました。ごきげんよう。]

---------------------------------------------------

（5 日後の火曜日，電話で Savage 氏から電話があり，挨拶の直後）

**Mr Savage**: So, Mr Yamamoto, may I visit you for a dona-
tion agreement this week?
[それで，山本さん，今週寄付手続きのため訪問してよろ
しゅうございますか？]

**Mr Yamamoto**: … I have not made any positive decision about
the donation.
[寄付に関しては何もよい決定をしていません。]（心の中で
「察してくれないかなあ」）

### 問題

　山本さんは，結局 1 ヶ月後に P 団体が交渉を断念するまで，のらりくらりと
応対することになります。P 団体の Savage，Jones 両氏は，既に否決されていて
交渉の余地がなかった寄付案件とは分からずに労力と時間と経費の無駄遣いをさ
せられたので，寄付合意を得られなかったこと以上に本来は不必要な不満を山本
さんと J 社に持ちます。英語圏での理想的な断り方を想像して，山本さんはどの
ように断るべきであったのかコミュニケーション例を作ってみてください。

### 解　説

　英語圏でも日本でも，商談や寄付依頼などをはっきり断らず後になって文書で
断る人や事例の山本さんのように遠回しに断ろうとする人もいます。英語圏では
できるだけ誤解を与えないように明確に断るのが，または断ろうとするのが理想
とされます。日本語では，反対にはっきりと結論を言わずに遠回しに気づかせる
のが良しとされるようです。また英語圏の人がきちんと結論を言わないことに罪

悪感を多少なりとも感じる場合でも日本では全く感じない人々が大半であることが，大きな違いです。

　日本語の「察しの文化」では断る場合に，以下の三通りの遠回しの表現方法がありますが，英語圏では日本語のような意味では受け取ってもらえません。第一の遠回しの表現は，沈黙です。勘が良い人なら顔の表情やしぐさなどのほかの情報から判断して「断る方法を考えているのではないか」と感じてくれることもありますが，勘が悪い人なら「最終的に承諾してくれる」と少し期待することもあります。英語圏では，沈黙という動作自体には「今，考えている」くらいの浅い意味しかなく，遠回しに断る意味合いはありません。

　第二の表現は，「考えておきます」です。これを，間違えて I will think about it. と翻訳すると英語圏の人は「可能性があるのでよく考えておいて，後でお返事します」の意味で受け取ろうとします。この日本語と英語の表現の不一致は，未来時制の 'I will' が話者の強い肯定の意志を示すことにあります。日本語では，現在時制の「考えておきます」に 'I will' のような肯定の意志が含まれないばかりか否定的な含蓄さえ生じる場合もあります。英語で「考えておきます」と伝える場合，I have to think about it. 程度の肯定的な意思表示を含まない表現が適切です。

　第三の日本的な遠回しの断りの表現は，自分が最終決定者ではないと責任を回避する表現です。山本さんは Also I have to speak to the headquarters for final decision. と重ねて明確な肯定表現を避け，自分から断らずに，寄付をしたくないことを遠回しに伝えています。このような責任回避の表現も，英語圏では表面的に「良い案件なので，待っていれば契約できる」のように日本語と反対の意味にとられかねません。

　したがって英語圏で物事を断るためには，「○○しておきます」に 'I will' のような強い意思表現を伴う誤訳を避け，さらに日本的な察しの文化を差し引いて表現すればよいことになります。否定的なことを表現せずに曖昧なまま結論を避けることは，日本語ではその結論を察してもらえても，英語圏では察してもらえるどころか本来不要であるべき不満までも引き起こしかねません。そのため，次の例のように誤解を与えない表現を使うのが無難です。

（例 1） In conclusion, our answer is negative at least this year though we should like to make some donations when our net profit increases in the future.

（例 2） I appreciate all the effort you made for both of us, but the headquarters advised me not to spend any extra dollars for local donations.

---

### 解答コミュニケーション例

**Mr Yamamoto:** I understand (that) our donation may work well for our future profit. This year we are making a less profit than we did last year. Also I have to speak to the headquarters for final decision.

**Mr Jones:** So, are you getting ready for paperwork?

**Mr Yamamoto:** *I have to think about it.*

**Mr Savage:** Thank you for your time, Mr Yamamoto. We should like to meet you again. May I call you this Tuesday, say ten o'clock?

**Mr Yamamoto:** … Okay, Mr Savage, *but I do not want you to expect too much of me.*

------------------------------------------------

（5 日後の火曜日，電話で Savage 氏から電話があり，挨拶の直後）

**Mr Savage:** So, Mr Yamamoto, may I visit you for a donation agreement this week?

**Mr Yamamoto:** Thanks for your call. *After careful consideration, we have decided not to make any donation this year.*

## コラム　UK 独特の遠回しな断り方

　Yes/No を率直に表明することが尊重される USA では，不明瞭なヒントを散りばめて相手に悟らせるような手法は公私ともにむしろ無礼とされます。特に生産性が重要視されるビジネス関係においては双方の時間とエネルギーを無駄に費やすため嫌われこそすれ利点は皆無とされるのがアメリカ流です。答えがノーの場合はなおさらのことです。仮に相手から Don't beat around the bush. と言われた場合は，藪の周りを叩いて獲物を追い詰めるような要点をさけて遠回しに言われているように相手は感じており，真意が掴めずかなりの苛立ちを覚えていることになります。ただし，同じ北アメリカ大陸でもカナダ出身者の中には，アメリカ人であればまず明確にノーと結論から入るような事柄でも，間をおくか多少遠慮がちな断りの表現を選択する人もいます。

　USA と対照的な遠回しな断り方が存在するのが UK です。著者の UK 滞在で記憶に残るのは，その間ノーと言う言葉がブリティッシュの人々から発せられたことがほとんどなかったということです。その背景を探るべくネット検索してみると，UK 独特のノーの言い方，断り方の表現が一覧表となって多くの記事やブログ等に掲載されていました。例えば，会議などで UK の人々から That is an interesting idea. または I almost agree. と言われた場合，UK 以外の英語ネイティブスピーカーや英語を母語としない人々の間では，興味を持ってもらえたポジティブな反応と受け取るのが通常ですが，UK の人々の意図しているのは，I am not in agreement with you. つまり，「同意できません」という意味であり，ノーと言う代わりの表現ということです。断りの表現の他例として頻繁に挙げられているのは，I hear what you say. UK 以外の人々の間では，「分かりました」と解釈されがちですが，「おっしゃることは聴きましたが，不同意です」というのが UK の人々の真意となるそうです。また，I'll bear it in mind. と言われたら，「考えておきましょう」と前向きな感覚で捉えてしまいがちですが，UK の人々の真意は I have already forgotten it.「もう忘れてしまいました」ということなのだそうです。[1]

　UK にこのような遠回しな断り方が浸透した背景にあるのは，UK の人々の間では摩擦を起こすことに対して非常に強い抵抗感があるからです。礼節のある会話を

---

[1] Victoria Richards, 'Chart shows "'what the British say, what they really mean, and what others understand'" <https://www.independent.co.uk/news/uk/home-news/chart-shows-what-british-people-say-what-they-really-mean-and-what-others-understand-a6730046.html>（2019 年 7 月 1 日）

心掛け，文句をいうことにも慎重でユーモアを交えて遠回しに伝えるかそうでない
なら黙って自分が辛抱するほうを選択します。公の場での面と向かった断りや批判
は相手を追い詰めて防戦体制下に置いてしまい，良い結果が得られないことを熟知
しているからという解釈もあります。[2] 断るなど否定的なことをはっきりと言うこ
とによって，反対に周囲の人々から批判されてしまう恐れゆえ繊細で遠回しな表現
が必要な場合もあるけれども，言っていることと思っていることが異なるというこ
とは，特定の人間の間だけで特定の意味合いを共有し，それ以外の人々を排除して
いることにもなり閉鎖的であるという考え方もあります。基本的には自分の意図す
るところを率直に表現するべきで，特に家族や親しい友人に対して，また教職にあ
る人々等は生徒に対して，断ることを含めた否定事項も単純明快に伝えるべきと考
える UK の人々も少なくはないのです。

---

[2] Cultural Atlas, 'British Communication' <https://culturalatlas.sbs.com.au/british-culture/british-culture-communication#british-culture-communication>（2019 年 7 月 5 日）

**12** 電話で話す

正人さんは，電話で友人の Craig と話しています。

*Masato*: Now I understand (that) the London Tyres is the best place for me to buy automobile accessories. [カーアクセサリーを買うなら London Tyres が一番ということだね。]

*Craig*: Yes, that is right.  Well, I need to finish up my gardening today.  Shall we get together sometime?
[そうさ。ところで今日中に庭いじりを終えなければならないんだ。（言葉の上では）いつか会おうか？]

*Masato*: Sure.  Take it easy. [分かった。無理するなよ。]

*Craig*: I will talk to you later. [（言葉の上では）後でまた電話するよ。]

*Masato*: All right, bye for now. [了解。ではまた。]

（電話を切る）

--------------------------------------------------

（後日，Craig と正人が偶然会う）

*Masato*: Good afternoon, Craig.  You did not ring (*or* call) me the other day.  I was waiting for your call until late at night. [やあ Craig。この前，電話くれなかったね。夜遅くまで待っていたんだけれど。]

*Craig*: Did I say (that) I would phone you?
[電話をかけると言ったっけ？]

*Masato*: Yes, you did. 「ああ，言ったとも。]

*Craig*: Sorry, I do not remember saying so.  Anyway, what was it about?
[悪かったね。覚えていないよ。何のことだったっけ？]

*Masato*: You said something like 'Let's get together sometime'.
[「今度会おう」とか何とかいったぞ。]

*Craig*: Oh, yes.  I see. [ああ，そうそう。そうだったね。]

71

**問 題**

　正人と Craig は，後日偶然会った時に会話がかみ合いません。異文化間コミュニケーションの観点から前半の二人の間にどのような誤解があるのか考えてみましょう。そのうえで，意味の取り違えがなければどのように電話での会話が終了し，後日会った時に正人は Craig にどのように話しかけていたことでしょうか。コミュニケーション例を作ってみましょう。

**解 説**

　英語圏の表現にも，言葉上の意味と実際の意味がかなりかけ離れる場合があります。それが，事例の Craig の I will talk to you later. です。表面的には「後で電話をかけます」と表現していますが，実際にはそのような単純な表現ではありません。

　日本語では電話を切るときにどのような言葉を交わすことでしょうか。次の3例を比較してください。

　（1）　では，またあとで電話いたします。
　（2）　あとで電話します。
　（3）　では，またあとで。

お互いの人間関係と状況によって意味が多少異なりますが，日本語の（1）と（2）の例では相手がその日の内や次の週までなどにもう一度電話をかけてくる可能性が高めで，（3）ではその可能性が低めであることが推測できます。（3）の表現は，電話終了の挨拶に近くなります。

　次に，上記例の英語の直訳と比較してみてください。

　（1）　So, I will talk to you later.
　（2）　I will talk to you later. / Talk to you later.
　（3）　Okay, later.［通常は不可能］

上記3例のうち，（3）は会話全体の中で何の動作を後でするかが，すなわち次にいつ電話をかけるのかがすでに話題に上がっている特殊な場合のみ可能で，通常は電話を切る間際の言葉としては成立しません。これは，英語の文構造には主

語と動詞が不可欠であることに起因しています。したがって，（1）と（2）のみが常時可能な文構造であり，（3）の Okay, later では，電話を切る際の上記日本語例（3）のように意味を推測させるのも不可能です。

　そのため英語圏では，I will talk to you later をきまり文句のように通話終了の挨拶としても使います。文字通り「後で電話をかけます」の意味で伝えたい場合は I will talk to you later. How about seven o'clock? と状況を明確化するか，もしくは表現自体を根本的に変えて I will ring (*or* call) you again. Is seven p.m. all right with you? などと言います。問題の事例では，正人がこの電話終了の挨拶を日本の学校で教えるような英文和訳の手法で，機械的に「後で電話をかけます」と誤解しているので，後日会話に食い違いが生まれてしまっています。

　次に日本と英語圏とで共通して社交上の挨拶文句で言葉通りの意味をもたない表現があります。事例で Craig が言った Shall we get together sometime? がそうです。これも話し手が具体的に How about this coming Saturday afternoon? と言葉を添えて聞いてこない限り，多くの場合は「では，いつかまた」程度の意味にしかなりません。このような表現は，日本語で「また遊びに来てください」や「またいつか会いましょう」が文字通りの意味にならない挨拶文句なのと似ています。

## 解答コミュニケーション例

　正人は，以下の会話例では I will talk to you later. も Shall we get together sometime? も Craig の常套の挨拶文句と理解して誤解が生じることなくコミュニケーションを進めています。

**Masato:** Now I understand (that) the London Tyres is the best place for me to buy automobile accessories.

**Craig:** Yes, that is right. Well, I need to finish up my gardening today. Shall we get together sometime?

**Masato:** *Sure, let's do so.* Take it easy with your gardening.

**Craig:** I will talk to you later, Masato.

**Masato:** Yes, *I will talk to you later.*

（電話を切る）

--------------------------------------------------------------

（後日，Craig と正人が偶然会う）

**Masato:** Good afternoon, Craig.  How is it going?  Did you fin-
ish your gardening the other day?

**Craig:** Good, thanks, Masato.  My yard still needs some work,
though ….

（以下省略）

## コラム　電話での英語コミュニケーション

　電話で話す時のほうが相手に直接会って話すより緊張するという人は少なくありません。外国語で話す場合はなおさらのことです。電話による英語コミュニケーションの留意点としては，「丁寧語の使い分け」と「正確な内容理解」が挙げられます。

　まず，英語には日本語のように謙譲語や尊敬語はありませんが，丁寧語で話すか否かは電話での英語コミュニケーションでは重要な要素となります。例えば，電話をかけて Good afternoon. This is Masato speaking. I would like to speak to Craig. のように丁重に言うのと，Hi, it's Masato. Is Craig there? と言うのとでは内容は同じでも相手に与える印象がかなり変わります。電話を受ける側でも Hello, this is Craig speaking. How may I help you? と言って応対するのと，Hi, this is Craig. Who is it? とでは丁寧度は大きく異なります。基本的にはどこで誰を相手に電話で話すかによって使い分けます。

　会社等の仕事関連や，学校，病院，役所等の公の場所で，顧客，上役，先生および見ず知らずの人などを相手に電話をかけたり受けたりする場合は，前者の丁寧語での応対が基準となります。反対に自宅等で家族や親しい友人と電話で話す場合はあまり丁寧な話し方ではよそよそしい雰囲気となってしまうので，後者の気易い話し方で問題ありません。英語ネイティブスピーカーの中にも丁寧語の使い分けがおろそかな人もいますが，丁寧な電話応対の決まり文句は繰り返し使うことで自然と

身に付くので，電話の相手に無礼な印象を与えないためにも丁寧語の使い分けは必要になります。

　次に，内容の正確な理解に関しては，電話は互いの表情や動作を見ることができないので話す言葉だけで内容を理解しなければなりません。特に英語を母語としない人々にはよく聞き取れないこともあります。ここで大切なのはわかったふりをせず，Could you repeat that please? / Would you mind speaking up a little? / I am afraid my English is not good, so would you spell out for me, please? というように正確に理解できるまで何度でも相手に聞き返すことです。それでもわからなくて困った場合は，Would you hold on a moment, please? と言って相手に待って貰い，英語がわかる他の人に交代して応対を任せる方が分かったふりをするより遙かに誠実な対応といえます。

　相手の言葉の聞き取り自体が単純に難しいケースのほかに，言葉ははっきり聞こえていてもその意味合いがよく分からないという事態もありえます。事例のように，Shall we get together sometime? と相手が言った後に具体的な日時や場所が続かなかった場合，単に社交上の挨拶として受け流すのが通念であっても，多忙などの理由で今は具体的な予定に言及できないだけということも皆無ではないので当方としてはまたご一緒したいという意思があるのであれば，この場合も Do you think you have some spare time next week or so? I (have) got a couple of things that I wanted to talk with you. などというようにこちら側の希望を伝えて相手の反応を待って真意を確認するのも良いでしょう。

　言葉のニュアンスが分かりにくい英語表現の他例として，筆者が友人と電話をしていた際こちらの長話を聞いていた友人が Tell me about it. と言ったことがあります。文字どおりの意味に受け取ってしまった著者は，「えっ？ 今言ったでしょ，もう一回話せってこと？」とよく分からないままに放置してしまいました。後日分かったことながら，Tell me about it. にはいくつかの解釈があり，You do not have to tell me about it. の略で「そうですよね，だからもうそのくらいで」といった微妙なニュアンスが含まれたり，As you tell me about it. の略として，「そうそう，その通り」という単なる相槌として使われたり，または，Tell me about it as if I do not know enough about it. の言葉どおりに「充分知り尽くして無いと思って詳しく話して」という直訳的な意味もあったりと，状況によって意味合いが変わってきます。文化背景が異なる人どうしの特に電話でのコミュニケーションでは，相手が見えない分，耳から聞こえた言葉がすべてなので，よく分からない内容やピンとこない言い回しを正確に理解できるまで相手に聞き返すことが大切になります。

## 13 約束の時間を守る

中畑（健二，早苗）夫妻は転勤でカナダ中央部にあるエドモントン（Edmonton）に来ています。地元で友人が増え Peters（Bruce & Hannah）夫妻からレストランでの小さなパーティーに招待されます。中畑夫妻は自動車が運転できないので，バスに乗りますが，バスが遅れてしまい20分くらい遅刻してしまいます。その経験から，後日 Peters 夫妻の家の晩餐に6時半に招待された際に一本早めのバスに乗って15分前につきます。Peters 家での Peters 夫妻と中畑夫妻の会話の食い違いを読み取ってください。

---

（レストランに中畑夫妻が遅れて到着する）

**Kenji:** We are sorry that we are late. Somehow the bus did not come on time. ［遅れてすみません。バスが遅れました。］

**Bruce:** Oh, you came all the way by bus? I should have picked you up on the way here. ［おや，バスで来たのですか？ 途中自動車で迎えに行けば良かった。］

**Hannah:** We have already started eating. Would you like to sit here? ［もう始めてしまいました。ここの席に座りませんか？］

**Kenji & Sanae:** Oh, thanks. ［ありがとう。］

（中略）

- - - - - - - - - - - - - - - - - - - - - - - - - - - - - - - - - -

（後日，Peters 家に中畑夫妻が招かれる）

**Hannah:** Bruce, it is already a quarter past six. Is the chicken ready? ［Bruce，6時15分よ。鶏肉は焼き上がった？］

**Bruce:** Not yet, it has to stay in the oven for another ten minutes. How about the glasses? Are they on the table? ［まだだよ。オーブン（発音はアヴンに近い）にあと10分位で焼き上がるよ。グラスの用意は？ テーブルに出してあるかい？］

**Hannah:** Yes, they are about to be set. ［用意しているところよ。］

（呼鈴が鳴り，Hannah が玄関を開ける）

***Hannah***: Oh, good evening, Sanae, Kenji. Please come in.
［こんばんは。早苗，健二。お入りください］

***Sanae***: Luckily we are not so late this time as we were at the restaurant the other day.
［先日のレストランの時のように遅れなくてすみました。］

***Hannah***: Oh, sure. Please make yourself at home here in this room. I will be right back. ［そうですね。ここの部屋でくつろいでいてください。すぐに戻りますから。］

（Hannah がキッチンに戻る）

***Hannah***: Bruce, just hurry. We are running short of time ….
［Bruce，急いで。時間がたりない。］

## 問題

(1) 中畑夫妻は，Peters 家に何時頃到着すれば良かったのでしょうか。

(2) 公共バスの本数が少なかったり，真冬では外で時間の調整ができなかったりすることもあります。その場合はどのようにコミュニケーションをとればよいのでしょうか。例を作ってみてください。

## 解説

　英語圏の時間の社会通念には暗黙の了解事項があります。日本の小学校では「約束の時間を守りなさい」と教えられますが，その影響のせいか日本には時間を約束したらどのような場合でもその時間ちょうどかその5分か10分前に到着しなければならないと思い込んでいる人がいます。確かに，英語圏でもレストランなど外で集合する場合は，予約の時間も限られているので時間厳守で少し前に到着するのが適切です。

　では，Peters 家での晩餐の場合はどうでしょうか。Peters 夫妻は充分な時間をかけて準備しているようですが，若干予定より遅れ気味です。そこに15分前に

中畑夫妻が到着したので，Hannah は準備が間に合わないまま中畑夫妻を残して
キッチンへと急いで戻ります。

　英語圏で約束の時間をどのように解釈すればよいかというと，相手の置かれて
いる状況を理解することが基本です。つまり，適切なタイミングはレストラン集
合なら時間ちょうどか少し前になります。Peters 家にいく場合は，Peters 夫妻が
6 時半に向けて準備しているので，不測の事態で準備が遅れても困らない時刻で，
かつ時間通りに準備ができたとしても料理が冷めない時刻に到着することがポイ
ントです。そうすると，10 分ないし 15 分遅れるのが妥当と言うことになりま
す。この観点から見ると，中畑夫妻は相手が置かれている状況の把握ができてい
ないといえます。

　ただし，北アメリカや UK には冬が非常に寒い地域があり，また公共バスの
運行頻度も 1 時間毎，それ以上の地域もあります。東京都内の路線バスは交通
渋滞で頻繁に遅れますが，英語圏の路線バスは交通渋滞がさほどないにもかかわ
らず頻繁に定刻より遅れます。そのような場合は，中畑夫妻は正確な到着時間を
予測できず，早めに到着して外で時間調整することもできず，次のバスで 45 分
間遅れて 7 時 15 分に到着することもできません。解決策としては，近距離なら
タクシーを使うか，または事前にバス時刻のことを含めて予定到着可能時間を知
らせておく方法があります。自家用車がある場合は，慣れた地域では問題ないで
しょうが，不慣れな地域では充分に時間を確保し，遅れそうなときは携帯電話な
どで早めに連絡するとよいでしょう。

---

**解答例**

（1）　6 時 40 分ないし 6 時 45 分頃に到着すればよい。

（2）　以下のように到着時刻とその理由を事前に連絡しておく。

（約束の前日に）

**Sanae:**　Hello, Hannah.　This is Sanae speaking.　How are you?

**Hannah:**　Hello, Sanae.　I am fine, thanks.　And you?

**Sanae:**　Good, thanks.　By the way, tomorrow we can be at your
　　　　　house either at 6.10 or 7.10 because of the fixed bus

schedule.　Is ten minutes past six or so all right with you?

*Hannah*:　Sure.　We will be expecting you about ten past six, then.

（中略）

------------------------------------------------

（前日に再度取り決めた到着時刻の 10 分遅れの 6 時 20 分に玄関の呼び鈴が鳴る）

*Hannah*:　Oh, good evening, Sanae, Kenji.　Please come in.　It is a good timing for us.

*Sanae*:　Good evening, Hannah.

*Hannah*:　Shall we go into the sitting (*or* living) room over there?

---

### コラム　日本と USA の時間感覚差

　USA に留学や仕事で赴任した経験のある日本人の感想として頻繁に出るのが，「アメリカ人は授業や仕事の時間はどうにか守るけれど，余暇のための待ち合わせ時間にはルーズなので，何か一緒に楽しむ計画がある時は自分も最初から 20 分位は約束の時間より遅れていくようにするか，待たされてもイライラしないようにスマホゲームをダウンロードしておいたり，本などを予め持参しておいたりする」といったことです。反対にアメリカ人は日本人を評して，「日本人は細かいことにこだわり，四六時中几帳面すぎる」ということをよく言われます。

　1960 年代に様々な国を訪れたエドゥワードホールは，異文化間コミュニケーションに着目するうちに，文化圏によってずいぶんと時間の使い方や時間の概念そのものが異なることに気づきました。西洋世界だけでも時間は二つの概念に大別され，時間を過去から現在そして未来へと繋がる一直線上に捉えて，一つの時間に一つのことをなすようにスケジュールを組み，時間管理こそが成功への道と信じて日々を過ごす英語圏を中心とするモノクロニックタイム（monochronic time）と，スケ

ジュールはあっても目前のことも同等に大切と捉えるため時間に厳格に縛られることなく，複数のことを同時にこなしていくラテン系の人々のポリクロニックタイム（polychronic time）の時間概念です。[1]

研究や政府関連の仕事に日々勤しむホールは，自分を含めたアメリカ人は前者のモノクロニック型でそれをアメリカンタイムと称していましたが，現在の USA 人口の構成をみるとラテン語系のスペイン語を話す人が 18.3 パーセント[2]を占め英語の次に多くなっています。外国語としてスペイン語を選択するアメリカ人大学生は半数以上とされ，また USA の南側国境を越えると世界最大のスペイン語圏であるメキシコからの文化的影響もあります。このような USA の言語および地理的背景からも推察されるのは，アメリカ人のすべてが完全なモノクロニック型に属するわけではないということです。多くのアメリカ人が就業中はモノクロニック理念で働き，そして就業後のオフタイムはポリクロニック型というようにオンオフを自然と使い分けているように思われます。それを裏付けるような研究データがあります。

文化の違いによる時間感覚の差異に着目したカリフォルニア州立大学社会心理学者ロバートルヴァイン（Robert Levine）とそのスタッフが世界 31 ヶ国で日常のペース（時間的テンポ）の調査を実施しました。[3] 具体的な調査方法は，60 フィート（約 18 メートル）を各地の人々が何秒で歩いているか，郵便局で切手を購入するために客から US$5 相当の紙幣を渡された局員が釣銭返しも含めて何秒で業務を終えるか，各地の銀行に設置されている時計が正確な時刻とどの程度の誤差があるかを調べるという三方法です。可能な限り同条件下で調査を行うことを徹底し，また調査結果には異文化という要素だけでなく，男女差，年齢差なども存在することを考慮にいれた上で次のような結論に至っています。まず大方の予測通り，経済的成功，大都市，冷涼地，個人主義が浸透している国々では，早いペースで人々が時間を過ごしていることが判明しました。一番テンポが早いのがスイス，二番目がアイルランド，3 位ドイツ，4 位日本，5 位イタリア，6 位イングランドの順で，USA は 16 位，カナダ 17 位，となっています。

ルヴァインによると上位 4 カ国は僅差で，日本の郵便局員による切手の袋詰めや

[1] Edward T. Hall, *The Silent Language,* (1959, New York: Anchor Books, 1973), 6-7 & 150; Hall, *Beyond Culture* (1976, New York: Anchor Books, 1977), 17

[2] United States Census Bureau, 'Hispanic Heritage Month 2019' <https://www.census.gov/newsroom/facts-for-features/2018/hispanic-heritage-month.html>（2019 年 9 月 10 日）

[3] Robert Levine, *The Geography of Time* (1997, Oxford, UK: Oneworld Publications, 2006), 8-9, 16-18, 131-134 & 179

レシート発行など丁寧な仕事にかかった時間や，仕事中に周囲の空気を読んで業務スピードをわざと落とす独特の 'giri'（義理）行為などを省けば日本が 1 位だった可能性も捨てきれないということです。また，上位国は日本を除いてアングロサクソン系のヨーロッパの国々がほぼ独占し，ラテン系のフランスは 11 位，同様にラテン系のブラジルは 29 位，最下位のメキシコも同じくラテン系という結果です。

　上記結果においてもアメリカ人の時間のペースは 31 か国中 16 位ということからも，ヨーロッパの早いペースと中南米ラテンのゆったりとしたテンポのちょうど中央に位置していることが分かります。上位ヨーロッパの人々に近い日本人のように早い時間のペースでアメリカ人が常時過ごしているわけではないと言えます。ルヴィン曰く，日本人は仕事中にテンポを上げたり下げたりして調節するのに対し，アメリカ人は仕事の時間と遊びの時間というようにきっかりと場合によっては分刻みでオンオフを区別しているそうです。このことからも冒頭の余暇の時間帯での待ち合わせに関して，日本人の視点からはアメリカ人が時間にルーズに感じられ，反対にアメリカ人からは日本人は四六時中几帳面すぎるという個人的感想も，元をたどれば日本と USA の文化の違いによる時間感覚の差異に根差しているというわけです。

# 14 家に招待する

エドモントン（Edmonton）滞在中の中畑（健二，早苗）夫妻は，友人の Peters（Bruce & Hannah）夫妻を家に招待します。

（Peters 夫妻が到着し，健二が応対する）

**Kenji:** Good evening, Bruce and Hannah. Thank you very much for coming. Please come in. ［Bruce, Hannah 今晩は。おいで頂きましてありがとうございます。どうぞお入りください。］

**Bruce & Hannah:** Good evening, Kenji. How are you?
［健二さん，今晩は。お元気ですか？］

**Kenji:** Good, thanks. Please do come in.
［好調です。どうぞお入りください。］

**Sanae:** （奥から出てくる）Bruce and Hannah, thank you very much for coming all the way to our tiny and messy house. It is an honour (*or* honor) to have you here as our important guests. ［Bruce, Hannah, むさくるしいところですが，わざわざおいで頂きましてありがとうございます。大切な客人としてお迎えできまして光栄です。］

**Hannah:** Oh, you need not mention such things. We are friends. Thank you for your invitation. ［あら，そんなこと言わなくてもいいんですよ。友達どうしでしょう。招待ありがとう。］（心の中で「そこまで自己卑下しなくてもよいのに」）

**Kenji:** I really *do* thank you for visiting our tiny house. Please have a seat over there though we do not have any fancy furniture.
［本当にむさくるしいところにお越くださりありがとうございます。たいした家具はありませんが，あそこにお座りください。］

**Bruce:** Sure. Well, you live in a neat and comfortable house.
［分かりました。でも，小奇麗で快適そうなおうちですね。］（心の中で「何か変だな」）

82

問題

　Peters 夫妻は中畑夫妻の歓迎ぶりに感謝しつつも，執拗なまでのへりくだりぶりに何か違和感をもっています。中畑夫妻が英語圏のスタイルで歓迎する場合は，どのようにすればよいのでしょうか。同じ場面設定で歓迎の意図が率直に伝わるコミュニケーション例を作ってみましょう。

解　説

　「ヨーロッパでは招かれたものがお礼を言うのに対し，日本では招いたものがお礼を言う」という旨の記録を 16 世紀に日本に来た宣教師ルイスフロイスは残しています。数世紀を経た今日でも概して日本では，上下関係が明確な場合は下位の者が礼を述べ，明確でない場合はお互いに自己卑下と謙遜をしながら仮想上相手の下位に着こうとする傾向があります。事例では，中畑夫妻がこの慣習に従い謙遜しながら Peters 夫妻の来訪を感謝しています。

　日本語では人間の上下関係が「来てあげる」，「来る」，「参る」，「いらっしゃる」のように言葉を発する者の立場で表現を切り替えますが，英語ではそのような切り替えがなくすべて come で表現されます。したがって英語圏では，歴然たる上下関係がある場合を除いて，一般的には招待されたゲストと招待するホスト側とがお互いに対等であるという仮想に基づいて挨拶が進みます。事例では，中畑夫妻が「むさくるしいところですが」「わざわざおいでいただいて」「どうぞそこにお座りください」のように自己卑下までしながら謙遜し Peters 夫妻を客と

して迎えていることに，対等の立場で迎えられることに慣れている Peters 夫妻が違和感をもっています。

　英語圏で招待されたり招待したりする場合は，一般的に対等の表現で充分です。ましてや自己卑下は不要です。中畑夫妻がどうしても礼を言いたければ，Thank you for coming で充分です。その代わりに，Did you find (*or* Have you found) our place easily? と気遣いもかねて質問しても結構ですし，単純に How are you? も可能です。

---

**解答コミュニケーション例**

**Kenji**: Good evening, Bruce and Hannah.  Please come in.

**Bruce & Hannah**:  Good evening, Kenji.  How are you?

**Kenji**: Good, thanks.  And you?

**Bruce & Hannah**:  Not bad at all, thank you.

**Sanae**: （奥から出てくる）I hope (that) you had (*or* have had) no problem in finding our house.

**Hannah**: We got lost on the way, but your map helped us.

**Sanae**: That is good.  Kenji is good at drawing maps.

**Bruce**: Yes, he is.

**Kenji**: Thanks.  Please have a seat over there, Hannah, Bruce.

## コラム　来客の迎え方も異文化間では異なる

　北アメリカと日本の家屋を比較すると，家屋の規模や都会と田舎など地域差もあるので普遍的なことは述べられませんが，来客をどのように家に迎えるのかという点ではっきりとした違いがみられます。日本の大きめの家屋には，来客を迎える空間としての客間があります。来客が玄関からほかの部屋を通ることなく行くことのできる近くの客間へ通されて用事が済んだあとはそこから直接玄関に出られるように，家屋が設計されています。数年来の付き合いであっても客間だけに通し通されるのが一般的だと捉えられています。

　他方，北アメリカの大きめの家屋では間取りそのものの設計概念が異なります。ホームパーティーをするのが慣習となっている北アメリカでは，客間ではなくパーティー兼用の広いリヴィングルーム（living room, UK 英語では sitting room）やダイニングルーム（dining room）が設けてあり，加えて親しい友人，親戚用の宿泊部屋があるのが一般的です。招待された来客は，家の入口からリヴィングルームに通され，その他リクリエーションの部屋やダイニングルームなど共有部分へも案内されるのが通常で，親しい友人なら主寝室や書斎など個人的な部屋の中まで見せてもらえることもあります。この違いの理由として，北アメリカの平均的な家屋は日本の平均的な家屋よりも屋内空間が大きいことが挙げられますが，それだけではありません。

　他の要因として，北アメリカでは日本の「内と外」の対称の概念が少し異なることが挙げられます。home / away や in / out といったほぼ共通する対称概念はあっても，違いがあります。まず日本の「内と外」の概念で考えると，「内」は家族だけの明確な占有空間です。家は基本的には「内」空間でありながら，例外的に客間は「内」部分である家屋の中に作為的に設けられた来客用の「外」空間の延長のようなものになっています。家の「内」部分まで招待されるよほど親しい間柄でない限り，来客は家の中には入れても，この「外」の延長である客間にしかはいれないことになります。このように日本的な感覚のまま北アメリカで友人を自宅に招待すると，日本の客間に機能的に近いリヴィングルームだけでなくその他の部屋にも通してもらえると思っている客に対してまさに「むさくるしいところですが（他人様に対してお見せできるような場所ではありませんが）どうぞおはいりください」という日本の習慣を象徴した表現となります。

　それに対して，北アメリカの家屋の中には客間のような外の延長空間がないの

で，外界の away から屋内の home に招かれた来客は，home に入ってよいという扱いを受けます。すでに述べたように，home は，リヴィングルーム，ダイニングルーム，来客用宿泊室などの共有空間と主寝室や家族専用洗面所などの私的空間に分けられます。しかしホームパーティーに招かれるような親しい友人なら，厳格な境界線は設けられておらず，共有空間をこえて私的空間にもはいることもあります。客を家に迎えた時の表現も，Make yourself at home.［ご自宅にいるのと同じようにくつろいでください。］となります。このように，日本では来客が「外」の延長上にある客間に迎えられることが多いのに対し，同様の場面で北アメリカでは home に迎え入れられた後は共有空間はもとより家族専用空間まで入ることも珍しくないという空間利用の慣習の違いが，家屋の間取り設計の差異として顕著に表れていると思われます。

# 15 一をもって十を理解させる（その1）

　サウスカロライナ州（South Carolina）チャールストン（Charleston）のあるスポーツクラブへ新任の剣道コーチとして赴任している中川良太さんは，初心者高校生クラスを担当しています。

---

（中川さんが道場の隅のほうが汚れているのに気づく）

***Ryohta****:*　Oh, the floor is dirty over there.  Phil, Phil, come down here.

　　　　　　［おや，床のあそこが汚れているな。おい，Phil, Phil, こちらへ来なさい。］

（Phil が呼ばれて来る）

***Ryohta****:*　Phil, do you see that dirty spot on the floor?

　　　　　　［Phil，床のあの汚れみえるね？］

***Phil****:*　Yes, Mr Nakagawa.［はい，中川先生。］

***Ryohta****:*　Go and get a mop.［モップを持ってこい。］

***Phil****:*　All right.［オーライト］

***Ryohta****:*　（心の中で「よろしい（All right）とはなんという口のきき方だ」）

（中川さんがその場を一時離れる）

---------------------------------------------------------------

（中川さんが戻り，Phil が掃除をせずにモップを持ってその場に立っているのを見る）

***Ryohta****:*　（怒鳴るように）Phil, what are you doing here?  Where is the bucket?  You cannot do such trivial task as mopping the floor?  If so, just quit *kendo*.  You are not qualified to learn *kendo*.

　　　　　　［Phil，おまえは何をしている？ バケツは？ 床のモップ掛けさえもできないのか？ そうなら剣道やめろ。お前に習う資格はない。］

***Phil****:*　…?（わけが分からず，呆然とする）

　Phil と中川さんはどのようなコミュニケーションの間違いをしたのでしょうか。英語圏のコミュニケーション慣習に従うと，中川さんはどのように話をすればよかったのでしょうか。次に，USA 育ちの Phil には不可能ですが，仮に日本語式のコミュニケーション慣例に従うと Phil は何をしておけばよかったのでしょうか。(1) 英語圏式と (2) 日本語式の場合で各々の文化に即したコミュニケーション例を作ってみましょう。

## 解　説

　言葉の意味することが正にその表現通りかそれに近いのが英語圏，とくに北アメリカの英語であるのに対し，言葉の表面上の意味にいろいろな深い意味が暗黙の了解で隠れていてそれを理解することを当たり前とされるのが日本語です。たとえば，十個の内容を一言で理解してもらえると期待し，またそうできるように育てられるのが日本語の慣習であるのに対し，同じ十の内容を理解させるのにはそのまま十，または少なくとも七，八の説明が必要なのが英語の慣習になります。例えば，仮に同じ内容の業務を指示する従業員マニュアルを北アメリカと日本で作成すると，事細かなところまで指示が記されて分厚いのが北アメリカの英語版で，細かなところは省略されて薄いのが日本語版です。主な要因としては，北アメリカの USA やカナダは約四世紀にわたり広大な国土に多民族が共存して構築された国家なので，人々の間で暗黙の理解事項が共有しづらくなっていることが挙げられます。

　このようにコミュニケーションは含蓄の程度によって「複雑暗示コミュニケーション」と「単純明示コミュニケーション」に大別できます。意思疎通しあう人間どうしがよく知っている間柄である場合や，表現の背景にある出身地や社会階層，信条，価値観，年齢層などをも共有する場合には，省略された少ない表現で多くのことや奥深い意味のことを伝え合える複雑暗示コミュニケーションが可能です。その反対に知らない人どうしや共有する背景要素が少ない場合は，意思疎通に表現の省略が難しく単純明示コミュニケーションになってしまいます。これは目新しい理論ではなく，半世紀弱前に *Beyond Culture* という表題の本で異文化コミュニケーション論の祖にあたるアメリカ人文化人類学者エドゥワード

ホール（Edward T. Hall）が自身の日本滞在体験を基に high-context culture と low-context culture として紹介しています。ただし，この専門用語の翻訳が日本では難航し，例えば「高文脈文化」「低文脈文化」のような Hall の意図を充分に表せていない和訳が今でも日本人読者の理解を難しいものにしています。

　北アメリカでは表面上の意味とは違う含蓄が多少あるコミュニケーション文化をもつ人々が集住する民族色の強い地域もありますが，概して移民社会であるゆえに表現したことがすなわち意味することになるのが普通です。事例では，中川さんが Go and get a mop. とだけ言うことで Phil 少年に「モップとバケツを持ってきて，そこの床の汚れをふき取って，そのあと片づけておきなさい」と理解させたつもりになっています。日本語などの複雑暗示のコミュニケーションで言外の意味を察する訓練を積んだ人間にはそのような理解が可能なことはありますが，北アメリカでの言葉の表面通りの意味しか理解しない文化で育った Phil 少年には不可能です。Phil 少年にとっては，文字通り「モップを持ってこい」の意味でしかありません。仮に Phil が少し勘の良い人間であっても，せいぜいモップでからふきをしてそのモップを放置しておく程度がやっとのことです。中川さんは，USA に剣道の指導に来ているからには，Phil 少年に対して日本語の察し文化を知らない人が聞いても分かるような丁寧で細かい指示をすべきです。

　また，中川さんは Phil 少年の All right という返事に抵抗を感じています。事例の剣道家の中川さんのように高慢な態度をとる人で英語を話せる日本人が実際にどのくらいの割合でいるかは不明ですが，年齢が下の者を見下しあくまでも自分の価値観で人を非難する日本人が少なからずいるのは現実です。剣道というスポーツを習いに来ている少年に対して，日本式の精神論を持ち込んで何の説明もなく「習う者は床を掃除するのが当たり前」と理解していることを期待するのは同様に無理な話です。Phil にとっては，必ずしもしなくてよいことを自分の好意でするのですから All right というのに何の問題も感じるわけがありません。英語圏では，軍隊や家庭などの例外を除いて，言葉の表現上では人間の上下関係をあまり強調しません。そのため中川さんが英語で生徒に掃除を快くさせる方法は，事前に掃除も訓練の一貫であると指導の中で生徒たちに納得させるか，もしくは少年に対しても命令ではなく相手の善意を引き出すような必要最低限の敬意をもって接することの二通りです。

(1) （英語圏式の単純明示例）

*Ryohta:* Oh, the floor is dirty over there. Phil, Phil, come down here.

（Phil が呼ばれて来る）

*Ryohta:* Phil, do you see that dirty spot on the floor?

*Phil:* Yes, Mr Nakagawa.

*Ryohta:* Will you go and get a mop? I want you to bring a mop and a bucket of water, and then to mop the floor over there. When you finish it, can you put everything back to where it was?

*Phil:* All right. I will be right back.

*Ryohta:* Thank you, Phil.

------------------------------------------------

(2) （日本語式複雑暗示例）

*Ryohta:* Oh, the floor is dirty over there. Phil, Phil, come down here.

（Phil が呼ばれて来る）

*Ryohta:* Phil, do you see that dirty spot on the floor?

*Phil:* Yes, Mr Nakagawa.

*Ryohta:* Go and get a mop.

*Phil:* You want me to mop the floor over there and put the mop back. Is that right?

*Ryohta:* Yes, that is right.

---

**コラム　複雑暗示コミュニケーションと単純明示コミュニケーション**

high-context communication（複雑暗示コミュニケーション）と low-context communication（単純明示コミュニケーション）は，ホール（Edward T. Hall）が

日本での自身の体験を基に構築したコミュニケーションの代表的な基礎概念です。著書 *Beyond Culture*（1976年出版）の中に詳しい時期は記されてありませんが，おそらく1960年代に東京都内の下町の和洋折衷の日本人向けホテルと京都の旅館に宿泊していた時に彼が体験した異文化経験が発端で考え出された概念です。まず都内の日本人向けホテルで一か月の予定で泊まっていた Hall は，自分にあてがわれたはずの部屋が外出先から戻った時に予告なしにほかの宿泊客に使われていて，自分の荷物がいつの間にか別の部屋にそっくりそのまま移されるという体験をしました。荷物類が前の部屋でのものと同じ配置で次の部屋に移されていたと，記しています。その後もこの部屋の無断変更と荷物の配置移動が繰り返されました。次の旅程で，京都の旅館に泊まっていた Hall は，今度は部屋の変更ではなく宿泊していた旅館から突然予告なしに別の旅館での宿泊に変更されました。彼は，そのような重要事項を外出先から戻った矢先に急にすまなそうな顔をした受付係から日本語で知らされ，それが分からず困っていたところでやっと臨時通訳を介して同じ宿に泊まれないことが分かり，タクシーで移動させられる体験をしました。[1]

日本政府観光局のウェブサイト[2]によると，訪日外国人数の統計がとられ始めたのは昭和の東京オリンピックが開かれた1964年で，日本社会はオリンピックで世界中からの選手団や訪日観光客を迎えるためにホテルを国策で増やしました。その頃から外国人観光客が社会に広く認識され始めたと推察されます。年間訪日外国人数は，当初のオリンピックの年に35万人にまで達し，その後の8年間で倍増し，13年後の1977年には約3倍の100万人を超えました。当時の好景気も重なり，ホテル業界は発展の一途でした。都会でも経営開始して年数が浅いホテルが多く，高級ホテル以外では外国人観光客にまだ充分に対応できていない宿泊施設が多くあったと推察されます。旅館でも年々増加する外国人観光客に対応するのが急務となりました。Hall が日本を訪れたのは，まさにこの宿泊業界の変革期でした。

東京と京都で何が起こったのかは，昭和中期の日本社会で英語が話せる人の数の少なさや日本人向け宿泊施設でのスタッフの英語能力を考えれば，かなりのことが察せられます。まず都内の中級ホテルでは，特定の一部屋を一か月間あてがうのが不可能で，日によっては Hall が宿泊していたその部屋を希望していたほかの先客がいた可能性があります。また，その事情を英語で説明できるスタッフがホテルに欠如していて説明できなかったと推測できます。京都の旅館では，移動させられた

[1] Edward T. Hall, *Beyond Culture*（初版1976, New York: Anchor Books, 1977）, 57-69
[2] 日本政府観光局 <https://www.jnto.go.jp/jpn/statistics/visitor_trends/>（2019年5月24日）

その晩からは予約で満室になることが Hall の宿泊中に判明し，旅館側が替わりに他の旅館の空き室を確保したにもかかわらずそのことを説明できず，臨時の通訳でさえも英語で正確に説明できなかったのではないかと推測できます。

　Hall は，自身の境遇に最初は少なからず憤りながらも，その後の旅程を通して日本で異文化体験を重ねた結果，コンテクスト（context）の高低差の違いが原因で自身の不可解な体験が生じたのだと結論付けました。Hall は，日本人が顔の表情や仕草と最小限の言葉でホテル側の部屋変更や旅館都合の宿変更などのお願いを事前予告もなしに客に納得させられるほど，最小限の表現で多くのことを分からせようとするコミュニケーション習慣が浸透していると解釈しました。そのことを，日本のコミュニケーション文化のコンテクストは高いと説明しました。Hall の母国 USA のホテルでは，宿泊中の部屋の無断変更や宿泊先ホテル自体の強制変更のようにそのホテル自体の評価や顧客満足度を悪化させかねない事態が生じた場合，不要な誤解を避けるための説明と釈明が原因から結果，対策まで一語一句欠かさず段階を追って行われるのが当然のことです。著書の中では明述こそしていないながら，このような USA の通念に従い Hall は，USA では説明の各段階でコンテクストが相対的に低い単純明示コミュニケーションが英語で重ねられていると示唆しています。その反対に日本社会の人々は，ホテル側都合の部屋の無断変更や宿泊先の急変更を最小限の複雑暗示コミュニケーションで承認させていると考えたわけです。

　実際には言葉が通じなかったことが最大の原因だったとしても，Hall の直感的見解は的を得た部分もあります。なぜなら，東京のホテルのスタッフは，無断で部屋の変更をして荷物を移動させたとしても，後で片言の英語で少し説明するだけで Hall がホテル側の事情を酌んで変更に応じてくれると期待していたと推測されるからです。京都の旅館のスタッフも日本語か片言英語での最小限の説明で宿側の事情を酌んで別の旅館への変更に応じてもらえると安易に考えていたと察せられます。また当時の日本人の宿泊客は，スタッフの困ったような表情と短い釈明だけで状況を察して同じような変更に応じてくれていたとも思われます。更には，宿泊契約済みの既得権を侵害されたと感じかねない英語圏からの客を納得させるような，原因から解決策までを含めて最初から最後までの単純明示で懇切丁寧な釈明が必要だと，当時の日本の宿泊施設で認識されていたとは考えられないからです。このようないきさつが相まって，日本社会は日本語の複雑暗示コミュニケーションで，USA の社会は英語の単純明示コミュニケーションで成り立っている，という Hall の基礎概念が誕生しました。

# 16 一をもって十を理解させる (その2)

Ben はある国際企業の日本支社に最近配属された社員です。Ben は，次の二場面で日本人の同僚の直樹と有美が自分の予想外の行動をするのに戸惑います。

---

（支社パーティーで Ben と直樹が談話している）

**Ben:** Naoki, do you know where I could get a spoon?  I do not see any waiters here.［直樹，どこでスプーンを一個調達できるか知っているかい？ 給仕係が近くにいないんだ。］

**Naoki:** Sure.［いいよ。］

（直樹がさっとその場を離れる）

（3分後，直樹が戻る）

**Ben:** Where have you been, Naoki?［どこに行っていたんだい？］

**Naoki:** Here you are.  Another clean spoon.
［ほら，新しいきれいなスプーンだよ。］

**Ben:** Oh, thanks.［ありがとう。］（心の中で「でも，ほしかったのはテーブルスプーンではなくてデザート用のスプーンであって，そもそも持ってきてくれとは頼んでいないのだけれど」）

........................................................

（オフィスで Ben が付箋紙を切らしてしまう）

**Ben:** Yumi, do you know where you can get a book of Post-it?
［有美，付箋紙はどこで入手できるか知っているかい？］

**Yumi:** Yes, I do.  I will be back in a moment.
［はい，すぐに戻りますので。］

**Ben:** Yes, please.［お願いします］

（有美がもどる）

**Yumi:** Ben, here is a packet of Post-it.［Ben，付箋紙です。］

**Ben:** Oh, thank you very much.  By the way, do you mind taking me to the inventory room where I may find a wider fluorescent bundle of Post-it?

［どうもありがとう。ところで，幅広の蛍光色付箋紙がほしいので備品室に連れて行ってくれないかな？］

***Yumi:*** Oh, is that what you have wanted?

［あら，それがほしかったのですか？］

## 問 題

　Ben の言葉の意味合いを同僚の直樹と有美は正確に把握できてはいません。まず，どうして誤解が生じているのでしょうか。また，どのようにすれば誤解が防げるのでしょうか。直樹と有美がとるべき適切な英語コミュニケーション例を同じ場面設定で作ってみましょう。

## 解 説

　上記事例は，相手の言った一つのことを日本語式にその奥の含蓄まで一方的に解釈して対応し，コミュニケーションがかみ合わなくなる例です。気を利かせて動いたつもりが相手の望んでいないことをしてしまっています。パーティーでBen が知りたいのは，単純にどこに行けば新しい食器を入手できるかということです。オフィスでも Ben が知りたいのは，事務用品を保管してある部屋の場所です。

　前章で記したように，英語圏，特に北アメリカでは一つの表現で相手に理解させるのは基本的に一つ，せいぜい二つ，三つ程度が上限だと思っておくのが妥当です。少なくとも一言で相手に十のことを理解させようとするような日本的な複雑暗示コミュニケーションの習慣はありません。問題事例では，Ben は明確に自分の聞きたいことを表現しているので，その言葉をもとに過度に気を使って意図していない含蓄を想像する必要はないわけです。

　ただし，英語圏でも言葉以上の最低限度のことは伝わります。例えば，I am thirsty, Mum. と子供が母親に言った場合は，母親は頼まれなくても何か飲み物を提供するか，もしくは勝手に冷蔵庫を開けて何か飲むように指示することで

しょう。また，来客が I feel a little chilly in here. といった場合には，招待した家の者は暖房の設定温度を上げてくれます。しかし，このように容易に相手が本当に意図することが理解できる場合以外は，英語圏で基本的に十個のことをさせたい場合は，十個の指示が必要です。

　事例のコミュニケーションでは，直樹も有美も行動に移す前に簡単な確認が必要です。一番目の事例できれいなスプーンがどこで入手できるか知っているかどうかの質問に対し，応答の基本は Yes, I do. / No, I do not. です。知っている場合は，I think (that) there are some left at the corner over there. などと補助の情報を付け加えればよいことになります。日本の習慣に基づいて，気を利かせて何かしたい場合は，Shall I get one for you? と確認すれば十分です。二番目の事例の付箋紙の場所を知っているかどうかの質問に対しても，応答の基本は Yes, I do. / No, I do not. です。補助情報は，例えば The inventory room is Room 309. で充分です。親切心で何かしてあげたい場合は，Shall I take you there? または Shall I get one for you? と確認が必要です。

---

### 解答コミュニケーション例

（支社パーティーで Ben と直樹が談話している）

**Ben**: Naoki, do you know where I could get a spoon?  I do not see any waiters here.

**Naoki**: Perhaps, you can get a spoon at the corner over there.  If not, you could ask the waiter over there for one.

**Ben**: Oh, I see.  Excuse me for a moment.  I will go and ask him.

**Naoki**: Sure, see you again in a minute.

----------------------------------------------------

（オフィスで Ben が付箋紙を切らしてしまう）

**Ben**: Yumi, do you know where you can get a book of Post-it?

*Yumi:* Yes, I do. Shall I get one for you, Ben?

*Ben:* No, that is not necessary. I just want to know where the inventory room is. If possible, will you take me there?

*Yumi:* Okay, just follow me.

---

## コラム　英語が単純明示言語で日本語が複雑暗示言語なのだろうか？

　同じ言語表現でも状況の複雑さの程度によって相手に伝わる意味内容が浅くて単純明示になったり，反対に深くて複雑暗示になったりと，かわされる意味内容に差が出ることを事例15と16の解説で述べました。ただし，英語が単純明示コミュニケーション言語で，日本語が複雑暗示コミュニケーション言語であるというわけではありません。むしろ，コミュニケーションに参加する構成員の組み合わせが決定要因になります。

　コミュニケーションと一概にいっても，親しい友人どうしから初めて会った他人どうしまでいろいろな場合があります。例えば家族どうしや同郷の古い友人どうしなどでは，意思疎通を図る場合に言葉の数が比較的少なくて済みます。使う言葉や物事の解釈の仕方が近い人どうし，即ち言語と価値観の共通度合いが高い人どうしでは，最小限の言葉でも容易に意思疎通ができます。

　しかし，知らない他人どうしや生まれも育ちも全く違う人どうしなどのコミュニケーションでは，普段使う言葉も，その言葉が指すものも，そして物事の考え方も共通度合いが低くなり，充分な意思疎通のために必要な言葉の量が増えます。異文化間となれば，なおさらのことです。単一民族が人口の大半を占める日本のような国で日本人どうしが意思疎通を図る時のような簡略化した調子で来日している外国人旅行客や滞在者に話しかけても，同じ程度の簡略化した言葉の量では相手に言いたいことが理解してもらえない部分が生じやすくなります。同様に北アメリカやオーストラリアなど移民が集まって成り立っている国々でも，同じ英語を共通語として話しているとはいえ各人の母語や先祖の出身国，文化的価値観が異なることも多く，その差異の分だけ共通度合いが低くなり，必要とされる言葉の量が増えがちです。ここに英語圏のコミュニケーションの単純明示化傾向の要因があります。

　このように考えると，単純明示と複雑暗示の状況の差異は，言語由来の違いでは

なく，あくまでもコミュニケーションに参加する人どうしがどの程度まで言語の使い方や価値観を共有しているのかの違いであることが分かります。同一言語間でも構成員次第で単純明示の状況と複雑暗示の状況のどちらにも傾くことになります。日本人どうしでも，世代の違い，出身地の違い，社会階層の違いなど色々な理由で単純明示の状況になる場合もあれば，英語話者どうしや日本人と英語話者との間であってもお互いに共有している文化背景が多ければ，複雑暗示の状況になる場合もあります。日本語の現状は，日本という小さい国土の単一民族，単一母語に近い社会構成の中でコミュニケーションを簡略化しても阿吽の呼吸で通じる場合が多いので，日本語自体が複雑暗示コミュニケーション言語であると思われやすいのにすぎません。反対に英語は，北アメリカやオーストラリアなどの多民族国家で話されている言語なので，言葉の量を節約しすぎると異文化間，異民族間でお互いに理解し合えなくなる状況を回避するための単純明示コミュニケーション言語であると捉えられやすいのだと思われます。

UK のエディンバラ (Edinburgh) に観光に来ている道夫と加奈子の夫妻は，バスに乗ってショッピングモールに買い物に行きます。

---

（立ったままバス乗車中，バスが交差点で揺れて道夫が隣の地元の乗客に軽く当たる）

**Michio:** Oops.［おっと。］

（乗客は，いやな顔をしながら道夫を避ける）

**Kanako:** （日本語で，以下同様）道夫さん，隣の人あなたのことを不快な顔をしてちらっと見ていたわよ。知り合い？

**Michio:** いや，知らない。

- - - - - - - - - - - - - - - - - - - - - - - - - - - - - - - - -

（混雑した土産物店で道夫が他の客とすれ違いざまに服が擦れ合う）

**Kanako:** 今すれ違った人もあなたのこと睨んでいたわよ。何かしたの？

**Michio:** 知らない。

- - - - - - - - - - - - - - - - - - - - - - - - - - - - - - - - -

（店内で道夫が店員に話しかけられる）

**Sales assistant:** Sir, I wonder if this is your cap. It was just by your feet.
［お客様，この帽子はお客様のでしょうか？ 足元にありましたが。］

**Michio:** Oh, yes, I am sorry.［あれ，そうです。すみません。］

**Sales assistant:** （返答に戸惑いながら一瞬間をおいて） No problem. Here it is.［いいえ，どうぞ。］

問 題

　道夫は，知らない人を不快にさせるような行動様式をとっています。何か一言足りないようです。英語圏での以下の三つの状況でどのように行動すればよいのか地元の人々に嫌がられないコミュニケーション例を考えましょう。

(1)　立ったままバス乗車中，バスが交差点で揺れて隣の乗客に軽く当たった場合
(2)　狭い土産店内ですれ違いざまに軽く人に当たった場合
(3)　知らないうちに落としていた帽子を店員に拾ってもらった場合

解 説

　人に謝罪する習慣も英語圏と日本語圏では異なります。日本語では「すみません」が頻繁に聞かれます。日本語の「すみません」は，謝罪をする以外にも何かをしてもらって礼を言う時や何気ない会話の往復を緩衝する時にもよく使われます。しかし英語圏で I am sorry. はこのようには使われません。

　まず気をつけなければならないのは，一般に英語圏の人々は，人間どうしの個人空間（personal space）が大きめになっていることです。したがって，「社会常識を身に付けた人間，即ち紳士，淑女」なら，肩やひじが軽く触れ合った場合に，Sorry. や Excuse me. ととっさに謝罪します。しかし，それはあくまでも社会マナーを守る人間どうしの習慣です。著者の実体験に基づくと，英語圏の接触時の社会マナー格差は日本人どうしの場合よりも大きく，社会常識を身につけな

い人間なら，すれ違いざまに強くぶつかっても，混雑していないバスの中で人の足を踏んでも，一切知らないふりをしています。著者が計八年間のカナダとUK滞在でそのような人に会った回数は，日本で知らない人から足を踏まれたり強くぶつかられたりして謝られなかった回数の何倍も多くなっています。

　日本人の間でも接触時に謝る習慣がないわけではありませんが，知り合いどうしに限って「すみません」という人がいても，知らない人に対しては無視する人が多いのが実状です。また，日本人によく見かけられる仏頂面で無視を装うのは，軽くでさえぶつかられた英語圏の社会常識のある人間にとっては不快そのものです。著者がハワイに行った時にも，バスや店内で接触しても仏頂面をして無視を貫く日本人観光客を見ました。事例の場合でも道夫は，バスの中でも混雑した店の中でも人と接触しておいて無視，無関心を貫いています。妻の加奈子に事態の異常の可能性を指摘されても，何も気が付きません。

　しかし興味深いことに，道夫はI am sorry.という言葉を知らないわけではありません。店員に帽子を拾ってもらった際に道夫は，すかさずI am sorry.と謝ります。英語圏では，相手に何かしてもらった場合は，I am sorry.ではなくThank you very much.が常識です。道夫はこの状況を日本語の生活では，「どうもすみません」をいう場面に相当すると判断していることになります。その際に店員は，想定外の応答をされているので，何に謝られているか判断に戸惑うことでしょう。

**解答例**

(1) 立ったままバス乗車中，バスが交差点で揺れて隣の乗客に軽く当たった場合

*Michio*: Oops. Sorry (*or* Excuse me).

*Another passenger*: No problem.

(2) 狭い土産店内で他の客とすれ違いざまに軽く当たった場合

*Michio*: Oh, excuse me.

*Another customer*: Oh, sorry.

(3) 知らないうちに落としていた帽子を店員に拾ってもらった場合

*Sales assistant*: Sir, I wonder if this is your cap. It was just by your feet.

*Michio*: Oh, yes, thank you very much.

*Sales assistant*: You are welcome, sir. Here it is.

---

**コラム　文化によっても異なるパーソナルスペース**

　個人が適正と感じる他者との空間距離は，家族や友人，他人など相手との関係性に加えて，性別，年齢などによる各個人の感覚差など様々な要因が関連していますが，文化に起因するところも小さくありません。一般的に英語圏の人々のパーソナルスペースは広く日本人は狭いと言われている背景には幼少期からの文化的刷り込みも存在しています。例えば，乳児の頃から両親とは別の子供部屋に寝るのが標準とされる英語圏とは対照的に，日本人家庭では小学生になっても親子が同じ部屋で眠ることも珍しくありません。また，入浴に至っては日本では家族のみならず，銭湯や旅館で見ず知らずの他人と一緒に入浴することも成長する過程で馴染んでいきます。物心ついたころから一人で入浴する英語圏の人々にとっては，他人と一緒に入浴すること自体がかなりのカルチャーショックとなるようです。

　個人空間に関する他例として通勤状況に着目すると，日本の大都市圏では他人ど

うしがすし詰めとなる満員電車がごく普通の通勤手段として使われていますが，英語圏でも特に広いパーソナルスペースに慣れた北アメリカの人々には満員電車が異常事態に映るようで，実際著者の友人は待ち合わせに遅れた理由として自分がなんとか乗り込めると感じる電車が来るまで 30 分以上ホームで立って待っていたと話していました。このように日本では見知らぬ他人が極近くにいたり，他人と接触したりすることもそれほど奇異なこととは認識されないため，事例の道夫のように英語圏にいる時も同じように振る舞うことで何の悪気もなく他人のパーソナルスペースに侵入してしまっていることもあるのです。

　パーソナルスペースを実際に調査したデータがあります。アメリカ人の値[1] と日本人平均値[2] では夫婦・恋人の間の距離は，アメリカ人が 14 ～ 45 cm に対し，日本人男性平均値が 60 cm，日本人女性平均値が 58 cm と日本人のほうが広めになっています。また，友人等との個人距離では，アメリカ人が 45 ～ 122 cm と相手に合わせて大幅に距離調節を行っているのを特徴とし，日本人男性の友人との間にとる平均距離が 72 cm，日本人女性の友人間平均距離が 69 cm となり，日本人は，夫婦・恋人との距離と友人間距離が 10 cm 程度しか差がない結果となっています。ポーランドのヴゥロツワフ大学が世界 42 ヶ国 9,000 人を対象にした 2017 年の調査結果[3] では，アメリカ人の他人との間のパーソナルスペースは 95.3 cm で国別では 30 番目となっています。反対に他人との空間距離が最も短いのがアルゼンチンの 76.5 cm，その次がペルーの 79.6 cm で，ラテン系の国々の人々が他人との距離が近いというホールの説と同じ結果になっています。ホールは，自分を含めてアメリカ人が南アメリカのラテン系の人々と話す際にじりじりと後退するほか，オフィスでは机や事務機器を自分の周りに置くなどしてバリケードをつくっても，ラテン系の人々は構わず彼らの話しやすい距離まで乗り越えてくるといったエピソードも残しています。[4]

　パーソナルスペースやオフィス空間概念から考察すると日本はラテン系の国々と

---

[1] Edward T. Hall, *The Hidden Dimension* (1966, New York: Anchor Books, 1969), 116-125 上記データは，USA 北東海岸在住の中流階級，健康な男女を観察およびインタヴューによる調査結果となっている。

[2] 佐藤綾子『自分をどう表現するか』（講談社 1995）67, 68. 上記データは，東京都内と周辺地区で成人男女 800 人を対象にしたアンケート調査結果となっている。

[3] Amanda Erickson, 'What "personal space" looks like around the world', *The Washington Post*, 24 April 2017 <https://www.washingtonpost.com/news/worldviews/wp/2017/04/24/how-close-is-too-close-depends-on-where-you-live/>（2019 年 10 月 5 日）

[4] Edward T. Hall, *The Silent Language,* 180

の類似も見られます。ホールによるとラテン系の業務遂行形態は，管理職が多数の部下を指揮し，管理職の事務所前には顧客や業者を含め常時複数の人が集い，複数の案件が周囲に筒抜け状態で同時進行するポリクロニック型と述べています。同様に日本企業の多くのオフィスも全体が見渡せる大部屋形式で部や課の責任者が多数の部下を統括しています。複数の仕事が同時進行し，各自の担当以外の業務内容も常に聞こえてくるため，全体で自然と情報を共有する形態となっています。またパーソナルスペースが狭く，隣の人が積み上げた資料が自分の机に落ちてくるほど従業員どうしの配置が接近していることもあります。比較対象としてのアメリカ企業のオフィスの多くでは，役職者は個室，役職付でない社員にも覗けない高さの収納壁で凹型に個人席を囲むユニット式の広いパーソナルスペースを与えられています。業務について上役と話をする際でも個室で行われるため隣の席の同僚がどんな仕事をしているのかさえお互いが話さない限り知ることはありません。全体的な仕事の流れなどは気にせず，与えられた時間内にスケジュールに沿って自分の担当の仕事だけに集中する典型的なモノクロニック型です。

　日本社会の大まかな現状をみると，英語習得が中心の外国語教育が普及し，スケジュールや時間管理などは英語圏方式に則っており，事例 13 コラムに記載したように USA 以上に早いテンポで仕事や日常生活を送っています。しかしながら，スペース・空間の使い方という局面においては，特に狭いパーソナルスペースや共有オフィス空間などを見る限り日本の古くからの文化慣習の影響が色濃く残っており，どちらかと言えば英語圏よりもラテン系の国々に近いポリクロニック型と言えます。

# 18 すみません (その2)

東京に観光旅行に来ている Bruce & Hanna Peters 夫妻は，観光ガイドとして雇った南祥子さんと滞在先のホテルで待ち合わせをしています。

---

（ホテルのフロントデスクで）

**Shohko:** 今日 10 時にフロントデスク（the front desk）から部屋に電話を入れると言ったのに，応答がないのはどうしたのかしら。

（フロントデスク付近で）

**Bruce:** Hanna, our tour guide has not come yet. She is already half an hour late. Yesterday, she said on the telephone that she would meet us 'at the front desk'. We cannot find any guide-like person here.

［ガイドさん来ないね。30 分も遅刻だ。昨日，フロントデスクで待ち合わせると電話で言ったのに，ガイドらしい人はいないね。］

**Hanna:** I am getting tired. Let's go back to our room and take a rest.［疲れてきたわ。部屋に戻って休みましょう。］

（ホテル奥のロビーで）

**Shohko:** Excuse me, Madam. Are you Mrs Peters?

［ちょっとすみません Peters さんですか？］

**Hanna:** Yes, I am. Do you happen to be Ms Minami?

［そうです。ひょっとして南さんですか？］

**Shohko:** Yes, I am Shoko Minami. I finally found you.

［南祥子です。やっと見つけられました。］

**Hanna:** Bruce, I have found our tour guide here.

［Bruce, ガイドの人を見つけたわよ。］

**Bruce:** How come you are late?［どうして遅れたのですか？］

**Shohko:** I am sorry that I am late in finding you.

（お辞儀をして，心の中で「遅れたわけではないのですが」と思いながらも）［どうもすみません。お客様を見つけ出すのに手間取りました。］

104

**Bruce**: I have been waiting for you for half an hour. We will not pay the full amount for your guide.

［もう30分も待っているのだから，ガイド料金の全額は払いませんよ。］

**Shohko**: .... （心の中で「自分で間違えたくせに」）

**［問題］**

　Bruce と南さんは相入れないコミュニケーションルールで話すうちに反目してしまいます。対立の原因はどこにあるのでしょうか。南さんは，Bruce に対してどのように話をすれば良かったのでしょうか。英語圏のコミュニケーションルールに従って，How come you are late? 以下で，お互いに自分の意図を正確に伝えて事態を上手に収拾するコミュニケーションの例を作ってみましょう。

**［解説］**

　事例では，コミュニケーション方法の違いが，軋轢を起こしています。Peters 夫妻は，南さんが取り決めた通りに部屋で電話が来るのを待っていれば約束の時間に市内観光に出発できたはずでした。ところが，夫妻は勘違いでホテルのフロントデスク付近で初対面の南さんを待っていたため，30分間会えずに疲れてしまいます。自分が正しいと信じている Bruce は，南さんが遅刻したと主張します。ところが，南さんは自分が遅れておらず打ち合わせ通りに来ていたにもかかわらず，日本的な習慣からとりあえず謝ります。客が日本人ならここで，反対に「いいえ，当方で何か間違いがあったのかもしれません。申し訳ありません」と謝るか，「いえ，待ち合わせ場所に何か勘違いがあったのでしょう」という感じで円満に収まりますが，相手は訴訟社会である英語圏から来た Bruce なので，ここぞとばかりに自分の正当性を主張します。

　日本語での謝罪は英語圏にはない機能があります。日本人どうしのコミュニケーションでは人間関係に摩擦が起きそうな時にとりあえず謝ることでその緊張を和らげようとすることがあります。日本人どうしでは，相手が謝ってもそれが

儀礼的謝罪だと分かっているので，謝ったことに対する責任追及は起こりません。

　英語圏では，謝罪はきまり文句のようには使われません。自分が正しいと信じ切っている Bruce は，南さんの表面上の謝罪で，自分が待っていたのに南さんが遅れたと確信してしまいます。これは，英語圏には誤解や意見の対立で生じた緊張を謝罪で和らげる習慣がないからです。英語圏での謝罪は，自分の落ち度を認める以外の何物でもありません。このような状況下での I am sorry. や Pardon me. が意味するのは，自らに責任の所在があり自分の落ち度であることを自ら認め相手の許しを請う重大なこと以外の何ものでもなく，日本語の「すみません」ほど安易に口にしてよい表現ではありません。

　加えて南さんのように頻繁に軽い気持ちでお辞儀をする習慣は，英語圏にはありません。英語圏のお辞儀は公式な舞台で拍手喝采を受けたときや対人関係で相手に自分の負けや過ちを認めたときに行う重みを伴う動作です。英語圏の人々は，日本人が険悪な雰囲気の回避を意図してお辞儀をしながら軽く謝罪するような場合に，決して頭を下げることはありません。そのような状況下では，英語圏の人々は事情を説明し自分に落ち度がないことを主張します。謝ることで人間関係を修復するのではなく，説明の上でお互いの誤解をときほぐしながら修復するのが英語圏のコミュニケーション習慣です。

　問題回避のためには，南さんは，As I confirmed with you on the telephone, I rang you up from the front desk. Yet, you were somehow not in your room. と説明すべきです。謝罪に近い表現をするにしても，ありもしない自分の非を認めるのではなく，I am afraid that we have had some misunderstanding about the meeting place. のようにどこに問題があったのか明示して，その点が残念だという言葉のほうが賢明です。

**解答コミュニケーション例**

*Bruce*: How come you are late?

*Shohko*: There seems to be a misunderstanding between us. I rang you up in your room from the front desk, as we had arranged. Somehow you were here downstairs, not in your room.

*Bruce*: Okay. There was a misunderstanding about the meeting point. Well, I am happy to find you.

**コラム　英語圏での軽い謝罪と重い謝罪**

　解説の中で述べたように，その場の張りつめた雰囲気を緩和するためにとりあえず「すみません」と言うような日本の儀礼的，社交辞令的な謝罪は，英語圏の社会にはありません。英語圏の謝罪は，大きく分けて二種類あります。一つ目は，社会マナーとしての謝罪です。例えば，英語圏では知らない人の前でくしゃみやゲップをしたときにこのような軽い謝罪の言葉がよく聞かれます。公共の場で他人と軽くぶつかってしまった場合は Excuse me. と言い，他人とぶつかりそうな場面でも寸前に Excuse me. と言うマナーがかなり浸透しています。儀礼的な謝罪が習慣づいているはずの日本人でさえも他人に対して「すみません」,「失礼しました」などと言わずにすませる人がかなりいるような場面でも，反対に英語圏では Excuse me. や Sorry. と言うのがマナーになっています。

　このようなマナーが発達したのには，次のような連鎖要因が考えられます。それは，他人同士の距離空間が日本人より大きめであることです。日本の都会で見られるようなギューギュー詰め込む満員電車や満員バスは大都会の New York City や London などでさえも見られません。車内座席のピッチや幅も，大きめに設計されています。このように他人との距離空間が広いうえに，英語圏の社会では人々が他人との物理的な接触に敏感であることが更なる要因となります。そこで，接触時のトラブルを寸前に避けるために，また予期せぬ接触の不快感を事後に緩和するために，日本人どうし，特に他人どうしならば無言を通すと思われるような場合でさえ

も，英語圏では他人どうしであっても Excuse me. と声をかける防御的な軽い謝罪の儀礼が浸透したと思われます。

　英語圏の二種類目の謝罪は，人生において大きなトラブルに遭遇した時などの重要局面における真の謝罪です。例えば，北アメリカで自動車を運転していると想定します。青信号のもと制限速度内で運転中に，交差点でモーターバイクが飛び出してきて接触事故となります。降車して近づくと，モーターバイクに乗っていた男性は転倒し，怪我をして苦しんでいます。事故の原因は，明らかに交差点にそのバイクが赤信号を無視して飛び出してきたことにあります。救急車を呼ぶのは当然ですが，さてその怪我をした男性にその場で謝罪したほうが良いのでしょうか。それはどうしてでしょうか。

　このような事故の場合には，絶対に謝罪の言葉を発してはいけません。英語圏の謝罪は自分の非を認める行為なので，謝罪の言葉を一言でも発してしまうと自分に落ち度があると認めていると相手に解釈されることになります。正確な事実関係が入れ替わってしまって，モーターバイクが交差点の青信号を確認後進行しているところに自動車が急加速してぶつかってきたと，みなされる可能性さえあります。したがって，本来なら必要ない賠償責任を自分が一方的に負わされることになりかねません。加えて，その場で謝罪しなかったとしても，怪我人の入院先に菓子折りを持って見舞いに行くのも要注意です。見舞いが自分の非を認めた上での和解交渉や謝罪の行為とみなされ，あとから弁護士を通じて賠償金を請求されることにもなりかねないからです。

　英語圏の人々が心からの謝罪をするのは，本当に自らに責任や非があることが判明した後のみです。このように英語圏では，安易な謝罪をしないほうがよい状況，すべきではない謝罪があるので，注意が必要です。謝罪をすることで全面的な賠償責任の追及を招いたり職務上懲戒処分の対象になったりすることもあります。それゆえに，自分に明らかな非がある場合でも非を認めることを拒む人や，自分に非があるかどうか未確定な場合には有能な弁護士に依頼するなど可能な限りの手段を用いて自分には絶対非がないことを主張する人もいるほど，謝意表明が賠償を強制的に伴う重たいものになりうるのが真の謝罪です。

Marietta は，最近，夫の赴任でカナダのオンタリオ州（Ontario）のトロントー（Toronto）に滞在している大山早智子さんを訪ねます。

---

（家に入って）

**Marietta**: Good afternoon, Sachiko. How are you today?
［早智子さんこんにちは。お元気ですか？］

**Mrs Ohyama**: Oh, good, thank you. How are you? You are just on time.
［ええ，おかげさまで。ごきげんいかが？ ちょうど良い時間にいらっしゃいました。］

**Marietta**: Great, thanks, Sachiko. I hope (that) you like chocolate. This is Belgian chocolate.
［快調です。チョコレートお好きかしら？ ベルギーのチョコレートです。］

**Mrs Ohyama**: *Oh, please excuse me.* This is wonderful. *I am really sorry.*
［どうもすみません。こんな素敵なもの。本当にすみません。］

**Marietta**: *You do not have to be sorry at all.* I am glad that you like chocolate.
［謝らなくていいんですよ。チョコレートがお好きでなによりです。］

---

なぜ，日本人の大山さんと Marietta との間でコミュニケーションが順調に進まないのでしょうか。大山さんは英語圏の慣習に合わせるとどのように Marietta に対応すべきでしょうか。同様の状況で違和感をもたれないコミュニケーション例を作りましょう。

解 説

日本語の「すみません」が謝罪の場合以外に多用されるのに対し，英語では Excuse me. や I am sorry. が基本的に謝罪の言葉としてのみ使われるという表現方法の違いがあります。日本人どうしでは，まだあまり親しくなっていない間柄や，時には親しい友人どうしの場合でも，「すみません」を多用します。大山さんはお土産のチョコレートをいただいて，「どうもわざわざすみません」のつもりで，Please excuse me. や I am really sorry. と言っています。Marietta は，その言葉をそのまま受け取って You do not have to be sorry at all. と返しています。

物をもらった時に言う「どうもすみません」は，「わざわざ物を持ってこさせるような気遣いをさせたり手間をかけさせたりして申し訳ない」という意味の日本語特有の表現です。大山さんは，このような日本語の習慣をそのまま英語に翻訳しています。このように謝ることによって間接的に「感謝の意」を伝える習慣は英語圏にはありません。英語で Please excuse me. や I am so sorry. と言われた場合謝罪しているとしか受け止められません。

　英語圏では，日本語のこのような回りくどい隠喩のような謝辞を用いることはなく，率直に感謝の気持ちを伝えます。例えば，以下のような表現です。

（1）Thank you very much. I like chocolate. May I try some now?

（2）Thank you for such a nice gift. I like Belgian chocolate. It tastes great.

---

**解答コミュニケーション例**

*Marietta*: Good afternoon, Sachiko. How are you today?

*Mrs Ohyama*: Oh, good, thank you, Marietta. How are you? You are just on time.

*Marietta*: *Great, thanks*, Sachiko. I hope (that) you like chocolate. This is Belgian chocolate.

*Mrs Ohyama*: *Oh, thank you very much. This is wonderful. I love Belgian chocolate.*

*Marietta*: You are welcome. I am glad that you like chocolate.

---

**コラム**　日本式コミュニケーションの「ありがとう」の意味での「すみません」

　「ありがとうございます」の代わりに「すみません」が日本人どうしの会話に用いられる状況を分析してみると，私のためにこんなにも気を遣って頂いて申し訳ありません，貴方の費やした労力や時間，金銭的負担を思うとこのままではすみませんといった文脈が省略された形態であることが分かります。また，「ありがとうございます」よりも「すみません」を用いる方が恐縮しているというこちら側の気持ちも伝わります。相手の立場から状況を把握し，自分の嬉しさを率直に表現するよりも相手の負担を察することを優先する共感性の高い表現といえます。

　相手への共感性の高さこそが日本人のコミュニケーションの中で「すみません」が多用される一因であると榎本博明氏は著書『「すみません」の国』で述べていま

す。即ち，言葉による議論をつくして合意点を見出そうとする西洋式コミュニケーションとは根本的に異なり，日本式コミュニケーションでは，まず相手の出方を注意深くうかがい次に自分が上手に反応して，相手と自分がほどほどに納得できるような着地点を模索します。双方の面子を尊重するため曖昧な言葉を用いて対立点はぼかし，その「場」の雰囲気を良好に保つように腐心するため，はっきりと自分の意思を伝えることもない。このコミュニケーションスタイルは若い世代にも変化はあまり観察されず，友人間であっても良好な関係を壊すことを恐れ自分の意見を言えず相手が聞きたいと思うことを言ってしまうこともあるとされています。さらに，ジャーナリスト本田勝一氏の見解を引用し，すぐに「すみません」と謝る文化は歴史的に異民族との接触による悲惨な経験が少ない民族の特徴であり，世界でも珍しいという見解をも紹介しています。[1]

　このような日本文化の長い歴史の中で育まれたコミュニケーションの慣習を変えるのが容易ではなくとも，グローバリゼーションが急速に進んだ今日，異文化を意識したコミュニケーション[2]との使い分けをあえてしないでいると日本にいても不利益に晒される恐れさえあります。例えば，外資系企業日本支社勤務の英語圏出身者が，「面倒な仕事は日本人のスタッフに押し付けちゃえばいい，どうせ彼らはノーとは言わないから」と悪びれる様子もなく話していたことがありました。また，昨今の外国人観光客の増加に伴いマナーの悪さを指摘されることもある中，行列に平然と割り込み「並ぶ必要なんかないよ，どうせ日本人は文句ひとつ言わないし」などと英語で話しているのを耳にしたこともあります。もちろん，訪日外国人が皆このような無礼な言動を行うわけではありませんが，日本人の場の雰囲気を大事にし，対立を避ける特性を利用され，ひいては不利益さえ被ってしまうこともあるのです。

　必要に応じて英語圏型のコミュニケーションに意識的にきりかえ，相手に対して自己主張，議論，説得を面と向かって行うだけでは必ずしも充分とは言えません。加えて，仕事や友人関係を通して親しくなった日本在住の外国人に対してだけでも，相手の文化を尊重すると共に日本文化を基盤とする日本式コミュニケーション

---

[1] 榎本博明『「すみません」の国』（日本経済新聞出版社，2012年）26-29, 38, 39, 66-69, 112-114
[2] 文部科学省の統計では，日本語の母語人口は 1.25 億人に対し，英語母語人口は 4.0 億人，中国語 8.85 億人，スペイン語 3.32 億人 …。本稿の指す異文化を意識したコミュニケーションとは主に英語話者とのコミュニケーションのことであり，それ以外の世界人口を意識した異文化間コミュニケーションには該当しない点もある。

についてできる限りの説明をして少しでも理解して貰うべく努力も多文化出身者との今後の共存のためには不可欠なことと思われます。一人一人の小さな努力が蓄積していくことで，「ありがとう」を「すみません」と言っても日本人の変な表現と怪訝な顔をされることなく，日本独特の恐縮的感謝と自然と受け入れてもらえるようになるやもしれません。

# 20 奥様と隣どうしには座れません

　　日本に祖父に会いに来ていた David Nakamoto と Charlotte Nakamoto の兄妹は，帰りの日本の国際空港で一緒にチェックインします。担当は英語が話せる日本人スタッフです。

（空港のカウンターで）

**Ground crew:** Mr Nakamoto, I am afraid (that) you and your wife cannot sit together because the flight is fully booked today.  Is that all right?
［ナカモト様，お乗りの便が満席であいにく奥様と御一緒に並んで席が取れません。よろしゅうございますか？］

**Charlotte:** David, the ground crew thinks (that) we are a married couple.
［David，地上スタッフが私たちを夫婦だと思っているよ。］

**David:** That is because we are both Nakamoto.  I think (that) we could sit separately.  Is there any problem? ［それは，二人ともナカモトだからだよ。別々に座ってもいいと思うのだけれど，問題あるかい？］

**Charlotte:** No problem. ［了解。］

**David:** （地上スタッフに向かって）Sure, no problem.
［ええ，結構ですよ。］

**Ground crew:** Thank you very much for your co-operation.
［ご協力ありがとうございます。］

----

**Charlotte:** David, that was quite funny.  I *am* your wife?
［David，おかしなこと。私が兄貴の妻だって？］

**David:** Yes, it is hilarious indeed. ［本当に滑稽だよね。］

114

## 問題

　Nakamoto 兄妹は，空港の日本人スタッフの日本的応対に違和感を覚えながらも陽気に搭乗していきます。では，日本人航空会社スタッフのどのような対応が英語圏の慣習と違っていたのでしょうか。次に英語圏の航空会社スタッフがチェックインの応対をする場合を想定して，英語圏的な会話例を作ってみましょう。[1]

## 解　説

　上記の問題は，日本語と英語とで第三者（私とあなた以外の人）にあたる人物をどのように呼ぶかに違いがあることに起因しています。日本語では，相手に対して第三者の人のことを言及するのにその相手にとってどのような人物であるかを判断してその関係を示す名称を使います。David と Charlotte が兄妹にもかかわらず同じ姓の Nakamoto という年齢の近い男女であったので，航空会社スタッフはお客様と奥様という呼び方をするつもりで Mr Nakamoto（中略）you and your wife と呼んでいます。

　英語圏では，相手に対して第三者にあたる人を表現するのには，別の視点が作用します。すなわち，相手にとってどのような関係にある人かは関係なく，客観的にその人を指し示せる名称を選ぶことになります。普通，航空券を見ると，搭乗者名のところに例えば Nakamoto Charlotte/Ms または Nakamoto C/Ms のように姓と名（もしくはイニシャル），そのあとに Mr/Ms が記載されています。更にパスポートで本人確認をするので，英語で客観的な名称は，your wife ではなく，Ms Nakamoto もしくは確認のため Charlotte となります。北アメリカ流に一番親しみのこもった呼び方を地上スタッフが選べば Charlotte で，UK のように客への敬称を保つと Ms Nakamoto と呼ばれることでしょう。

　この呼び方の違いは，空港に限りません。日本語では，家庭内で母親が娘に「お父さんは今どこにいるの？」と聞くような場面で，英語圏では，例えば夫婦が Kevin と Joy で娘が Sue だとして，Joy は娘に Sue, where is Kevin? とは聞い

---

[1] この問題は，ハル・ヤマダ著『喋るアメリカ人聴く日本人』（成甲書房，2003 年）196-97 を基に考案する。

ても，Sue, where is your father? とはふつう尋ねません。your father とあえて言う場合は，例えば小学生の Sue の子守を頼んでいたのに家にいないなど父親としての役目を強調するときなどの特別な意味合いが含まれます。他の例として，夫婦のうち妻が留守で夫が留守番をしている最中に，妻の友人が家に訪ねてきたときに，日本語でならその訪問客は「奥様は，いらっしゃいますか？」と聞くことでしょうが，英語圏では日本語式に Is your wife home? とはならず，Jackie が妻の名であれば 客は Is Jackie home? と尋ねることでしょう。

---

**解答コミュニケーション例**

(1) （空港のカウンターで）

*Ground crew:* Mr Nakamoto, I am afraid (that) you and *Ms Nakamoto* cannot sit together because the flight is fully booked today. Is that all right?

*David:* Charlotte, I think (that) we could sit separately. Is there any problem?

*Charlotte:* No problem.

*David:* （地上スタッフに向かって）Sure, no problem.

*Ground crew:* Thank you very much for your co-operation, *Mr Nakamoto and Ms Nakamoto.*


(2) （空港のカウンターで）

*Ground crew:* Mr Nakamoto, I am afraid (that) you and *Charlotte* cannot sit together because the flight is fully booked today. Is that all right?

*David:* Charlotte, we cannot sit together.

*Charlotte:* I think (that) we could sit separately. Is there any problem?

*David:* No problem.

*David:* （地上スタッフに向かって）Sure, no problem.

> ***Ground crew****:* Thank you very much for your co-operation, *David, Charlotte*.

### コラム　個人の情報に基づく英語圏の顧客の呼び方

　高額な商品やサーヴィスを提供する業界では，顧客対応が重要視されるのは英語圏でも日本でも共通しており，顧客に対する呼び方はその基本となります。日本では，顧客本人に対しては「様」や「先生」といった敬称を用い，顧客の家族に対しては奥様や御主人様，お嬢様，御子息などその顧客の視点に立った呼称を用いるのが通常ですが，英語圏においては顧客の家族に対する呼び方としても Mrs/Mr ○○や個人名が優先されます。例えば，予約をした二人分の航空券を Mr Butcher が旅行代理店に一人で取りに来た場合，担当者は予約の情報事項を確認し，Mr Butcher と Mrs Butcher と記載されていた場合は，情報に則って妻の予約分について話をする時も Mrs Butcher と呼び，いきなり your wife とは言いません。また，仮に予約情報に Michael Butcher と Patricia Butcher と記載されてあった場合は，その情報からでは二人が夫婦かどうか判断できないため，正確さを重視して Ms Butcher と呼びます。二人が夫婦と確認された後は，Mrs Butcher と呼び方を変えます。ただし，顧客から Ms やファーストネームなど他の呼び方を希望された場合は，それに従います。

　顧客とその家族という比較的おおざっぱな日本的捉え方に対して，顧客一人一人の正確な情報に基づいてという英語圏の捉え方の文化背景の違いが顧客情報収集に対する姿勢の違いとなって顕著に表れているのが航空会社の予約サイトです。例えば UK のフラッグ・キャリアである英国航空では，英語予約サイトも日本語サイトでも一貫して，予約の際の敬称として Mr，Ms 以外に Mrs，Mstr，Miss，The Rt Hon，Lord，Sir，Dame，Lady，Viscount，Viscountess，Baron，Baroness，Rev，Rabbi，Dr，Capt，Prof と実に 19 通りもの敬称から選択が可能となっています。かわってエアカナダでは，英語版の予約サイトでは，敬称の選択肢に Mr，Ms のほかに Miss，Mrs，Dr，Father，Hon，Sir など 15 種類の選択肢があり正確な敬称が選べるようになっていますが，同じエアカナダでも日本語版予約サイトでは，敬称ではなく男女の選択をする項目つまり男性は全員 Mr 女性は全員 Ms だけ

の情報で航空券が発券される設定になっています。日本航空でも同様に，日本在住者向けのサイトでは，言語が日本語でも英語でも選択肢は男女の区別だけですが，英語圏在住者向けのサイトでは，Mr，Ms のほかに Dr，Professor，Rev. などの敬称選択が可能に設定されています。

　対照的に全日空では，英語版予約サイトでも日本語の予約サイトでも Mr，Ms しか選択肢はありません。航空機搭乗には，男女の区別の情報しか必要としないという日本語の慣習が色濃く出ているサイトという印象です。また，アメリカン航空やユナイテッド航空など USA を拠点とする航空会社では，予約サイトでは日本語でも英語でも男女の区別のみの選択となっていますが，顧客の詳細情報を管理するマイレージ会員ページへの登録時に複数の敬称の選択肢が設定されており，搭乗券には顧客の正確な敬称が表示される仕組みとなっています。

　顧客の敬称や呼び方においては，比較的単純な日本の慣習とは対照的に顧客個人個人の正確な情報を基準とするのが英語圏共通の慣習といえます。また，英語圏の中でも伝統文化の色合いが強く残る UK と，英語圏以外の文化慣習にも適応してきた北アメリカでは航空券予約サイトなどにおける顧客情報収集方法に関しても異文化対応面において差異が見られる結果となっています。

# 21 どうぞよろしくお願いします

**Case I** 浜本さん一家はカナダのアルバータ州（Alberta）に転勤してきました。夫人（順子）は，娘（星奈）が通う学校の親どうしの会合で娘のクラスメイト Donna の母親 Debbie に紹介されます。

---

（順子が Debbie に紹介された直後に）

**Junko:** Nice to meet you, Debbie.  Thank you very much because your daughter is always very kind to my daughter.  Please continue to be kind to my daughter and me.
［Debbie，知り合いになれてうれしいわ。娘がお宅のお嬢さんにいつもお世話になりまして。今後とも娘ともどもよろしくお願いします。］

**Debbie:** Sure, no problem.  Nice to meet you, too, Junko.
［分かりました。大丈夫ですよ。わたくしも知り合いになれてうれしいわ。］（心の中で「日本の方は，丁寧だけど押しつけがましい挨拶をするのね」）

**Junko:** ....（心の中で「こちらが丁寧に挨拶しているのだから，どうぞよろしくとか娘が世話になっていますとか言えば？」）

---

**Case II** 順子は，Case I と同様な調子で夫（達也）の同僚である Harry に初対面の挨拶をします。

---

（達也が順子と Harry をお互いに紹介しおわった直後に）

**Junko:** （Harry に向かって）Thank you very much for your everyday kindness to my husband.  Please be nice to my husband.［いつも主人がお世話になっておりまして。これからも主人をよろしくお願いします。］

**Harry:** Sure.  It is a pleasure to meet you.  Tatsuya is a good

---

119

friend of mine.

[分かりました。知り合いになれて光栄です。達也は友人です。]

***Junko***: Please continue to be kind to my husband.

[これからもどうぞ主人をよろしくお願いいたします。]

***Harry***: All right.  No need to say so.［分かりました。そんなこと言う必要がありません。］（心の中で「日本人の英語は返答しづらいな」）

---

### 問題

　Debbie も Harry も英語圏では一般的ではない順子の挨拶の仕方に対応を少し戸惑っています。どうしてでしょうか。英語圏では順子がどのように挨拶をすれば自然に受け入れられるでしょうか。適切なコミュニケーション例を作ってみましょう。

---

## 解　説

　日本では,「娘が（主人が）お世話になりまして ...」「今後とも娘を（主人を）よろしくお願いします」は，日常的に聞かれる表現です。しかし，これは英語圏では異例の挨拶です。日本と英語圏での挨拶の相違として三点が挙げられます。

　第一に，相手が自分の配偶者や子供などの家族の人間関係が縁で知り合ったということに関係なく，英語圏では紹介されたときに自分のことを優先して述べます。Case I と Case II では，順子は自分のことよりも娘と夫のことを話しています。英語圏では，Seina, Tatsuya と表現すべきところで *my* daughter, *my* husband ということにより，かろうじて自分の存在のことを間接的に表しているだけです。なお，英語圏では夫のことを「主人」（master）という習慣がないので順子がそのように言わない点は英語の慣例にそっています。

　第二に，英語圏では本当に世話になった場合を除いて「○○がお世話になりまして」という気持ちは言葉に出さず，実際の話し手がとらえている事実に基づいた挨拶がされます。Case I で，Debbie が娘の Donna を引き合いに出す場合は，例えば I am glad to meet you.  Seina is a good friend of Donna.  She talks about

Seina every day. のように言うことでしょう。Case II の場合に順子が夫を引き合いに出しながら英語で Harry に挨拶するとしたら，Tatsuya says (that) you know lots of nice restaurants for lunch. のようなやや客観的表現になることでしょう。仮に本当に達也が Harry に世話になりっぱなしの場合でも，順子が，Tatsuya looked just happy the other day because you helped him find a good and inexpensive digital camera after work. のように感謝の気持ちを間接的に述べてもよいのですが，順子は達也の保護者ではないので，夫の代わりに丁寧に礼を言う必要はありません。

　第三に，英語圏では親が娘，息子に代わって，また妻が夫に代わって，「よろしく頼む」ことがないばかりか，何のことかあいまいなままこれからのことを頼むのは聞いた相手も全く何のことか理解できません。もし本当に何かを頼まなければならないときは本人が相手に頼みます。もしも，ここで順子が夫の代わりに「よろしく」と頼んでしまうと，夫の達也が自分で物事も頼めない無能力者であるというような響きを帯びます。順子は，Case II で日本の社交辞令的に気を利かせているのでしょうが，英語圏では同じ行為が単に出しゃばっているようにしかとらえられません。

---

**解答コミュニケーション例**

**Case I**

（順子が Debbie に紹介された直後に）

*Junko:* Nice to meet you, Debbie. I have wanted to meet you because Seina often speaks about Donna, your daughter. I am glad (that) she has made a good friend with Donna.

*Debbie:* Donna talks about Seina almost every day after school, too. Nice to meet you, too, Junko.

*Junko:* I hope (that) you and Donna will find time to visit us someday. We live in this area.

*Debbie:* I will be glad to.

**Case Ⅱ**

（達也が順子と Harry を引き合わせた直後に）

**Junko:** （Harry に向かって）It is good to know you, Harry.  I was wondering when I could meet you because Tatsuya often mentioned about you.

**Harry:** I am glad to hear it.  We often go out to have lunch together during the break.

**Junko:** If you know of any good restaurant, I should (*or* would) like to try it, too.

**Harry:** That is a good idea.

---

### コラム　異文化を受け入れられない人も存在するという認識

　文化の定義を改めて辞書で調べてみると，「社会を構成する人々によって習得・共有・伝達される行動様式ないし生活様式の総体」とあります。自分が当然のことと思い，同じ社会を生きる人々も違和感なく受けいれ，共有される言動とすると，事例の「どうぞよろしくお願いいたします」は典型的な日本文化の一端と思われます。年賀状や通常の挨拶としてほぼ無意識で使われる日常的なこの「どうぞよろしくお願いいたします」ですが，英語圏の人々には非常に不可解に受け取られる典型的な例でもあります。反応をみると，何を頼まれているのか分からない，何かを期待されているようで厚かましい感じもするなど，大半がネガティブな印象となっています。事例 19 で述べたように場所が日本であれば，日本に興味のある人々を相手に日本文化の背景説明をすることで理解に至る可能性は高いとしても，USA で日本について何の知識も関心もない人々を相手に無意識に「どうぞよろしくお願いいたします」の直訳英語を使うと困惑され，敬遠される恐れさえあります。

　USA 社会は建国以来多くの移民を受け入れ，様々な文化が融合したるつぼ（melting pot）と称されながらも，理想と現実は乖離している部分も多く，人種や文化の相違を理由とした暴力犯罪も多発しています。USA では年間 25 万件もの特定の集団に対する謂れのない偏見を起因とするヘイトクライム（hate crime）が

発生しており，[1] 2019 年の司法省長官の演説[2] では，文化や宗教の違いを理由とした犯罪の中でもユダヤ民族に対するヘイトクライムの増加に懸念を表明しています。USA 総人口の僅か 2.2 パーセント[3] を占めるユダヤ民族を標的とした暴力行為が繰り返されているのもアメリカ社会の一面です。

　社会の縮図とも評される教育現場でも同様のいじめの傾向が確認されています。USA の小・中・高校の現役教師を対象に実施されたアンケート結果によると，2,776 人の教師自らが教鞭に立つ学校の 2018 年度前期だけで総計 3,265 件のいじめが発生しています。いじめの原因として，前述の司法長官が懸念を表明したユダヤ民族に属する生徒に対するものは 366 件，全体の 11 パーセントでしたが，それ以上に多かったのが人種を理由としたいじめの 1,087 件でいじめ全体の 33 パーセントを占めています。黒人やアジア系など外観で判別される児童がいじめの標的とされるケースが多いという結果です。[4] USA 教育省の統計においても，学校でいじめにあった 12 歳 〜 18 歳のアジア系およびサモア等太平洋諸島人の学生の報告例では，いじめの理由として挙げられているのが人種・民族で 39.8 パーセントとなり，黒人学生に対する人種・民族を理由としたいじめの 17.9 パーセントよりも高くなっています。[5] アジア系と太平洋諸島人の USA 総人口に占める割合が合計 6.2 パーセント[6] のマイノリティにもかかわらず，それらの民族のいじめを受けた生徒の約 4 割が人種・民族を理由としたものであったという報告は，問題の大きさを示唆しています。

　前出の現役教師を対象としたアンケートによると，いじめ対策として親など保護者を交えた話し合い，いじめは許さないという学校の姿勢表明，外部機関との連

---

[1] Madeline Masucci, Lynn Langton, U.S. Department of Justice, 'Hate Crime Victimization, 2004-2015' <https://www.bjs.gov/content/pub/pdf/hcv0415.pdf>（2020 年 2 月 4 日）

[2] 'Attorney General William P. Barr Delivers Keynote Speech at the U.S. Department of Justice's Summit on Combatting Anti-Semitism' <https://www.justice.gov/opa/speech/attorney-general-william-p-barr-delivers-keynote-speech-us-department-justices-summit>（2020 年 2 月 4 日）

[3] Pew Research Center, 'A Portrait of Jewish Americans' <https://www.pewforum.org/2013/10/01/chapter-1-population-estimates/>（2020 年 2 月 4 日）

[4] Teaching Tolerance, Maureen Costello Coshandra Dillard, 'Race and Ethnicity' <https://www.tolerance.org/magazine/publications/hate-at-school-report/the-hierarchy-of-hate-in-school/race-and-ethnicity>（2020 年 2 月 5 日）

[5] U.S. Department of Education, 'National Center for Education Statistics', Table 230.53 <https://nces.ed.gov/programs/digest/d18/tables/dt18_230.53.asp>（2020 年 2 月 5 日）

[6] 'United States Census' <https://www.census.gov/quickfacts/fact/table/US/PST045218>（2020 年 2 月 5 日）

携，罰則など多様の取り組みを講じているにもかかわらずこれだけ多くのいじめが発生しているのも事実です。それは USA に限らず多くの社会には，自分たちと異なる人々とりわけ異人種，異民族，異文化に対し寛容でない，どうしても受け入れられないという人々も存在するがゆえです。したがって日本出身者が USA など他国に留学や仕事等で滞在する場合には，周囲にどんな考えや価値観を持った人がいるのか分からないうちは，慎重に接することも大事です。「よろしくお願いします」など日本の常識の範疇であってもそれをあえて表に出さず滞在国の慣習に合わせることで，異文化嫌いの人々にいじめや嫌がらせの対象として付け入る隙を与えない一種の防御策にもなり得るのです。

**22 何歳ですか？ お子さんは？(その1)**

スィアトル（Seattle）へ研修に来ている鷲尾寛介さんが，ある財団主催のパーティーに参加します。会場で初対面の George と話をします。

---

（自己紹介の後）

***George:*** I have been to Tokyo a few times.
　　　　　　［東京に数回行ったことがあります。］

***Kansuke:*** How did you like it there in Tokyo, George?
　　　　　　［George，東京はどうでしたか？］

***George:*** I liked the metropolis, especially its convenience.
　　　　　　［大都市が気に入りました。特に便利さがね。］

***Kansuke:*** That is good.　By the way, how old are you?
　　　　　　［それは良かった。ところでお歳は？］

***George:*** Well, I am over thirty.［ええっと，30 以上です］

***Kansuke:*** Then, are you married?　Any kids?
　　　　　　［それじゃ結婚していますか？　お子さんは？］

***George:*** Not yet at all.［まだです。］

***Kansuke:*** I have a wife and one daughter.　Any girlfriend?
　　　　　　［わたくしには，妻と娘がいます。ガールフレンドは？］

***George:*** Well ….［そうね ….］

***Kansuke:*** If you do not have any, I could introduce some to you.
　　　　　　［いないなら，紹介できますよ。］

***George:*** That is all right.　You do not have to.　Well, I will get
　　　　　　a glass of wine.　Excuse me.
　　　　　　［結構です。必要ありません。ええっと，ワインをもらってきます。ちょっとすみません。］（心の中で「厚かましい男だな」）

---

125

George は寛介の質問にまともに答えずに不快な印象をもってその場を去ります。寛介の何が不快だったのか考えてみましょう。次に，寛介がもしも George を不快にさせないコミュニケーションマナーを身につけていたら，どのような会話になるでしょうか。コミュニケーション例を作ってみましょう。

## 解 説

英語圏では他人の私的事柄（privacy プライヴァスィー）を，尊重するというマナーを重視します。このマナーに慣れた George は，最初から相手の私的な事柄を根掘り葉掘り聞かずとも周りの人間と友好的に付き合っていけるものだと思っています。私的なことは親しくなってから徐々に分かってくるものだからです。また，私的なことを話す場合でも相手のことから始めずに，自分のことを話すことから始める人が英語圏では一般的で，相手がその話題にのってこない場合はあまり追求しません。英語圏で，特に UK で，他人どうし，知り合いどうしが個人的な話題を避け天気など差し障りのない話をするのは，私的事柄にむやみに踏み込まないというマナーが起因しています。

日本人には，相手に遠慮なく質問をする人としない人がいますが，そのことについて日本の社会ではどうすべきかの慣例は定まっていないようです。寛介は，二種類のうち前者の人間です。おそらく George と親しくなれるか判断するために，George がどのような人間なのか私的なところまで質問しているのでしょう。寛介の頭の中では相手のことを詳しく知るまでは親しくなれないという考え方がありますが，むしろ寛介は英語圏のマナーを理解して George とコミュニケーションをとればよかったわけです。

寛介のほかの選択肢としては，自分から率先して自分のことを話すという方法があります。寛介が自分のことを話しながら，George が同じ内容の話をしてくる場合はそのまま私的事柄の侵害が起こらずにコミュニケーションが進むことになります。しかし，George が同調しない場合は，コミュニケーションは別の方向に進むことになります。

**解答コミュニケーション例**

**例1** （自己紹介の後）

*George:* I have been to Tokyo a few times.

*Kansuke:* How did you like it there in Tokyo, George?

*George:* I liked the metropolis, especially its convenience.

*Kansuke:* That is good.  By the way, my house is in the Nerima ward.

*George:* I have not been there yet.

*Kansuke:* It is just crowded.  The streets are narrow.

*George:* It must be difficult for you to drive a car on such a narrow road, I think.

*Kansuke:* Yes, it is hard, but I can manage because my car at home is relatively small.

*George:* You probably like the roads here in Seattle.

*Kansuke:* Yes, indeed.

**例2** （自己紹介の後）

*George:* I have been to Tokyo a few times.

*Kansuke:* How did you like it there in Tokyo, George?

*George:* I liked the metropolis, especially its convenience.

*Kansuke:* That is good.  By the way, in Japan, I live in the Nerima ward of Tokyo, with my wife and my daughter. Do you have a family?

*George:* No, not yet.  I plan to get married, though, perhaps this December.

*Kansuke:* Do you plan to live in Seattle after your marriage?

*George:* Most probably we will move to a house in a neighbouring (neighboring) city and commute from a distance.

> **Kansuke:** Is that because you find it difficult to find a house at a reasonable price here in the city?
>
> **George:** Yes, indeed.

---

## ┃コラム┃ 日本人はプライヴァスィーの侵害とされる質問をなぜしてしまうのだろうか

　high-context（複雑暗示）や indirect（遠回し）表現の典型とされる日本人のコミュニケーション形態とは正反対と思えるほどに，日本人の外国人に対する質問はかなり唐突でプライヴァスィーの侵害とまで評されることがあります。例えば，紹介されたばかりの外国人に対して，いきなり年齢を尋ね，既婚未婚，付き合っている人の有無などを質問する日本人は珍しくないと言われています。これにはいくつかの文化的背景が影響していると考えられます。

　まず，英語力が充分ではないゆえに，話せる事柄が限られる上に表現がぶっきら棒になってしまっているケースです。例えば英語圏でも頻繁に交わされる「どのようなお仕事をなさっているのですか？」という質問をする場合，日本語を直訳すると What is your job? ですが，これは唐突な印象となってしまうので，通常は What do you do for a living?（短縮形では What do you do?）または What line of work are you in? と尋ねます。頻度の高い会話例であるとはいえ，初対面の人に対してはその場での共通事項から入った後に仕事について尋ねる方が無難です。他例として，昨今の外国人観光客増加にともなって日本にいても英語で話をする機会も増えており，その際も，Why did you come to Japan?［何で日本に来たの？］というぶしつけな言い方は回避して What brought you to Japan? と尋ねることで会話の進展にも繋がります。このような場合は，最初から無理して英語で話しかけずとも日本語で普通に話してみてコミュニケーションが成り立たないと分かった後で英語に切り替えることで，不得手な英語で頑張って話してくれているということが相手にも伝わるため多少唐突と思われる質問に対しても相手の許容範囲も広がります。

　不充分な英語力以上にプライヴァスィーの侵害的質問を日本人が発してしまう要因と思われるのが，日本と英語圏社会の根本的な成り立ちの違いです。英語圏は個人重視の独立主義を基本とするため，どのような機会に出会ったとしても初対面の人とは明確な目的以外の話はその場限りの世間話程度までにとどめます。これから

どのような付き合いになっていくか分からない人々と自分のプライヴァスィーに関することを話すことなど文字通り論外です。対照的に日本社会は，集団重視の相互依存主義の色合いが濃い社会を形成しています。個人以上に所属集団の総意を尊重し，個人は集団全体の一部という観念から，会社や学校など所属する集団で知り合った相手であればなおさらのことその集団に暖かく迎え入れるためにもその人について私的なことも含めて知ることは極普通のことであり，初対面で私的な質問をすることをプライヴァスィーの侵害とは認識していない人が大半です。

　一例として，日本の幼稚園や小学校で英語を教えることになったアメリカ人教師は，保護者との初対面の際に「外国人の子供たちに英語を教えた経験はどの位ありますか？ 難しかったことは？」といった業務に関連する質問を想定していたところ，実際には「結婚していますか？ 彼氏は？ 若く見えるけどいくつですか？」といったプライヴァスィーに関することばかりで非常に驚いたそうです。しかし，日本の保護者の立場からみれば，教育上のことは採用した学校側がすでに調査しているのだからあえて聞くまでもない，見守る側の保護者としては新任の先生の人となりを知ること，つまりプライヴェートな質問がそのきっかけという感覚なのです。

　加えて，私的な質問をすることには，これから親しくお付き合いしていきたいという希望や，御縁で知り合いになったのだから困ったことがあったら何でも話してと相手を気遣う意味合いも含まれ，私的な事柄から入る方がより早く効率的に親密な交友関係が築けると考える日本人もいます。集団重視の相互依存的感覚は，個人個人が直接所属する学校や会社，趣味の会等だけにとどまらず，日本社会全体に浸透しています。象徴的な例として，公共の場で業務を行っている見ず知らずの職員に向かって特に子供が関与した場合その子の視点から，お兄さん，お姉さん，おじさん，おばさんと呼びかける疑似家族的な呼称は，本当の知り合いなどではなくとも日本社会に属する者同士の帰属意識と相互依存関係を象徴的に表していると考察されます。このような集団意識の強い相互依存的社会が成立した背景には，日本社会で世界でも稀な単一民族国家[1]に近い状態が長期間維持されたことが大きな理由と思われます。対照的に早くからいろいろな民族を受け入れ他民族国家を構築した英語圏の人々は，集団帰属意識が希薄で自分の個人としての意思が最優先されるため，話す意思の無い私的な事柄について親しくも無い人から唐突に尋ねられるのは不条理でプライヴァスィーの侵害とまで捉えられてしまうことがあるのです。

---

[1] 来日外国人者数が急増した昨今でも，2019年総務省発表の動態調査結果によると永住者と非永住者を合計した外国人数は266万7千人で，日本全人口の約2パーセントである。

50 歳代の明子は，30 歳代の順子や USA から来日中で 30 歳代の Katherine と最近知り合いになったばかりです。

---

（明子が，自分に娘と息子がおり，孫が三人いること，近々娘が孫と遊びに来ることを話す）

**明子：** ところで，お子さんは何人いるの？

**順子：** 娘が一人です。

**明子：** もう一人くらいいたほうが楽しいでしょうね？

**順子：** まあ，そうですね。（心の中で「おせっかいおばさんね」）

**明子：** ご予定は？

**順子：** まあそのうち。（心の中で「しつこい」）

**明子：** 今じゃないの？ 早いほうがいいわよ。わたくしは 20 代で二人よ。

**順子：** 今はちょっとね。（心の中で「ああ，おせっかいもいい加減にしなさい」）

---

## 問題

　調子に乗った明子は類似した別の機会に娘がひとりいる Katherine に同様の話をします。英語圏にはこのようなおせっかいな壮年の人はいるでしょうか。いないとしたら，それはなぜでしょうか。次に Katherine は日本人の順子ほど年長者に控え目ではありません。Katherine の反応を予測しながら，空欄にはいるせりふを考えましょう。[1]

（明子が家族，親族に関して一方的に説明した後）

**Akiko**: How many children do you have, Katherine?

**Katherine**: One daughter.

**Akiko**: You would be happy if you had a boy or another daughter.

**Katherine**: _____

**Akiko**: When do you expect to have a baby?

**Katherine**: _____

**Akiko**: Well, just think about it.  I gave births to my son and daughter when I was before 30 years of age.

**Katherine**: _____


## 解　説

　日本では年配の人々の中には，自分の子供の年代の知り合いに向かって母親のような振る舞いでいろいろと私的事柄に口を出したがる人がいます。明子はその典型的な例です。順子は明子に対しておせっかいだと感じながらも，穏便に応対しています。

　英語圏では，個人の存在，意志が尊重され，人々は相互のプライヴァスィーを尊重します。結婚しているか否か，子供がいるかいないかなど，私的な事柄に関して他人に意見を言う習慣はありません。つまり，当人が困って助言を求めてきた特別な場合を除いて，年上，年配の人間が先輩面して年下の知り合いにあれこれと身の上のことに関して指示したり提案したりすることはありません。英語圏

---

[1] この問題作成にあたり，以下の著書を参考にした。直塚玲子著『欧米人が沈黙するとき』（大修館書店，1980 年）109-117

では，明子のような頼まれもしない助言は非常識極まりない行為と受けとられます。

　日本語では事例の順子のようにはぐらかす応答が可能ですが，英語にはもともとあいまいに答える言語習慣が日本語ほど備わっていないので，対応には二つの選択肢しかありません。一つは，返答せずにその場を立ち去る方法です。これによって，コミュニケーション自体が中止されます。二つ目は，プライヴァスィーの侵略を拒絶して相手にやめさせる方法です。例えば，次のような表現が可能です。That is none of your business. / Just leave me alone. / Get off my back. / Just stop talking to me.

　したがって，英語圏の習慣を尊重して英語圏の人々と共存するためには，二つのことが大切になります。一つめは，助言を求められない限り，年上であろうが社会階級が上であろうが，相手の身の上に関して先輩面して意見を述べないことです。二つめは，個人の価値観は多様であるので，自分の限られた経験に基づいて相手の生き方に対してあれこれと指示をしないことです。

---

### 解答コミュニケーション例

#### 例 1

*Akiko:* How many children do you have, Katherine?

*Katherine:* One daughter.

*Akiko:* You would be happy if you had a boy or another daughter.

*Katherine:* Well, that is all right. You do not need to talk about it.

*Akiko:* When do you expect to have a baby?

*Katherine:* That is none of your business.

*Akiko:* Well, just think about it. I gave births to my son and daughter when I was before 30 years of age.

*Katherine:* Get off my back! Just leave me alone.

**例2**

*Akiko*: How many children do you have, Katherine?

*Katherine*: One daughter.

*Akiko*: You would be happy if you had a boy or another daughter.

*Katherine*: Well, that is all right. You do not need to talk about it. （心の中で「あなたには関係がないことでしょう」）

*Akiko*: When do you expect to have a baby?

*Katherine*: （黙ってその場を去る）

*Akiko*: （心の中で「失礼な人ね」）

---

**コラム** 　**永住者の参政権にみる外国人の受け入れ方**

　事例22では，初対面等まだ親しくない相手に対して日本人がしてしまいがちな質問について述べましたが，永住者を含めた長期在留外国人に対する接し方についての留意すべき点もあります。何十年も日本に住んでいる外国人が不可解に思う自らに対する日本人の発言の典型例として，「どこの国の方ですか」「お箸上手ですね」「納豆食べられますか」「青い目がきれいですね」などが挙げられます。これらの発言が示唆するのは，「貴方たち外国人はお客様，自分たち日本人とは別のよその人」といった視点がいつまでたっても変わらないということなのです。永住者の中でも何世代にも渡って日本に居住する在日韓国人等の特別永住者の間に除外感が高い傾向があり，その根源が社会制度にもあるとしています。例えば，特別永住者たちが地方選挙への参政権の獲得を目指して運動を進めた結果，多くの地方自治体が理解を示しているにもかかわらず，25年を経ても立法化には至っていない現状を指摘しています。[2]

　このように外国籍の人々への参政権付与を各国の外国人受け入れ方針の指標の一つとして考察すると，英語圏でも実状は様々となっています。例えばUKでは，5

---

[2] 在日本大韓民国民団中央本部，「永住外国人の 地方参政権 14 の Q&A」<https://mindan.org/pdf/gaikoku.pdf> （2019年10月15日）

年毎の総選挙において650議席の庶民（下院）議員[3]を選出する小選挙区制におい
て，選挙権はUK市民のみならずアイルランド市民，コモンウェルス（Common-
wealth）市民[4]にまで広く認めています。選挙権付与の条件は，UKの住所に居住
している住民であること，選挙登録していること，投票日に18歳以上であること，
海外在住のUK市民は過去15年間に選挙登録していること，法律上選挙権をはく
奪されていないこととされています。2〜4年毎に実施される地方選挙においては
さらに選挙権付与対象は拡大し，上記のUK庶民議員投票権保持者に加えてUK
居住者であるその他のEU（欧州連合）26カ国市民も含まれます。[5]選挙権付与の
条件としては，上記の総選挙投票資格に加えて投票希望地域の住所で登録すること
も記されています。また，一議題をyes/noで問う国民投票（referendums）に関し
ては，総選挙投票資格を基準としながらも各議題ごとに投票権が誰にあるか異なる
規定が適用されるとあります。

　UKとは対照的にUSAでは，1996年施行の法律（Illegal Immigration Reform
and Immigrant Responsibility Act of 1996 Sec. 216）によって，外国人による連邦
選挙への投票自体が罰則を伴う違法行為とされています。同法には，地方選挙への
外国人の投票は違法とは定められてはおらず，歴史的には多くの州で外国人にも参
政権を認めていた時代もありましたが，現在，外国人に州選挙への投票を認めてい
る州はありません。連邦選挙，地方選挙を問わずアメリカの市民権（citizenship）
を持っていることが参政権の条件となっています。4年毎の大統領選挙，[6] 2年毎に
全435議席を争う下院議員選挙，100議席中1回の選挙で三分の一の議席だけ選
挙対象となる上院議員選挙，州知事や州議員，市長等を選出する地方選挙にも投票
資格としてアメリカ市民権が必要とされます。加えて，選挙当日に18歳以上であ
ること，登録締め切り日までに選挙登録を済ませていること，各州の居住条件[7]を

---

　[3] UK立法府は，君主（現在はエリザベス2世），総選挙で選任された庶民院，首相推薦で君
主から任命された貴族院（House of Lords）から構成される。貴族院は世襲議員，一代議員，聖
職者議員からなり，終身制のため総数は600名前後と一定ではない。
　[4] UK政府選挙委員会のサイトでは，該当コモンウェルス国としてオーストラリア，インド，
ジャマイカ，シンガポール，サウスアフリカなど54ヶ国が列挙されている。<https://www.elec-
toralcommission.org.uk/i-am-a/voter/register-vote-and-update-your-details>（2019年10月18日）
　[5] UK地方選挙の投票権がUK在住のEU市民にも2019年10月現時点では認められている。
　[6] グアムやヴァージン諸島などUSAの海外領土に在住する市民権保持者は投票不可となって
いる。
　[7] 投票日より30日以上前から州に居住していることなど州ごとに規定は異なるが，ホームレ
スでも選挙権に支障はない。重罪判決を受けた者や精神疾患者は投票に関しては各州の基準が適
用される。<https://www.usa.gov/register-to-vote#item-212447>（2019年10月20日）

みたしていることが必要条件となっています。海外在住者や海外駐屯軍人およびその家族も不在投票が可能です。しかしながら，USA の永住権（Green Card）保持者に対しては，市民権を有していないという理由で連邦選挙，地方選挙共に投票権は認められていません。[8]

　参政権を考える上で興味深い一例がカナダです。コモンウェルスの一員として歴史的にも UK とは深い結びつきがあり，今日でもカナダの立法府を構成するのはカナダ首相が選任する上院議員 105 名と選挙で選出される庶民（下院）議員 303 名，そして UK 国王[9]代理であるカナダ総督です。1982 年の憲法（Canada Act 1982）でカナダの立法に UK 議会の関与はなくなり，現在のカナダ総督の職務は儀礼的なものが主となってはいても制度として総督の権限は維持されています。このような現況下にありながらも，カナダの参政権は，連邦（国政）選挙，地方選挙ともに投票権を持つのはカナダの市民権保持者に限定されており，永住権保持者に選挙権はありません。[10] カナダ人権憲章（The Canadian Charter of Rights and Freedoms Section 3）を根拠として投票の権利はカナダ全市民と定めています。ただし，カナダ市民以外に投票権を付与することを厳密に禁止しているわけではないため，一部の地方自治体等でコモンウェルス市民に投票権を付与しているところはあります。しかし，在住コモンウェルス市民に広く選挙権を認めている UK に準じた相互的対等の投票権付与ではありません。日本，UK，カナダ，USA を例として挙げたように永住権を持つ外国人に対する選挙制度の現状は各国様々です。

---

[8] メリーランド州等の一部の地方自治体（municipalities）の選挙では市民権保持者以外にも投票権を認めるケースもある。

[9] UK 君主がカナダの元首も兼ねている。

[10] Government of Canada, Department of Justice, 'The Canadian Charter of Rights and Freedoms; Section 3' <https://www.justice.gc.ca/eng/csj-sjc/rfc-dlc/ccrf-ccdl/check/art3.html>（2019 年 10 月 20 日）

　Settlement.Org, 'A Guide to Voting in the Canadian Federal Election' <https://settlement.org/ontario/immigration-citizenship/canadian-government/voting/a-guide-to-voting-in-the-canadian-federal-election/>（2019 年 10 月 22 日）

# 子供をしかる

美奈子と Heather には，それぞれ幼年期の娘がいます。美奈子の娘は美香，Heather の娘は Karmen です。二組の親子が友人宅に集まっているある日，美奈子は娘が子犬の Jossy にかまいすぎて子犬が嫌がっているのに気づきます。

---

**美奈子**： 美香ちゃん，ジョスィーをいじめてはだめよ。そっとしておきなさい。

**美香**： （聞かないまま子犬にかまい続ける）

**美奈子**： 美香，やめなさい。そんな意地悪をしていたらカーマンちゃんに嫌われるわよ。

**美香**： はーい。（子犬から離れる）

-------------------------------------------------

（しばらくして，今度は Karmen が子犬にちょっかいを出す）

***Heather****:* Karmen, stop bugging Jossy.  Leave him alone.

［Karmen, Jossy にちょっかい出すのをやめなさい。そってしておきなさい。］

***Karmen****:* （一瞬やめるが，間もなく子犬を荒くさわり始める）

***Heather****:* Karmen, _____

***Karmen****:* Okay, Mum. ［はーい，ママ。］

---

136

## 問題

Heather は Karmen になんと言いながらしかっているのでしょうか。順子のしかり方と同じように「そんなことをしていたら美香ちゃんに嫌われるわよ」と言っているのでしょうか。英語圏の慣習に則したしかり方の例を考えましょう。[1]

## 解説

英語圏と日本では間違っているまたは迷惑な行動を抑制する際に，違いが見られます。日本の社会では，「近所迷惑だから」と遠回しに抑制したり，子供に対しては「○○ちゃんに笑われる」，「○○ちゃんに嫌われる」というように他人からの評価を引き合いに出して抑止しようとします。英語圏では規則を破っている，法律，条例に違反している，マナーを守っていないなど，その行為自体が本質的に間違っているという根拠に基づいて抑止しようとします。

事例では，美奈子が娘の美香に対して最終的に美香の遊び友達が美香のことをどう思うかという仮想的な判断基準を強引に持ち込んで「Karmen に嫌われるわよ」という言葉で娘を制御しようとします。この表現には，子犬にかまいすぎる行為が本質的に不適切かどうかは関係なく，あくまでも全く関係のない Karmen がどう思うかという他者からの仮想評価が判断基準になっています。しかし，個人主義が発達した英語圏の人々にとっては，自分がどうであるかは自分が判断することで，日本社会のように他者にとってどうであるかは自我を認識する材料としては重要視されません。

したがって，事例の Heather の場合は，Karmen, if you keep on bugging Jossy, you will be hated by your friend Mika. Look. Mika does not bother Jossy at all. というしかり方はまずしません。これでは，判断の基準が弱すぎます。他者判断ではなく，あくまでも，Karmen が根本的に間違ったことをしているという観点でしかります。この場合の判断は，親であり幼少の娘のすべての責任を負っている Heather の基準に基づいていると Heather は思っています。

英語圏の人々のそれぞれの心の中に確固たる判断基準があることの要因とし

[1] この問題作成にあたり次の書籍を参考とした。八代京子他著『異文化コミュニケーションハンドブック』（三修社，2001 年）65-67

て，キリスト信仰文化が社会に浸透していることが考えられます。北アメリカや
UK の主たる信仰形態は，世界の創造主である絶対神 God に対する信仰，即ち
キリスト信仰です。キリスト信仰には，判断基準の究極の根拠として God の存
在が欠かせません。God の御心に従って生きるべきであるという信仰が慣習と
して社会に根付いており，人々の判断基準には God の存在が深く影響していま
す。社会の中で付随する判断基準として個々の人間関係や地域のしきたり，法律
などがあるにせよ，それらの基準自体に二千年以上続く伝統的なキリスト信仰文
化が影響を及ぼしているという側面も否めません。自殺へのタブー視，同性愛者
への嫌悪，一夫一妻制，God の摂理（divine providence）など社会通念や社会慣
習に例を挙げ始めると，枚挙にいとまがありません。自身は敬虔な信者でなく自
己基準で判断すると主張する人でさえも，その人物の判断基準には社会の隅々に
根付いたキリスト信仰文化の影響が少なからず見受けられることになります。

---

**解答例**

例 1: Karmen, did you hear what I said?　Just leave him alone.

例 2: Karmen, think what you are doing now.　You *are* bugging a poor puppy.

例 3: Karmen, do you understand what I have just said?　Stop annoying Jossy.（少し間をおいて Karmen がやめたのを確認して）Thank you.

## コラム　英語圏の親が実践する子供の問題行動対処法 'タイムアウト'

　子供のいる英語圏の家庭にホームスティしたことのある人であれば親が子供を叱る場面に遭遇することは日常的なことです。著者も何十年も前に経験したアメリカ人家庭でのその情景が今でも鮮明に思い出されます。ある日，3歳になったばかりの女児が母親の注意を惹きたくて制止を無視して大人の会話に割り込みを繰り返した際，母親が黙って女児を抱き上げ隣の部屋に連れて行き，クライングチェア（crying chair）に座らせ，大泣きする子供に向かって「自分のしたことの何が間違っていたか，よく考えて冷静に話せるようになったら椅子から降りてリヴィングルームに戻ってきなさい」と普段より低い声でゆっくりと静かに話していました。最初はヒステリーを起こしていた女児も，一人で部屋に残されてから徐々に癇癪は収まっていきました。数分後，女児は椅子を降りてリヴィングルームに行き母親に話しかけようとした瞬間，また涙が溢れてきました。それを見て母親は，「あなたはまだ冷静に人と話す準備ができていませんね，椅子に戻りましょう」とそっけない対応でした。著者は日本的な感覚で3歳児にそこまでしなくてもと思いながら観察していたところ，クライングチェアへの逆戻りを数回繰り返した後，目に涙を一杯ためながらも「ママに静かにするように言われたのに皆の邪魔をしてしまいました，ごめんなさい」と言った瞬間，母親は満面の笑顔で娘を抱きしめ，「分かりました。あなたはお利口さんね。ここで皆と一緒に静かにオレンジジュースを飲む？それとも自分のお部屋で好きなおもちゃで遊ぶ？」と問いました。女児の選択は，お気に入りの縫いぐるみを抱えて皆と一緒にジュースを静かに飲むことでした。

　この母親が実践した叱り方はタイムアウト（time-out）と呼ばれ，子供の躾の一環として英語圏の社会では広く認知されている方法です。児童に何が間違った行動で，それをしてしまった時に，他の人々と一緒に楽しむ機会をしばらくの間失う結果となるということを関連付けて習得させます。一時的に他の人々との輪から外れることで，児童の高ぶっている感情を落ち着かせ，何が間違っていたかを一人で考える時間を与えます。タイムアウトが最も効果的な年齢は，3歳から8歳[2]とされ，一人にさせる時間の目安は年齢掛ける分数，つまり3歳児であれば3分になります。タイムアウトを行う場所は，隣接する部屋や廊下などでおもちゃなど児童の気をひく物が一切ないところで行います。自宅以外にいる場合は，タイムアウトを応用してその場の集団から距離をとって，外であれば保護者の目が届く安全な木陰や

[2] 9歳以上の児童には，自己管理や詳細ルールの適用など他の躾方法がより適切とされている。

ベンチなどに一人で座らせます。他の児童を叩いたり，ののしるなど悪態をついたりした際は，即刻その場で保護者が冷静に対処することが大切です。適切な行動をしている他の児童が皆と楽しんでいる姿を観察することもその子にとって学びの機会となります。[3] タイムアウトのもう一つの利点は，親が感情的に叱ってしまうことで子供が混乱し双方の怒りに火が注がれ収拾がつかなくなることや，親の怒りに任せた子供への体罰などを抑制する効果もあります。特に常日頃子供を優しく愛情をもって大切に養育している家庭においては，子供の問題行動に対してタイムアウトを用いることで親の冷徹で厳しい一面が際立ち一層の抑止効果が認められるそうです。著者の極限られた経験でも英語圏の家庭で子供を叱る際，親は極力冷静でいることに努め，日本の公の場所で時折見かけるような子供を怒鳴り，叩いている場面に遭遇したことはありません。

　このように英語圏の親は日本の親より論理的で感情の抑制が効いている例もありながらも，児童にまつわる統計をみるとまた違った側面が見えてきます。例えば，USAと日本の2017年度の児童虐待相談対応件数[4]を比較すると，日本が13万3千件[5]なのに対し，USAの児童虐待報告数は750万件で，内，何らかの対応がなされたのが320万件，児童虐待の被害者と断定されたケースは67万4千件[6]になっています。[7]最悪の事態である児童虐待による同年度死亡者数は，日本が49人なのに対し，USAは1720人と実に35倍にも上ります。単純に15歳以下の児童人口を比較すると，日本が1,588万7千人に対し，USAは6,097万7千人と約4倍[8]ということを考慮にいれても，USAにおける児童虐待数は桁違いに多いことになります。このような統計からタイムアウトのような冷静な躾を実践しているのは，英語圏社会全体というわけではないことも分かります。

---

[3] The Australian Parenting Website, 'Using time-out to guide your child's behaviour' <https://raisingchildren.net.au/preschoolers/behaviour/rules-consequences/time-out>（2019年7月15日）

[4] 心理的虐待，身体的虐待，養育放棄，性的虐待などを含む。

[5] 厚生労働省「児童相談所での児童虐待相談対応件数とその推移」2017年度速報値のため今後変更があり得る。<https://www.mhlw.go.jp/content/11901000/000348313.pdf>（2019年7月15日）

[6] U.S. Department of Health & Human Services, Administration for Children and Families, Administration on Children, Youth and Families, Children's Bureau (2019), 'Child Maltreatment 2017' <https://www.acf.hhs.gov/cb/research-data-technology/statistics-research/child-maltreatment>（2019年7月17日）

[7] 児童虐待数統計は日米各国政府機関によるもので，統計の取り方などが完全一致していない可能性もある。

[8] 総務省統計局「11月20日世界こどもの日　なるほど統計学園」（2015年度データ）<https://www.stat.go.jp/naruhodo/c3d1120.html>（2019年7月15日）

# 25 飲食の誘いを断る

　東京で働く杉山健さんは，最近開店した輸入ビーア（beer）を揃えているレストランに同僚数人で数日後の金曜日の仕事帰りに行く予定です。そこで部下の尾崎良夫さんと USA 出身の Roger も誘ってみようとしています。ちなみに，金曜日の晩は，尾崎さんは子供たちを映画に連れていく用事が，Roger は妻 Patricia と帝国ホテルで晩餐の予定があります。

---

（杉山さんが尾崎さんを誘う）

**杉山：** 尾崎君，我々 4 人くらいで，今週金曜日仕事帰りにビーアを飲みに行こうと思うんだけど，どうだい？

**尾崎：** 金曜はちょっと …

**杉山：** 遠慮しているんだったら，しなくてもいいぞ。何かあるのかい？

**尾崎：** 子供たちを映画に連れていく約束をしていまして，それも指定席券で。

**杉山：** その券を変更して飲みに行けないのかい？

**尾崎：** … んーん。

**杉山：** しかたない。では次の機会にでも行こう。

**尾崎：** どうもすみません。

**問題**

杉山さんは同様の表現でRogerも誘います。Rogerはどのように断ったのでしょうか。帝国ホテルの予約のことを話すのでしょうか。空欄を埋めて会話例を完成してください。

**Ken Sugiyama:** Roger, we, I mean four of us, plan to drink some beer after work this Friday. Why not join us?

**Roger:** I am afraid, Ken, _____

**Ken:** Do you have to do anything special this Friday evening?

**Roger:** _____

**Ken:** Can you perhaps rearrange your plan?

**Roger:** _____

**Ken:** Well, then, I hope you can join us sometime in the nearest future.

**Roger:** _____

---

**解　説**

　英語圏の中でも断り方に多少の地域差，個人差があることでしょうが，英語圏と日本語圏とでは断り方に根本的な相違があります。その違いは，物事のどの部分を明言しどの部分をあいまいなままにしておくかということ，自分の私的事柄を話すかどうかということの二点に集約されます。日本人の習慣が身に付いた尾崎さんは，最後まで「金曜日は行けません」と明言せずに断っています。まず，「金曜日はちょっと」という言葉で，かわしています。それを遠慮かもしれないと考えた杉山さんは，もう一度誘うつもりで「何かあるのかい」と聞きます。そこで，尾崎さんは子供たちを映画に連れていく約束をして指定席を買ったことまで話します。それを聞いた杉山さんは，自分は本当に誘いたいという意思表示も兼ねて，指定券を変更できるかどうか確認します。その返事を，尾崎さんは沈黙でかわして，結局「金曜日の晩は行けない」ということを杉山さんにそれとなく分からせています。最後に，せっかく誘ってもらったのにすまないという意味で「すみません」と軽くわびています。

142

　他方，英語圏の習慣で行動する Roger はビーアには行けないという結論を少なくとも日本人の尾崎さんよりははっきり言います。しかし，私的事柄まで杉山さんに話したりはしません。最初に「金曜の晩は，ビーアを飲みには行けない」と結論から先に明言するはずです。そこで，何か特別な用事かと聞かれても，「帝国ホテルで妻と晩餐です」とは言わずにあいまいに「ある用事で」というだけでしょう。杉山さんにその用事が変更可能かどうか聞かれても，詳しい説明はせず，不可能と答えることでしょう。

　英語と日本語では，あいまいな表現部分が全く違います。相手の感情を傷つけない配慮を優先する日本では，相手の誘いに対してきっぱりと断りづらいので，結論をあいまいなままにしてそれとなく断っていることを相手に悟ってもらおうとします。個人のプライヴァスィーの観念が確立している英語圏では，断っていることは最初から明言しますが，なぜ断っているのかという私的事情の部分をあいまいなままにします。

　英語圏には断るという行為自体に日本語の失礼という概念はないながらも，その場の人間関係を大切にする者なら，せっかく誘ってくれた人物に対して Thank you just the same for inviting me. などと，感謝の言葉を添えます。場合と個人の性格によっては人間関係を大切にしないこともあります。その場合は，Sure や Okay という自分の優位性あるいは対等な立場から発する言葉で締めくくる者や，強引な誘い方に無視をする者までいることでしょう。

**解答例**

**Ken Sugiyama:** Roger, we, I mean four of us, plan to drink some beer after work this Friday. Why not join us?

**Roger:** I am afraid, Ken, (that) I cannot join you this Friday evening.

**Ken:** Do you have to do anything special this Friday evening?

**Roger:** Yes, I have some special plan.

**Ken:** Can you perhaps rearrange your plan?

**Roger:** No, I cannot. Maybe, I could join you next time.

> **Ken:** Well, then, I hope you can join us sometime in the
> nearest future.
>
> **Roger:** Sure.

## コラム　英語圏にはレジャー型社員旅行がない

　誘いを断る事例に関連して，日本企業に勤める上で会食以上に断りにくいのが社員旅行です。全員参加方式のレジャー型社員旅行の慣習自体が英語圏には存在しません。日本で典型的な社員旅行は，企業が社員間の交流を目的として主に企業の定休日や週末，連休などを使って行楽地や観光地に全社員や部署単位などで行く宿泊企画です。その支出源は，必ずしも全額会社負担というわけではなく，各社員の給料から半強制的に天引きして集めた積立金や福利厚生費の場合もあります。日本交通公社 JTB の調査によると 2008 年時点で社員旅行を実施している企業では平均約 9 割の社員が社員旅行に参加したことがあるとなっており，即ち社員旅行を実施している大半の企業では実質的に全員参加型であることがうかがわれます。[1] 民間調査会社の産労総合研究所が行った調査統計によると，日本では 1990 年代までほとんどの企業が何らかの形態で社員旅行を実施し，その後は実施企業が減少しながらも半数弱の企業で社員旅行が遂行されているそうです。[2]

　日本での社員旅行実施企業の減少の要因は複数あると考えられます。例えば，バブル経済崩壊後の景気低迷の中で労働環境が悪化し，企業によっては終身雇用制を維持できなくなってきて，非正規雇用が増えてきたことが指摘できます。このような状況では，全額法人負担で旅行を実施してきた企業が別の支出を優先したとも考えられます。また，これまで社内の人間関係維持のためや終身雇用のために自己の意思に反して参加してきた正規雇用の社員にとっては，我慢してまで参加しても意義がなくなってきていることになります。ましてや非正規雇用の社員にとっては，

---

[1] JTB 広報室「『社員旅行』に関する調査を発表」2008 年第 144 号（2019 年 7 月 11 日）<https://www.jtb.co.jp/myjtb/tabiq/pdf/20080826.pdf>

[2] 産労総合研究所「2014 年社内イベント・社員旅行等に関する調査，結果概要」；これは，無作為に回答を依頼した 2000 社のうち回答があった 122 社を集計したデータとなっている。<https://www.e-sanro.net/share/pdf/research/pr_1411.pdf>（2019 年 7 月 11 日）

無給や自己負担の条件で社員旅行に参加して得られる見返りはさらに小さいことになります。

　日本で衰退しつつありながらも存続しているレジャー型社員旅行が，英語圏で元来存在しない理由として，社会全体で終身雇用制を維持しようとする慣習がないことが挙げられます。北アメリカなどの企業では期間契約やレイオフ，中途解雇が随所で行われています。企業側の事情だけでなく，雇ってはみたものの仕事に向いていないと判明した社員を無理に雇用し続けるよりも，次の仕事へといざなう方が雇う側にも被雇用者にとっても結果的に有益であるという理由もあります。このような観念が北アメリカ社会全体に普及しているため，労働市場の流動性は比較的確保されています。転職せずに定年まで同じ職場で働き続ける人がいないわけではありませんが，一生に何回か異業種を含めて転職する人々のほうが大半を占めています。このような北アメリカ型労働環境下では，好き嫌いにかかわらず長い付き合いになる同僚と社員旅行などで交流を深めながら定年退職まで一緒に働くことも視野に入れた日本企業的な気運は生まれません。

　英語圏でレジャー型社員旅行がないもう一つの理由として，英語圏では仕事が書面上の職務内容記述書（job descriptions）に基づいた労働契約で行われていることが考えられます。仮に社員旅行が業務の一環として実施されるのならば，当然ながら旅行中の労賃も支払われることになるので社員は参加することになります。日本でのように休日などを利用した業務外の奉仕なら職務には当てはまらないので社員に参加義務はなく，企業側も参加を強制できません。英語圏では本来の職務のことを記載する労働契約に各自が自己負担する社員旅行のような業務と無関係な内容が業務の一部であると記載されていることはまずなく，当然ながら社員旅行実施のために給料から天引き徴収する権利なども企業側にありません。英語圏で社員旅行に近い形態があるとすれば，一部の企業が業務の一環として社員がリゾート地などの別の場所に移動して行う有給研修のようなものだけになります。[3]

[3] 135° East.com「アメリカにも社員旅行があるって知ってた？ 日本の社員旅行とどう違う？」<https://www.135east.com/entry/american-company-trips>（2019 年 7 月 11 日）

## 26 飲食に誘う

　東京で働く杉山健さんは，最近開店した地元のワインを揃えているレストランに同僚数人で数日後の金曜日の仕事帰りに行こうとしています。そこで部下でUSA出身のJamesも誘ってみようとしています。ちなみに，金曜日の晩は，Jamesは妻のSaraと外食の予定があります。

---

**Ken Sugiyama:** James, we, I mean four of us, plan to go for a drink after work this Friday.　Just recently I found a new restaurant that served local wine.　Why not join us?

[James, 我々4人くらいで今週金曜日の晩お酒を飲みに行こうと思うんだ。最近地元のワインを扱うレストランをみつけてさ。一緒に行かないか？]

**James:** I am afraid, Ken, (that) I cannot go with you this Friday evening. [健，今週の金曜日は悪いけれど無理です。]

**Ken:** Do you have any other plan for this Friday evening?
[金曜日の晩には何か用事でもあるのかい？]

**James:** Yes, I have a special commitment. [そう，特別な用事で。]

**Ken:** What is that? [それは何だい。]

**James:** Well, it is an important mission.　(I do not have to tell you about my private schedule.) [んーと，大事な用事です。]
（心の中で，「個人のことは言う必要はないでしょう」）

**Ken:** Can you perhaps rearrange your plan?
[少しくらい変更可能かい？]（心の中で「せっかく誘ってやっているのだから，むげに断るな。理由くらいはっきり言え」）

**James:** No, I cannot.　Maybe, I want to join you some other time.　(Get off my back.　Do not ask me any personal questions!)
[できません。また今度ご一緒しますよ。]（心の中で，「しつこい。行けないと言っているのだから私的なことまで詮索するな」）

**Ken:** Okay, I hope you can join us sometime in the nearest

---

146

future.［分かった。では，次の機会にでもどうぞ。］（心の中で「お前なんて金輪際誘ってやらない」）

#### 問 題

　一方で杉山健さんは James の断り方に不満を抱き，他方で James は杉山さんの誘い方に不快感を感じています。この後，杉山さんと James は，別の機会も含めて結局，一緒に飲食しないままになります。それでは，次回 James の都合がよいときに誘って James に快く応じてもらうためには，杉山さんは今回どのように誘っていればよかったのでしょうか。同じ状況で，英語圏で人間関係がこじれない誘い方を考えましょう。

#### 解 説

　英語圏での誘い方は，日本人にありがちなしつこい誘い方はしません。まず，個人の私的事柄に干渉しない習慣がある英語圏では，人を誘う場合にもむやみに私的な予定まで詮索しません。また，英語圏では断るほうもあいまいに結論を延ばし延ばしにしながら話を続けることなどしないので，誘うほうも「もしかして遠慮しているのでは」というような気遣いから何度も同じ誘いを繰り返す必要はありません。

　また英語圏と日本社会では，同僚どうしの距離感が若干違います。英語圏では同じ職場，学校などの集団に所属していることが，必ずしも所定の勤務時間の外で仲間のように付き合う当然の理由にはなりません。もちろん，そのような場所で友達どうしになり意気投合して食事に行くこともありますが，それはあくまで友人どうしとしての行動です。

　さらに，英語圏と日本とでは誘いに関する個人間の境界線の位置が違います。個人の観念が発達している英語圏では，誘いに応じるか否かを確認するところに個人どうしの境界線があります。しかし個人観念が弱めの日本人の慣習では，英語圏で目されるところの境界線を越えて誘いを断る正当な理由があるかどうかを明らかにすることに境界線を引く人がかなりいます。日本人の多くは，境界線を

147

深いところに設けることによって，相手が自分と付き合いたくなくて断っているのか，本当に用事があって断っているのか，推察しようとすると考えると，杉山さんの言動の意図が読めます。

　事例では，杉山さんはJamesの都合を聞く前にいきなり「金曜日にワインを出す店に食事に行こう」と誘っています。そこでJamesがあっさり断ると，再び断る理由を聞き出そうとしています。Jamesがあいまいに答えると，理由をはっきり言わないことに対して不満げに，再度詮索しようとしています。それでも，Jamesが最後まで具体的な理由を説明せずに断り続けるので，杉山さんは今回に限らず今後もJamesを誘うまいと否定的な気持ちになります。Jamesも杉山さんの誘い方がしつこすぎると感じ，不快に思います。

　事例での杉山さんの誘い方は，次の二点で上下関係を意識する日本人の慣習上ありがちなことと推察されます。第一に，杉山さんは部下のJamesが本当は行きたくても上司に食事の代金をおごらせまいと遠慮しているかもしれないと，日本人の習慣を踏まえて再度誘っている可能性があります。第二に，杉山さんは部下のJamesに対して会社の上司または仲間などとして特別に誘ってやっているのだという気持ちを持っています。したがって，はっきりした理由もなく断るのは自分に対して無礼だと，言葉には出さないながらも居丈高な日本人に見られ得る態度を取っています。

　英語圏の人々の間で理想的な誘い方は，しつこすぎることなく，かつ相手のプライヴァスィーを侵害しないようにすることです。杉山さんは，まずJamesに時間的余裕があるかどうかについて予定を聞くべきでした。そのうえで，可能性がある場合のみレストランの話をすればよかったことになります。そこで，断られてもプライヴァスィーに関しては深く詮索しなければ問題が生じません。もちろん，英語圏でも冒頭からレストランへ行くかどうか訊く人もいますが，その場合は手短にThank you, but I cannot join you because I have another arrangement.と答えるだけで済みます。その際に，誘う側は更に詳しい理由を詮索したりはしません。

### 解答コミュニケーション例

**Ken Sugiyama:** James, what are you going to do this Friday evening, may I ask?

**James:** I have got some plan, Ken. What is up anyway?

**Ken:** We, I mean four of us, plan to drink some wine after work this Friday. Just recently I found a new restaurant that served local wine. Why not join us?

**James:** I am afraid (that) I cannot join you this Friday evening. My plan for this Friday has been scheduled for weeks. Thank you very much just the same for your invitation.

**Ken:** Sure. Have a good weekend.

---

### コラム　異文化間コミュニケーション学の実用貢献

　異文化圏出身の人々が共に働く職場は今やどこにでもあり，職場の人々が集まって飲食を共にするのも極ありふれたコミュニケーションの一つのはずなのですが，事例のようにその段階ですでにつまずいてしまうこともあります。このような状況を回避するためにも文化背景の異なる人々のコミュニケーションに必要なポイントとして挙げられるのが，感情抑制（emotion regulation），批判的思考（critical thinking），開放性（openness），柔軟性（flexibility）です。[1] 事例の杉山さんもJames も相手との間に壁を築いてしまう前に，まず自分の中に生じたネガティブな感情を抑制して，飲食に誘い誘われるといった単純なコミュニケーションが成り立たないのは何故なのかを相手側だけでなく自分の側にも何か問題点はないのか冷静に考えてみるべきでした。異文化に詳しい人に尋ね，オンラインで情報検索するなどして問題の本質がどこにあるのかを分析した上で，相手と向き合って率直に話し合うことで自分の意図するところを伝え，また相手の気持ちに耳を傾けます。そして自分がこれまで当然と思ってきた社会的慣行が異文化圏出身の人々には受け入れ

---

[1] David Matsumoto, 'Emotions and Intercultural Communications' <https://mafiadoc.com/emotion-and-intercultural-communication_5a1fd4fa1723dd81bd031a38.html>（2019 年 6 月 15 日）

られないこともあるということを学び，自分の文化だけに固執せず相手の文化も尊重し，場合によっては相手に合わせる柔軟性を持つことが大切です。

　それでは上記四点に気を付ければ異文化間コミュニケーションは即成り立つのかと言われれば，さほど簡単ではないことは 1950 年代からの USA の対外政策の紆余曲折が物語っています。異文化間コミュニケーション学の祖とされるエドゥワードホールは，USA 政府や民間企業の海外派遣員の教育訓練に携わった際に海外プロジェクトの多くの惨憺たる実状を前にし，その原因を探求しました。その結果，派遣国の言語，歴史，慣習，政府形態などを学ぶことはほんの第一段階にすぎず，問題は相手国の言葉以外のコミュニケーションをほとんど認識していない点にあると確信に到りました。具体的には，顔の表情やジェスチャー，時間に対する観念，空間の使い方，仕事や勉学，余暇など様々な行動を通じての言葉以外のコミュニケーションがそれぞれの国で行われており，自分たちアメリカ人が無意識に馴染んでいるアメリカ式言外コミュニケーションとは全く異なる相手国の言外コミュケーションを理解する必要があると提唱し，それが異文化間コミュニケーション学の礎となりました。

　異文化間コミュニケーション学の実務レベルでの貢献例として，国際援助プログラムがあります。例えば，アメリカ政府の独立行政機関である平和部隊（Peace Corps）は，1961 年 J. F. ケネディ大統領の下，発展途上国を援助し互いの理解を深め合うという理想を掲げて発足しました。しかしながら，活動初期の評価を参照すると，当時のブラジルの開発専門家は，平和部隊の派遣員たちはローカルコミュニティに貢献するどころか，自分たちの利益ばかりを提唱しているとし，また現地行政官は，隊員たちは助けになるどころか問題ばかり起こしていると不満を公式に述べています。[2] それから半世紀以上が経過し，派遣前訓練で用いられる現行の異文化対応教材はホールの異文化間コミュニケーション論に基づくものとなっています。[3] 途上国で実際に活動した派遣員たちへの調査結果にも，異文化適応を目的とした事前訓練が効果的だったとした回答が 80 パーセントとなり，[4] 技術や言語習得

---

[2] John Coyne, 'The Forgotten Failures of The Peace Corps' <https://peacecorpsworldwide.org/the-forgotten-failures-of-the-peace-corps/>（2019 年 9 月 14 日）

[3] The Peace Corps Cross-Cultural Workbook, *Culture Matters* (1997, Washington, DC: The U.S. Government Printing Office, 2011)

[4] Peace Corps Office of Strategic Information, Research and Planning, '2015 Annual Volunteer Survey Results' <https://s3.amazonaws.com/files.peacecorps.gov/multimedia/pdf/opengov/2015_Annual_Volunteer_Survey.pdf>（2019 年 9 月 29 日）

訓練に対する満足度を上回っています。また，平和部隊活動調査報告書によると現地の人々からも派遣員の活動は総じて高く評価されており，例えば派遣員と接する前と後ではアメリカ人に対する理解がかなり深まったとする現地の人が 11 パーセントから 36 パーセントに，比較的深まったとする人が 33 パーセントから 54 パーセントに上昇しています。このように異文化間コミュニケーション学が平和部隊などの国際援助プログラムの派遣員と現地の人々との個人レベルでの相互理解に役立っていることは明らかです。しかしながら，平和部隊の活動成果がこれまで投入されてきた多額の政府予算に見合っているかという第三者機関の評価では，派遣員の多くが大学卒業後，短期間の訓練のみで派遣されているため相手国の望む専門知識の提供が充分にできていなかったほか，アフガニスタンやイエメン，北朝鮮など本当に派遣が必要とされる地域には安全面の理由から隊員を派遣できていないという指摘もあります。[5]

　先進国の援助プログラムと発展途上国のニーズの間に食い違いが生じるのは平和部隊に限ってのことではありません。他例として，日本のアフリカへの農業支援プログラムをみても，日本政府主導のアフリカ開発会議で首相がいかに日本の支援が有益であるかを強調するのとは対照的に会議に合わせて来日したモザンピークの農民団体代表者は，この JICA が進めるプロサバンナ事業によって多くの小規模農家から土地収奪につながっているとし，自分たちの暮らしや文化を尊重してほしいと訴えていました。[6] 国益が複雑に絡む状況下において全関係者に利益がもたらせるウィンウィン（win-win）の関係構築を目標とするならば，どのように異文化間コミュニケーション学が貢献できるかということもこの分野の今後の課題の一つといえます。

[5] Charles Kenny, Center for Global Development, 'The Peace Corps in a Smaller World: A New Model for the Next 50 Years' <www.cgdev.org/content/publications/detail/1424955>（2019年9月15日）

[6] 外務省「TICAD VI 開会に当たって・安倍晋三日本国総理大臣基調演説」<https://www.mofa.go.jp/mofaj/afr/af2/page4_002268.html>（2019年8月28日）

時事通信社「日本の農業支援，弊害も‐モザンピーク農民が訴え‐TICAD，2019年8月30日」<https://www.jiji.com/jc/article?k=2019083000223&g=int>（2019年9月1日）

## 27 がんばって，ごくろうさま

友人どうしの順子と Debbie は，学校で娘達が演じる劇の発表会に来ています。二人は，本番前に緊張している娘の星奈と Donna に声をかけます。

(舞台裏で。Debbie が用事で少しの間その場から離れる)

*Junko*: Seina, Donna, it is time now. Debbie will be back in a minute. Concentrate and play your parts very hard.
[星奈，Donna いよいよ出番ね。Debbie はもうすぐ戻るわ。自分の役に集中して，頑張って。]

*Seina*: All right, Mum. [ママ，分かった。]

*Donna*: Okay, I will try.
[分かりました。してみます。](心の中で余計に緊張する)

(そこに Debbie が戻る)

*Debbie*: Donna, Seina, (1)_____

*Donna*: Yeah, I will. [分かった。]

*Seina*: Sure. [了解。]

- - - - - - - - - - - - - - - - - - - - - - - - - - - - - - - - - - - - - - - -

(劇終了の後，舞台裏で)

*Junko*: Donna, Seina, I appreciate all your effort and trouble.
[Donna, 星奈，ごくろうさま。]

*Donna*: (応答に困る)

*Seina*: Not at all. [いいえ。]

*Debbie*: (2)_____

*Donna*: Thank you, Mum. [ありがとう。]

*Seina*: Thank you. [ありがとう。]

日本語で「がんばって」,「ごくろうさま」というような場面で，英語圏の人々は全く異なった発想の言葉をかけます。順子は娘達に「がんばって」,「ごくろうさま」を英語に翻訳して声をかけていますが，Debbie は，何と声をかけたでしょうか。下線部空欄にはいる言葉を考えましょう。

**解 説**

事例では，Donna が順子の「がんばって」に相当する言葉で余計に緊張し，「ごくろうさま」に相当する言葉には応答できずにいます。順子も英語圏の言語習慣に慣れていないため，日本語で考えたまま英語に直訳し，Donna に与えている影響に気付きません。幸いにして，Debbie がその場を英語圏の常套文句でまとめて事なきを得ています。

人の大切な場面の前で声をかける場合や場面が終わった後で声をかける場合には，英語と日本語では考え方の違いがあります。日本では，一般的には励まそうとして「がんばって」と声をかけます。何かを終えた後，それが成功であっても失敗であっても，「ごくろうさま」,「おつかれさま」と言います。日本語での根本的な考え方は，場面の前では成功するように励ますのが常識で，物事が終わった後は，それまでの労をねぎらうのが大切だということです。

ところが，英語では，励ますことよりも緊張をほぐすことや幸運を祈ることに焦点が置かれ，事後も労をねぎらうよりも相手をほめることに重点が置かれます。まず，日本語で「がんばって」というべきところでは，英語圏では Good luck! というように幸運を祈ったり，Take it easy. という表現で緊張をほぐしたりしますが，一般に Work hard. のように相手にさらなる努力をたきつける表現はしません。また事後でも，それまでの努力や苦労をねぎらうのではなく，結果や苦労に関係なく相手の成果をほめます。例えば，You have done a good job. という場合もあれば，I liked your .... というように良いところをほめたりします。

**解答例**

(1) Take it easy.　または（以下同様）

Good luck on your play.

Just relax.　The audience will be nice to you.

(2) You have done a good job.

I liked your voice and promptness.

Everybody must have liked your performance.

---

## コラム　英語圏の目的直結型の行動様式

　英語圏と日本とで様々なコミュニケーション場面で行動様式の差が表れることがあります。日本では，本来の目的達成に際して社会の儀礼や儀式に基づく形式が優先される形式重視型の行動様式がとられる傾向にあります。他方，英語圏では同様の場面で，目的直結型の行動がとられる傾向にあります。

　事例のような舞台を前にして緊張しきっている子供に対する声かけの内容にもこの行動様式の差が表れています。英語圏の親が使う目的直結型の表現は，子供の緊張状態を捉えてリラックスさせるようなものが一般的です。目的は舞台での成功であり，それを妨げているものが極度の緊張状態ならば，緊張をほぐすことで成功できるという考え方です。ほかの応援表現としては，You can do it.［きっとできるよ。］という言葉があります。これも，自信が足りないのが原因で成功できそうにない相手の状況をみて，相手に自信をつけさせることで成功させようとする目的直結型の行動様式に即した応援文句です。

　それに対し日本人の親が使う形式重視型の言葉は，あくまでも頑張らせるという応援形態です。親が応援する側で子供がその応援に応えて頑張る側にあるという両者の立場に基づいています。たとえ緊張している子供が少しリラックスする必要があると気づいていたとしても，親は応援する側の立場上「頑張って」という励ましの言葉を発します。応援される側の子供のほうも，自分の緊張をどうにかしなければならないと分かっていたとしても，声援に応えなければならないという形式的立場上，頑張ることを優先しなければならなくなります。このように，応援自体が儀式のようになっています。ここで仮に親が応援形式を無視して，「体の力を少し抜きなさい」や「リラックスしなさい」などの言葉をかけると，捉え方によってはこ

れらの表現を「頑張らなくてもよい」，「あまり期待されていない」といった否定的意味合いとして子供が誤解してしまうかもしれません。

　応援の他の例として，英語圏では毎朝各家庭で主婦（夫）が通勤に向かう夫／妻／パートナーに対して Don't work too hard. という言い方がよく使われます。「一生懸命働き過ぎないで」と声をかけることで，力み過ぎて空回りするよりは，ほどほどにリラックスを促すことでかえって生産性の高い仕事成果を限られた時間内で残業することなく出すことを期待している目的直結型の応援言葉です。対照的に日本人主婦（夫）の多くは「いってらっしゃい」と形式的な言葉で送り出します。いってらっしゃいに含まれる意味合いは，先の子供に対する応援と同じであくまで頑張らせる形式重視型の応援と考えられます。

　冠婚葬祭でも同様の行動様式差が生じます。例えば日本の一般的な葬式参列には守らなければいけない仏教の細かい作法が多くあり，葬式用の喪服，お焼香の手順など形式的なことに注意して行動しなければなりません。遺族への挨拶の仕方まで儀礼の中で慣例化され，全員が判で押したように「ご愁傷様です…。」と最後のほうは曖昧にぼかすところまで形式化しており，この形式に沿わないと礼儀に欠くとみなされる場合もあります。英語圏で多いキリスト教会の葬式では，遺族に対する儀礼上の決まり文句のような挨拶はなく，故人を弔い遺族と悲しみを共感するという目的のほうが重視され，参列者は自分なりに最適だと思う独自の言葉がけを行います。儀式も牧師の指示に従って参加すれば良く，細かい礼儀作法よりも故人の弔いという直接の目的が優先されます。

　目的直結型の英語圏で例外的に形式重視型の行動様式がとられるのは，式典のような人生の節目となる儀式に限られます。例えば卒業式で卒業生は，全員予め決められた共通のデザインと色のローブや帽子を身にまといます。とある UK の大学では，学位によってローブの色が指定され，帽子は大学院生のみがかぶることになっています。学位記の受領の際には，男性は英語圏では稀な深いお辞儀（bowing）をし，女性は一方の足を後内に引き，もう一方の足の膝を曲げ，スカートの両端をつまむコーテスィ（courtesy）の礼をとります。儀式は粛々と行われ，報道陣や業者が式進行途中に壇上に上がって写真撮影することはありません。このような英語圏の形式重視型の卒業式と比較すると，日本の大学の卒業式は比較的リラックスしていて，各々が自由に好きな色の洋装，和装で参加し，報道陣や卒業アルバム作成業者が式の最中に遠慮なく壇上に上がって学位記授与の瞬間を撮影することが許可されることもあります。英語圏と日本での通常の行動様式が反対現象となる一例と言えます。

# 28 苦情を言う

UK のリーヅ（Leeds）に居住する有美の隣の家には Lucas 夫妻（David & Anne）と幼少の娘（Christine）が住んでいます。最近 Christine がピアノを習い始め，夜遅くまで音外れのピアノが有美の家まで聞こえています。そこで有美は，Anne に Christine の夜間のピアノ練習を自粛してもらえるように話そうと，Anne をお茶に呼びます。

---

（有美の家で二人がお茶を飲みながら）

***Anne***: This tea tastes good.  What kind of tea is it?

　　　［おいしいお茶ですね。どんなお茶なの？］

***Yumi***: I am glad you like it.  It is apple tea, an import from Turkey.

　　　［気に入ってもらってうれしいわ。トルコ原産の輸入品でリンゴ茶です。］

（有美がピアノのことを切り出そうとする）

***Yumi***: By the way, Anne, _____

（以下省略）

156

## 問題

　有美はどのようにして夜遅くのピアノの騒音をやめてもらえるように話そうか考えています。日本語では有美は「お宅のお嬢さんピアノを習い始められたのですね。将来は立派なピアニストになれるといいですね。毎日夜遅くまで練習して，わたくしが子供を寝かしつける 10 時過ぎになっても練習している熱心さには，本当に感心します」という感じで遠回しに気づかせることもありますが，英語ではどのように言ったらよいのでしょうか。英語圏の中でも地域的な言語習慣の差違も考慮して，直接的な言い方と間接的な言い方の二通りの苦情の言い方を有美と Anne の会話の延長で述べてみましょう。[1]

## 解　説

　苦情の言い方にも文化的な違いがあります。一般論化は不可能ながらも，英語圏の中でも UK など共通の民族習慣を持っている旧来の British 住民の間などで婉曲表現の習慣が残っていて遠回しな間接的表現が比較的通じる場合と，Britain から 18 世紀には独立し多民族移民文化を独自に形成した USA でのように婉曲があまり通じない場合もあります。また，話し手どうしで言語文化の価値観の共有度合が低い場合は，UK でも婉曲表現が通じないこともあり，反対に USA でも同じ文化背景をもつ者が集住するエスニックコミュニティーなどでは婉曲表現が通じる場合もあることでしょう。加えて，婉曲的な言い回しをする文化では，日本社会と同じように，苦情を言うよりも少々のことは黙っているという習慣もあることを留意しておかねばなりません。しかし英語圏では，日本人が使う手法で苦情を心の中に隠して，口では嫌みを込めて正反対に相手をほめても，人々は「ほめられた」とはみなしても遠回しに「苦情を言われた」とは全く気づきません。

　ここでは，直接的な苦情の言い方と間接的な言い方の二種類の表現方法を挙げます。まず，直接的表現は，民族構成が多岐にわたっている地域などで，言葉の奥にある含蓄が通じないという前提で用いられます。例えば，

　[1] この問題作成にあたり，以下の著書を参考とした。直塚玲子著『欧米人が沈黙するとき』（大修館書店，1980 年）131-147。

*Yumi:* Christine has begun to learn how to play the piano, hasn't she? Who teaches her now?

*Anne:* Mrs Johnson teaches her at the ABC music school.

*Yumi:* Mrs Johnson is a good teacher. Christine must be lucky. Well, I was wondering. Could you perhaps have Christine play the piano in a little early hours, hopefully before nine o'clock?

というように会話が進められます。また，第三者を引き合いに出して，次のように言うこともあります。

I wonder if Christine can practice playing the piano a little earlier. Tohru, my husband, goes to bed at half past nine because he has to leave for work at six every morning.

いずれの場合にも，夜遅くにピアノの練習はしないでほしいと明確に伝えています。

　次に日本語ほどではありませんが間接的な表現例としては，もう少し遠回しに苦情を述べることで相手から譲歩を引き出そうとする方法があります。この傾向は特に UK やカナダなどのように間接的な表現の習慣が残っているところで多く聞かれます。次の例はどうでしょうか。

I hope (that) you do not feel bad about what I say. I was wondering. Tohru, my husband, is now having a sleeping problem. Because he leaves home for work early every morning, he has to go to bed at least before ten o'clock. He says that he can hear the sound of a piano even when he is in bed.

この例では，練習をやめるようには直接言わずして，話し手の有美本人ではなく夫の徹（Tohru）がピアノに迷惑しているから何とかしてほしいと間接的に伝えています。

## コラム　英語圏居住で重要となるクレームや苦情表明

　クレームをするという日本語からは，商品やサーヴィス等に問題があって苦情を言うことをまず連想しますが，英語の claim という言葉自体にはネガティブな文句の意味合いは含まれず，単に自分の思うことを明確に主張することを指します。このクレームの仕方が英語圏で居住生活していく上では重要な要素となります。The squeaky wheel gets the grease. [きしむ車輪は油を差される。] という諺があるように，しっかりと自己主張すれば相応の見返りを得ることができるという考え方が浸透している英語圏では自分の利益のために主張することはごく当たり前のことです。自分でも良く分からないことをクレームするなんて恥ずかしいと遠慮していると誰も助けてくれないどころか，不利益にさらされるリスクさえ生じてきます。

　UK でクレームが必要となる典型的な例として，居住者に課される地方税（council tax）があります。納税請求書が各戸に送付されてきますが，役所のほうで事前に各戸居住者に関する詳細な情報確認までは行わないことも少なくありません。正規学生や収入額に応じて，または外国籍者なども支払免除や減額となるケースもあるので役所に出向いて自分の UK 滞在期間やヴィザの種類，給与額証明書等をクレームすることが必要となります。面倒だからといってそのまま放置し続けた場合，免除が認められるどころか差し押さえが発生する恐れさえあります。同様に間違った請求書などが届いた場合も後難を回避するためにも，適切にクレームすることが大切です。

　英語圏でクレームが必要となる身近な他例として，児童の通う学校の規則や行事なども挙げられます。児童が抱える健康問題に限らず文化や信仰上の理由など様々な理由で校則に従えなかったり，学校のイベントに参加できなかったりする場合は保護者からのクレームで容認されることも珍しくありません。住民全員が共通の社会規範の下で居住していることが前提の日本社会とは異なり，多様な民族が様々な事情で居住している英語圏の制度下では，比較的許容範囲も大きいためクレーム次第では例外扱いとされることも少なくないのです。

　英語圏で居住生活する上でも事態が主張（claim）だけでは収拾せずに，苦情（complaint）に発展する場合も当然あります。商品やサーヴィスに対する企業相手の苦情は比較的気軽に誰もが行いますが，日本でも英語圏でも個人にとってそれ以上に苦情表明が難しいと思われるのが，居住する上で遭遇する確率の高い事例のような近所からの騒音などの問題です。一軒一軒の敷地が広く建物自体も大きい北ア

メリカと比較すると，UK には手狭な家やセミディタッチトハウス（semi-detached house）と言って一つの建物を中央の共有壁で二軒に区分した家屋や，築 50 年を越える防音設備の無い古いフラット（flat）[2] も少なくありません。

　UK の人々が苦情を極力回避する傾向が強いとは言え，政府ウェブサイトには身体に影響を与えかねない近隣騒音等を法定迷惑行為とし，音量や時間帯を無視した音楽や犬が吠えるのも対象としています。同サイトには段階的な対処方法が明記されていて，最初は当事者同士の話し合い，次に大家や管理会社その他の仲裁者を立てた話し合いを行っても解決に到らない場合は，同サイト覧に居住地の郵便番号を入力すると問題処理を担当する各自治体のページに自動的に移行し，苦情内容を書き込めるようになっています。自治体から専門の職員が派遣され，調査を行い法定迷惑行為と認定された場合は，自治体から相手側に騒音削減命令が出されます。この命令に従わない個人は自治体により 5000 パウンド（GBP）以下の罰金が科せられます。それでも解決に到らない場合は警察介入や裁判といった最終手段も含めて一連の対処方法が政府ウェブサイトに詳細に説明されています。[3]

　個人の権利を保護するために利用しやすい制度を整えている政府に加えて，もめ事を可能な限り回避する国民性があると言われる UK でも，問題がこじれた場合には裁判に持ち込まれるケースは少なくないようです。統計から裁判官一人あたりの国民網羅数を比較してみると，日本が国民 45,545 人に一人の裁判官なのに対し UK は国民 18,992 人で裁判官一人となっています。[4] すなわち UK では日本の約 2.4 倍の訴訟が起こされているとも考えられます。USA のように裁判官一人あたりの国民数が 10,012 人ほどではなくとも，UK も訴訟国家であることは統計上明らかです。

---

[2] flat とは，北アメリカ英語の apartment，日本語のアパートおよびマンションのこと。

[3] GOV.UK, 'Resolving neighbour disputes' <https://www.gov.uk/how-to-resolve-neighbour' disputes/complain-about-noise-to-the-council>（2019 年 8 月 3 日）

[4] 日本弁護士連合会「諸外国との弁護士・裁判官・検察官の総数比較」（2018 年度データ）<https://www.nichibenren.or.jp/jfba_info/statistics/reform/fundamental_statistics.html>（2019 年 8 月 7 日）

# 29 どれでも結構です

Joy には日系人の親しいおば Mrs Tonya Harris がいて，冬季の休暇を利用してカナダのオンタリオ州（Ontario）にあるランダン（London）のおばの家に遊びに来ています。出かけているおばが帰宅予定時刻を過ぎても戻らず，その留守中におばの友人で日本から来ている大山という人が家を訪ねてきます。

(居間で大山さんが座っている)

**Joy**: Mrs Ohyama, would you like something to drink?
［大山さん，何か飲み物でもいかがですか？］

**Mrs Ohyama**: Oh, thanks, but please do not bother to care about me.［どうも，でもどうぞお構いなく。］

**Joy**: Oh, that is all right. Something to drink?
［そんな気遣いは要りませんよ。飲み物でもいかが？］

**Mrs Ohyama**: That is very kind of you. If so, yes, please.
［どうも御親切に。ではいただきます。］

**Joy**: What would you like? We have orange juice, apple juice, tea, coffee, hot chocolate (*or* cocoa), coke and so on.
［何にしますか。オレンジジュース，アップルジュース，お茶，コーフィー，ココア，コーラ，などがあります。］

**Mrs Ohyama**: Anything is fine.［何でも結構です。］

**Joy**: Why not choose one?［お選びください。］

**Mrs Ohyama**: For me, anything is fine. I will leave it up to you.
［本当に何でも結構です。お任せします。］

(Joy は対応に困ったまま，時間がすぎる)

---

(Joy はオレンジジュースをもってくる)

**Joy**: Here you are.［どうぞ。］

**_Mrs Ohyama_:** Thank you.
　　　　　　　［ありがとう。］（心の中で「こんなに寒い冬に冷たいジュース
　　　　　　　なんて持ってきて，この娘，ちょっと気が利かないわね」）

## 問題

　日本人の大山さんとカナダ人の Joy の間でコミュニケーションが順調に進んでいません。大山さんと Joy との間にどのような習慣の違いがあるのでしょうか。大山さんは英語圏の慣習に合わせるとどのように Joy に対応すべきでしょうか。同様の状況で違和感のないコミュニケーション例を作りましょう。

## 解　説

　日本人どうしでは，親しい友人どうしの場合を除いて，はっきりと物を言わないでお互いに推量し合います。まず，飲み物を勧められても最初に遠慮することがあります。勧めるほうもそれが遠慮だと分かっているため，再確認のためさらにもう一度勧めて相手の反応を見ます。「では，すみません」「恐縮です」などの肯定のサインを感じたら，何も好みを聞かずに勧めるほうは自分でよいと思う飲み物を出すか，もしくは一応好みを聞きます。勧められたほうもここで「○○がほしい」と明言することは，厚かましいと解釈されかねないことを知っているので通例「何でも結構です」と答えます。そこで，勧めるほうは一方的に気を利かせて客に適切だと思われるものを出します。相手が飲みたいか否か，何を飲みたいかの推量はせずに，「粗茶ですが」というような表現で飲み物が出されることも珍しくはありません。

　また，日本の社会でも「何か飲み物はいかがですか」と聞かれることがあります。ここで訪問客が表面上遠慮して「お水で結構です」と答えても，接待する側はそれを遠慮とみなし，気を利かせて水ではなく麦茶のようなものかまたはミネラルウォーターのような特殊な飲料水を用意するのが一般的です。口では遠慮している客のほうも，接待者が全く気を利かせずに水道水を持ってくるなどとは決して思っていません。しかし英語圏では，Water is just fine for me. などと答え

ると，接待する人はその言葉を文字通りにしか受け取らないので，大抵の場合は
グラスに水道水が注がれて出されます。中には再度 Are you sure (that) you need
water only? と聞いてくれる接待者もいますが，日本人の遠慮の習慣を貫き続け
ると本当に水道水しかもらえないことになります。

　事例でも大山さんは，「どうぞお構いなく」，「何でも結構です」という日本の
習慣が出てしまっています。さらにややこしいことに，大山さんは，冬の寒い中
に訪問したので Joy が気を利かせて温かい飲み物をもってきてくれると期待し，
冷たいものが出されて「気が利かない」人だと勝手に評価しています。Joy に日
本的な心遣いを期待するのが間違いです。

　英語圏には大山さんが期待するような心遣いをしてくれる人はまずいないと
思ったほうが無難です。自分で何も具体的に要求しなくても相手が察してくれる
だろうという習慣は英語圏にはありません。その代わりに英語圏の心遣いは，コ
ミュニケーションを通じて相手の望んでいることをくまなく質問，確認しながら
可能な限り最適の物を用意することにあります。

　英語圏では相手に飲み物などを勧めるときに相手の好みにあった物を出すのが
重要とされ，その為には相手から必要な情報を聞き出そうとします。日本語のよ
うに相手の好みを察して適切なものを選ぶ習慣はありません。そのために必要な
のは，察することではなく，まず何がほしいのかを質問することです。例えば
コーフィーを相手がほしいと言った場合は，次に砂糖やクリーム，牛乳の有無と
その分量の確認をします。

### 解答コミュニケーション例

*Joy*: Mrs Ohyama, would you like something to drink?

*Mrs Ohyama*: Yes, please.

*Joy*: What would you like? We have orange juice, apple juice, tea, coffee, hot chocolate (*or* cocoa), coke and so on.

*Mrs Ohyama*: I want something hot, such as English tea, green tea or coffee.

Joy: How about coffee?

Mrs Ohyama: Sure.

Joy: Would you like cream or milk in your coffee? How many teaspoons of sugar?

Mrs Ohyama: With some cream and without sugar, please.

-----

Joy: Here you are.

Mrs Ohyama: Thank you.

## コラム　日本の思いやりは sympathy か empathy か

　思いやりを辞書で引くと「他人のために気遣ったり同情したりする気持ち」とあります。また，思いやりとは思いを人の心に遣わし，気持ちを察し，理解することという認識や，相手の立場に立つ気遣いであり，利他の精神という解釈もあります。一方，英語の sympathy を辞書でひも解くと，他人の不幸や悲しみに対して同情を寄せることとあり，empathy については，他人の感情を理解し分かち合う能力という解説になっています。[1] つまり，思いやりには sympathy と empathy の両方の意味合いが含まれるとも捉えられますが，大きく異なる点は，日本語の思いやりには，相手を気遣い同情し，相手のために良かれと思う自分が察し得るかぎりのことを黙ってやってあげることまでが含まれるのに対し，英語圏の sympathy や empathy は，相手の利を察して行動することではなく，個としての相手を最大限尊重し，自分に何かできることはないか面と向かって尋ねることから始まります。If there is anything I can do for you, please let me know. これは英語圏のお悔やみの言葉に必ずと言ってもよいほど含まれる常套句です。事例のお茶出し場面にも，相手の利を察して気遣い自ら行動することを基本とする日本流の思いやりと，相手へ

---

[1] Empathy の解説は辞書では本文のとおりであるが，語源は古代ギリシャ語に遡り，現在では神経科学や心理学などの各分野特有の意味合いもある。Lexico Dictionaries <https://en.wikipedia.org/wiki/Empathy>

の直接確認を基本とする英語圏の個を何より尊重する気遣いの違いが表れています。

sympathy と empathy をさらに比較考察してみると，sympathy は第三者視点から人が陥った不幸や痛み，苦しみに対して心を寄せ，早く脱却／回復できるようにと自らの思いや祈りを送る客観的な同情の要素が強いのに対し，empathy は，相手を理解し，自分の視点や価値観を交えることなく相手が判断に至った経緯や置かれている状況／立場を自分のものとして受けとめることのできる絶対的な共感力を意味します。empathy は論理だけでは対処不充分な人権問題対応理念としても近年捉えられていて，実際に赤十字や国連難民高等弁務官事務所（UNHCR）などの人権団体も世界中に活動を広める上で活用しています。しかしながら，メディアの偏りや政治的な意図も絡み，世界中に助けが必要とする人々が大勢いる中で支援者に関連する人々への援助のみが優先されてしまう恐れや，empathy を曲解して共感を分かち合う自分の属するグループとそれ以外の人々を分け隔てする根拠として用いられてしまう恐れもあるといった批判もあります。[2]

同様の批判が日本の思いやりにも指摘されています。sympathy の視点から考察すると日本では，個人個人のレベルにおいて思いやりは繊細に機能し，国全体としても国民皆保険など社会保障も比較的充実し，また世界が直面する問題に対して多額の寄付を行うなど国家レベルでも不足なく対応し評価を得ています。一方，empathy の視点から捉えると異なる評価も存在します。例えば，国際問題に対し日本は，金銭は提供しても現場で実務にあたる人材は出さないと評されることも少なくありません。また，日本人の共感を基調とする思いやりは日本人だけを対象としており，マイノリティの人々や外国人に向けられることは稀と評されることもあります。その一例として Japanese Only（外国人お断り）という看板が商業施設前に出されたり，某サッカーチームのサポーターの一団が同様の垂れ幕を平然と試合会場で掲げたりしていたという指摘もあります。[3] 後の調査によるとこのサポーターの一団は，外国籍のチームメンバーを侮辱する意図があったわけではなく，応援を盛り上げる上で日本人だけのほうが統率がとりやすいという理由からであることが判明しましたが，いずれにしても除外される人々に対する empathy が皆無であったこ

---

[2] Aberdeen McEvers, 'Is Empathy Helping? New Tactics in Human Rights' <https://www.newtactics.org/blog/empathy-helping>（2019 年 7 月 30 日）

[3] Debito Arudou, 'Tackling the 'empathy deficit' toward non-Japanese, The Japan Times' <https://www.japantimes.co.jp/community/2014/04/30/issues/tackling-the-empathy-deficit-toward-non-japanese/#.XUEGJ3vgrIV>（2019 年 7 月 27 日）

とは否めません。同情を基調とする思いやりが日本社会全体に遍在するのに対し，共感という局面から捉えた思いやりは，家族や親しい友人，または特定の思い入れや体験を共有する者同士の結びつきを前提として成立していると言えるのかもしれません。思いやりという幾世紀にも渡って日本社会の美徳として存在する普遍的価値観でさえも，異文化間コミュニケーションの視点から考察してみるとまた違った見方や評価もありえます。

# 30 客に挨拶をする

東京に観光旅行に来ている Jones 夫妻（Rob & Amy）は，一軒のしゃれたレストランに目がとまりそこでランチにすることにします。夫妻は日本語を少し話せますが，結局テーブルに着かずに出てきてしまいました。次の会話を読んで，なぜランチを食べなかったのか，状況を把握しましょう。

*Amy:* Rob, look at that sweet house. It is probably a restaurant. Shall we eat lunch there?

［ロブ，あの可愛らしい建物をみて。多分レストランね。あそこでランチでもどう？］

*Rob:* Sure, Amy. It looks crowded. It must be good. Let's get in.

［エイミー，いいね。込んでるようだし，さぞおいしい料理を出してくれるだろうね。はいってみよう。］

（Jones 夫妻入口にはいる）

**ウェイトレス：** （夫妻のほうを向かず，45 度左の壁上部のほうを向きながら）いらっしゃいませー。

*Amy:* The waitress is perhaps greeting someone in the restaurant.

［ウェイトレスは，多分レストラン内の他の誰かに挨拶しているのでしょうね。］

**ウェイトレス：** （夫妻に背を向けたまま，厨房に向かって）いらっしゃいませー。

*Rob:* There are only a few tables left. Probably she is busy with other guests at her own tables. Shall we try the restaurant on the ground floor of our hotel?

［少ししかテーブルがあいていないね。たぶんウェイトレスは自分の担当テーブルの客の給仕で忙しいんだろうよ。泊まっているホテルに戻ってその一階のレストランにでも行こうか？］

*Amy:* Sure, it is too bad. Let's get out anyway.

［そう，残念ね。とりあえず出ましょう。］

**問題**

　Jones 夫妻は，日本人ウェイトレスのどのような応対に戸惑い，どうしてレストランに入るのをやめてしまったのでしょうか。次に，夫妻は英語圏ではどのようなコミュニケーションをしながらレストランにはいり注文するのでしょうか。想像しながら会話例を作ってみましょう。

**解 説**

　総じて日本のレストランではウェイトレス，ウェイターは客に礼儀正しく給仕をします。英語圏の平均的なレストランに関して言えば，例えば北アメリカではどちらかといえば友好性（friendliness）のほうが重要視され，UK では礼儀正しさ（politeness）のほうが重んじられる傾向があります。日本のサーヴィスはどちらかといえば後者に近くなっています。しかし事例の問題点は，そこではなく，挨拶の仕方にあります。

　まず，英語圏ではアイコンタクトが重要になります。それは特に入口での挨拶の仕方に顕著に現れます。一般的なレストランの入り口では，人手不足などの例外をのぞいて，専用の案内係が客を出迎えます。客の正面に向いて Good afternoon, sir. This way, please. と，または友好的な例では Good afternoon. How are you doing today? のように挨拶をします。そして客は，勝手にテーブルを選んで座るのではなく，案内されるまで待ちます。

　日本では，サーヴィス業でさえも来客に視線を合わせる習慣がありません。高級百貨店の店員でも客と目を合わせずに挨拶をするようにむしろアイコンタクトはしてはいけないと思っている人が多いのかもしれません。日本での「いらっしゃいませ」は高級なレストラン以外では「厨房の皆さん，客がきたよ，支度して」の意味のほうに近いため，ウェイトレスは客を迎える大切な第一声だとは意識していません。さらに日本では，客のほうもウェイトレスと視線を合わせようとせず入店から注文まで全部済ませる傾向にあります。Jones 夫妻は，ウェイト

レスに自分たちから180度違う方向に向いたまま「いらっしゃいませ」といわれ、その言葉の意味を知っていても、自分たちにその言葉が向けられているとは気づいていません。

　次に、レストラン入店時のコミュニケーションに問題があります。この事例のレストランは日本では一般的な給仕係 waiter/waitress と案内係 receptionist が兼任のところなので Jones 夫妻は、日本のレストランのサーヴィスに関してもほんの少しの知識をもっていれば誤解を避けられました。英語圏の習慣に従って、夫妻はあくまでアイコンタクトで挨拶をされてテーブルに案内されるまで入口で待つものだと思っています。仮に近くにいるウェイトレスに自分から声をかけ、ここで食事をするにはどのようにすればよいか尋ねてみるだけでも日本人ウェイトレスとの身振手振を混じえたコミュニケーションが始まり、結果として、Jones 夫妻はランチを楽しむことができたと推察されます。

---

### 解答コミュニケーション例

***Receptionist*** (案内係)：（レストランの入口でアイコンタクトを取りながら）
　　　　　　　Good afternoon, madam.　Good afternoon, sir.

　　***Rob***：Good afternoon.　Two people, please.

　***Usher***：This way, please.

***Amy and Rob***：Sure.

（夫妻がテーブルに座る。Amy が座りやすいように後ろから案内係が椅子を移動させて補助をする。間もなくウェイトレスが来る）

***Waitress***：Good afternoon, madam and sir.　How are you, today?
　　　　　　　Welcome to The Adventure Restaurant.　My name is
　　　　　　　Jessica.　This is our menu.（夫人に最初に渡す）Here you
　　　　　　　are, madam.　Here it is, sir.　I will be back for your
　　　　　　　orders in a moment.

　　***Amy***：Thank you.

　　***Rob***：Oh, thanks.

（5分間くらい経って）

**Waitress**: Madam, sir, are you ready to order?

**Amy**: Yes, please.　I should like today's special lunch, here on this menu …（以下略）

---

## コラム　ティッピングがサーヴィスの要となる北アメリカのレストラン

　フランチャイズ系列のレストランや事例のような個人店など一般的な日本のレストランでは，客が入店してからメニューから料理を選択，食事をし，会計を終えて店を出るまでホール係，レジ係，調理担当と役割は決まっているものの手が足りない場合など互いに業務を補い合いながらスタッフ全員で客に対して画一的なサーヴィスを提供しています。対照的に英語圏の一般的なレストランでは，入店時に受付係（receptionist）が客を出迎え，席に案内します。その後，テーブル担当の給仕係（waiter/waitress）が来てメニューを渡し，注文をとり，厨房で調理された食事を提供し最後の会計まですべてを一人で担当します。通常の給仕以外にも，客の嫌いな食材を他の物と取り換えるよう取り計らったり，残した食事を箱に詰めて客が持ち帰ることができるように準備したりとありとあらゆる客の要望に笑顔で対応するよう心がけます。

　英語圏の給仕係が孤軍奮闘する理由の背景に，古くから存在するティッピング（tipping/gratuity，チップ）の慣習があります。給仕係にはそれぞれ担当テーブルが決まっており，それ以外のテーブルの客に対してはサーヴする義務を負いません。担当テーブルに着席した客からのティッピングが自分の収入の一部となるため，より多くティッピングを貰うためにできる限りのサーヴィスの提供を心がけるわけです。ティッピングの割合はレストランの格や場所，時間帯にもよりますが，北アメリカのファミリーレストランであれば食事代金の15〜20パーセント位を目安とし，サーヴィス料が最初から請求書に含まれていればティッピングはそれより少なめとなりますが，特別なサーヴィスを受けた場合はそれ以上のティッピングを置くのが客側のマナーです。

　今日でも，ティッピングがレストランの給仕係などの収入の大きな割合を占めています。USAでは，全労働者の最低時給を法律で $7.25 と定めていますが，労働

170

法によると月額 $30 以上をティッピングとして得ている労働者に経営者側から支払われる最低賃金は時給 $2.13 に設定されています。ただし，$2.13 とティッピングを合算しても平均時給額が法定最低時給 $7.25 に満たない場合は，その差額を経営者側が負担するという仕組みです。

ティッピングの慣習下で働く労働者への実際の支払いは，州ごとにかなりの違いが見受けられます。観光地や大都会では時給が総じて高く，首都ワシントン DC では経営者支払給とティッピングの合計の平均時給の最低額を $13.25 とし，同条件下でニューヨーク州では $11.10 としています。カリフォルニア州では，従業員数 26 人以上であれば経営者支払最低時給額自体を $12.00（従業員 25 人以下の場合は $11.00）と設定してティッピングには言及していません。反対に人口密度の低いユタ州，ケンタッキー州，ワイオミング州などでは，経営者支払給とティッピング合計の平均時給額を労働法最低時給額に即した $7.25 と設定しています。[1] しかしながら，USA のウェイターやウェイトレスが得ている時給額の個人差は数倍にも及び，実額としての平均時給は $6.04 という厳しい統計結果も存在します。[2]

比較対象としての日本のレストランのホールスタッフの平均時給は，アルバイトやパートで東京都が 1,113 円，大阪府が 1,009 円と高く，秋田県 836 円，愛媛県 853 円，鹿児島県 853 円など，地方が低くなっています。[3] また，同業務の派遣社員待遇や年俸制の正規雇用であればより高い給与が支払われていますが，時給換算した差額は数割程度にとどまっています。

ちなみにティッピング制度が存在しないファーストフード店では，北アメリカでも日本でも列に並んだ客をカウンター越しにマニュアル通りに一人一人迅速に対応します。業務内容や賃金体系のみならずスタッフの笑顔や客への挨拶さえもマニュアル化されており，文化的差異が見られない均一のサーヴィスが提供されていることからも，ティッピング制度の有無が北アメリカと日本のサーヴィス形態の差異に直結していることが分かります。

地域差や雇用体系差はあってもある程度時給額を固定化することで画一的なサー

[1] U.S. Department of Labor, 'Minimum Wages for Tipped Employees, January 1, 2019' <https://www.dol.gov/whd/state/tipped.htm#foot1>（2019 年 9 月 2 日）

[2] PayScale, Inc., 'Average Waiter/Waitress Hourly Pay' <https://www.payscale.com/research/US/Job=Waiter%2FWaitress/Hourly_Rate>（2019 年 9 月 4 日）

[3] 日本のレストランホールスタッフ時給に関する公的統計は見当たらず，求人情報誌タウンワークから 2019 年のデータを引用。<https://townwork.net/jobCategory/jc_001/jmc_00114/jik-yuu/>（2019 年 9 月 2 日）

ヴィスの提供を心掛ける日本のレストラン経営と，ティッピングの制度を通してあくまで給仕係個人と顧客間のサーヴィスの自由化を徹底する個人能力主義の英語圏のレストランの経営方針との違いは鮮明です。日本のレストランスタッフの客に対する控え目な通り一遍の挨拶と北アメリカのレストランスタッフのアイコンタクトから始まる満面のスマイルを伴う挨拶の仕方の違いという些細な事象も，経営や労働にまつわる文化背景の差異が根源となっているのです。

# 31 コーフィーでもいかがですか？

UK 南部のブリストル（Bristol）に滞在中の館山澄香さんは，アメリカ人の友人である Cindy と一緒に Richards 夫妻（Geoff & Martha）の家に招かれています。先祖代々から Bristol に住んでいる Richards 家に，二人は夕方 5 時頃訪問し，楽しい晩餐と紅茶の後かれこれ 4 時間が経とうとしています。

---

（夕食後の長い談笑のあと）

**Geoff**: Sorry, I need to wash my hands.
［失礼，ちょっと席をはずします。］

**Martha**: So, it has been a pleasure to learn a lot about your hobbies ….  By the way, would you like a cup of coffee, Cindy and Sumika?
［あなたたちの趣味の話を聞いて学ぶのは楽しいわね。ところで，二人ともコーフィーでもどうですか？］

**Cindy**: Oh, that sounds nice.  I will be glad to have one.
［それは良さそうですね。一杯いただきます。］

**Sumika**: Well, perhaps it is time to leave.  It has been fun chatting with you, Martha.
［ええと，お暇する頃ですね。おしゃべりできて楽しかったです。］

**Cindy**: Yes, let's leave after having a cup of coffee, Sumika.
［そうね，澄香，コーフィーを頂いてから行きましょう。］

**Sumika**: Well, Cindy, it is already getting late.  We had better leave now.
［Cindy，もう遅いから，お暇したほうがいいわよ。］

---

## 問題

Would you like a cup of coffee? という問いかけに対し，Cindy と澄香が違う
反応をします。Martha は，どのようなつもりでコーフィーを話題にしたので
しょうか？ それに対して Cindy と澄香は，Martha の言葉をどのように解釈し
たのでしょうか。そして，二人の反応の違いは，どのような事情から生じたので
しょうか，説明してください。次に，Martha が二人に帰宅を促すほかの表現を
使うとすると，どのような言い方がありますか。

## 解 説

　日本でも英語圏でも，招かれてついつい話が弾んで夜が更けてしまうことがあ
ります。程度の差こそあれ日本語では，招いた側は，少なくとも「夜が更けてき
たので帰ってください」のような単純な言い方はしません。日本では地域によっ
ては，晩の訪問客にそろそろ帰ってほしい時刻であることを知らせるために，お
茶づけや追加の飲み物を勧めることで客にそろそろお暇する時刻であることを自
発的に悟らせる習慣があります。また，帰りの交通手段の心配をするふりをした
り，翌朝の予定の心配をするふりをしたりして帰ってほしい時刻であると気づか
せる場合もあります。

　英語圏でも同じような習慣がある地域とない地域があります。訪問客に向かっ
てあからさまに帰ってほしいと率直に言う人はまれで，婉曲表現を使いながら帰
るように仕向けるのが普通です。概して，北アメリカのように民族文化や母語が
異なる人々が混在していて社会階層間でも交流がある社会では，言語表現に共有
される含蓄の度合いが浅く，隠喩に近い表現を用いて帰宅を促しても客はお暇す
る時刻であることに気づかないことがあります。その場合は，It is almost time
that I should go to bed. または I need to get up at six tomorrow. How about you?
もしくは What time do you have to get home? I could give you a ride（UK では
lift）home. のように直接的な連想しやすい事柄で招いた側が帰宅を促します。

　それに対して UK のように人々の住み分けがかなり固定していて社会が階層
化されている社会では，とりわけ先祖代々から UK に住んでいて習慣や価値観
を共有する人々の間で，言語表現の奥底に込められた含蓄の度合いが深く，日本
語の表現と同じように全く関係なさそうな事柄を指す間接的な隠喩表現でもお暇

174

してほしいことが伝わります。会話文の Would you like a cup of coffee? がそれにあたります。UK での飲み物は紅茶のほうが主流のため，わざわざその場にないコーフィーを台所で用意して入れてきてほしいかどうかたずねられれば，勘が多少悪い人でも帰るべき時刻であると気づくわけです。仮にコーフィーをみんなで飲んでいる状況でも，この連想で Would you like another cup of coffee? という表現程度でお暇する時間であることが遠回しに伝わります。

　事例では，日本の察しの慣習に慣れている澄香と同じ英語圏でも遠回しの隠喩表現に慣れていないアメリカ人の Cindy とでは，Martha の隠喩表現の意図の伝わり方に差があります。澄香は Martha の遠回しの表現の真意を察し，お暇の言葉を述べています。隠喩表現に慣れていない Cindy は，Martha の言葉をそのままの意味で勘違いしてしまい，コーフィーを飲む気になっています。ただし，北アメリカの人々の間でも個人差があるので，暗喩表現が伝わらない人ばかりというわけでもありません。

　大切なのは，UK ではこの方法，USA ではこの方法というように理解するのではなく，自分を招待した人がどのようなコミュニケーションの習慣がある人で，表現中に含蓄，暗号の使用度合いが深いのか浅いのかを見極めることです。一般的な地域差を超えて，お互いの人間関係で，習慣や価値観が共有される度合いが大きいほど，物事を遠回しに控え目に言っても理解しあえるということは繰り返すまでもありません。

**解答例**

　客に帰ってほしいことを伝えるのに英語圏で使う表現例

例1: Well, Geoff is on a morning shift tomorrow and has to go to bed soon.

例2: Well, shall we finish up our dessert and drinks?

例3: Cindy and Sumika, thanks for coming to see us this evening. Shall we get together again sometime next month?

例4: It is kind of late to take a bus. Shall I give you a lift (*or* ride) home?

**例5:** It is almost late at night.　Tomorrow I have to get up at half past five to leave for work.

---

コラム　UK の標準語と地域言語

　地域的なコミュニケーションの違いが比較的はっきりしていると言われる UK 内でも，特にイングランド南部と北部のコミュニケーションの差異は周知されており，互いにジョークの対象とするほどです。イングランド南部の人々は北部の人々のことを率直な正直者を通り越したぶっきら棒と皮肉を込めて評し，反対に北部の人々は南部の人々を遠回しな言い方を好む控え目な気取り屋とユーモア混じりに返し，特に南部の中上流階級のことを同じ名門校卒者にしか分からない暗号めいたコミュニケーションをすると評することもあります。このように地域差があるコミュニケーションスタイルが確立していった背景には，人の移動が少なかった千年を越える年月の経過と，比較的早くから固定化された社会層が存在したことにあると考えられます。その結果，UK の各地域で様々な方言やアクセント，特異な言葉や表現が数多く派生したことが要因となって地域特有のコミュニケーションに繋がっていったと思われます。

　UK 各地の方言，アクセント，地域言葉に関する広域調査が 1950 年にリーヅ大学（University of Leeds）主導で行われ，続いて第二回録音調査として 1990 年に公共放送 BBC のローカル局が中心となって膨大な録音データを収集し，ブリティッシュ図書館の全国音声資料（National Sound Archive）としてオンライン上で一般公開されています。[1] 研究員による調査の分析結果は，各地の人々の話し方自体はかなり変化はしていたものの，通念や大方の予想に反して，今日においても方言，アクセント，言葉等にかなりの地域差が歴然と存在することが確認できたとあります。[2]

　地域の方言やアクセントを分析していく上で基準となるのが標準語です。UK の

---

[1] British Library, 'BBC Voices' <https://sounds.bl.uk/Accents-and-dialects/BBC-Voices>（2019 年 8 月 17 日）

[2] BBC News, 'Dialect archive put on t'internet, 11 February, 2004' <http://news.bbc.co.uk/2/hi/uk_news/england/west_yorkshire/3478827.stm>（2019 年 8 月 17 日）

標準語話者の発音とされる容認発音（received pronunciation）は，王室，貴族およびイングランド南部の中上流階級が話す文法の間違いや方言言葉が無いイングリッシュに由来し，世界各地で外国人がブリティシュイングリッシュを習得するときの基準としても広く採用されています。18世紀後半に産業がおこり，仕事を求めて都市部へと人が移動するに従って意思疎通の基盤となる標準語が普及し始め，20世紀には学校やBBCでも容認発音の使用が推奨されました。しかしながら，容認発音で日常的に話す人口は減少に転じ，現在ではUK全人口の3パーセント位と言われています。[3]

　容認発音者減少の一因となったのが地方分権の推進です。1997年の国民投票でスコットランド（Scotland）とウェールズ（Wales）に立法府の創設が認められ，地方政府，厚生，教育，農林水産業，運輸，徴税などに関する決定権を担うことになりました。[4] 地方自治が進んだ結果，ウェールズでは独自言語ウェルシュ（Welsh）の教育も必修化し，三分の一の小学校ではウェルシュで全教育が行われています。[5] ウェールズ政府のウェブサイトも，ウェルシュとイングリッシュが完全に切替わるバイリンガルサイトに構築されています。UK国勢調査によるとウェールズでは地方政府設立後に教育を受けた10歳から14歳の層が最多42.2パーセントもウェルシュを話し，最もウェルシュ話者が少ないのが45歳から49歳の13パーセントという結果になっています。[6] ちなみにUK全体のウェルシュ話者総数は70万人位で，UK人口の約1パーセントです。

　ウェールズとは対照的にスコットランドでは，地方分権後も古来からの独自言語ゲーリック（Gaelic）や古英語から派生したスコッツ（Scots）の学習が義務化されることはありませんでした。1707年にイングランドとスコットランドが合併しグレートブリテン王国が成立して以来，公文書などの書き言葉はイングランドと統一と定められましたが，話し言葉に関しては，文法，発音，スペリングや言葉自体

[3] Jonnie Robinson, British Library, 'Received Pronunciation' <https://www.bl.uk/british-accents-and-dialects/articles/received-pronunciation>（2019年8月20日）

[4] ノーザンアイルランドの自治権は一年後の1998年に承認。三地域ともに権限移譲に，憲法，外交，移民，防衛，貿易指針は含まれない。GOV.UK <https://assets.publishing.service.gov.uk/...data/.../DevolutionFactsheet.pdf>（2019年8月18日）

[5] Britanica, 'Wales; Health and welfare' <https://www.britannica.com/place/Wales/Health-and-welfare>（2019年8月18日）

[6] Welsh Government, 'Facts and Figures'（2011年度データ）<https://cymraeg.gov.wales/Mwy/About-Us/Facts-and-Figures/?lang=en>（2019年8月18日）

も様々に変化したスコティシュイングリッシュが広く用いられています。[7] UK 国勢調査では，スコッツ話者は 157 万 6132 人で，UK 人口の約 2.6 パーセントです。また，スコットランドの調査によるとゲーリック話者は 65,674 人となっています。[8]

地域ごとの実際の母語率が分かるデータが UK 国勢調査にあります。自分の主言語がイングリッシュと回答した人の割合をみるとスコットランドが 92.6 パーセントに対しウェールズが 97.1 パーセントなっており，独自言語を必修化したウェールズのほうが反対にイングリッシュ母語者は多くなっています。ちなみに，イングランドでイングリッシュを母語とするのは，より少ない 92.0 パーセントでした。[9] 経済指標にも相関関係が表れており，失業率はスコットランドが 3.4 パーセントでイングランドの 4.0 パーセントよりも低く，ウェールズは 4.3 パーセントと高くなっています。[10] 週給もスコットランドの首都エディンバラが 598 パウンドと UK 平均の 539 パウンドよりも高く，ウェールズの首都カーディフは 505 パウンドと低くなっています。[11] また，ウェールズ内には容認発音の特権意識が残っているのに対しスコットランドではどのような場所で話そうともスコットランドイングリッシュで全く支障はないそうです。[12] すなわち独自言語の必修化よりも地域経済を発展させることで，地域で充分な収入を得られる仕事に就くことが可能となり，経済的にも中央依存が軽減するため，結果的に地域言語を話す人口が増加すると考察できます。

上記のようなウェルシュやスコッツなどのネイティブ言語の復権に加えて，移民や外国人労働者によって数多の外来言語が UK に流入したこともまた標準語以外

---

[7] Jonny Robinson, British Library, 'Accents and dialects of Scotland'. <https://www.bl.uk/british-accents-and-dialects/articles/accents-and-dialects-of-scotland>（2019 年 8 月 19 日）

[8] Wikipedia, 'Languages of the United Kingdom' UK の 2011 年国勢調査とスコットランドの 2001 年調査から引用 <https://en.wikipedia.org/wiki/Languages_of_the_United_Kingdom>（2019 年 8 月 19 日）

[9] Statista, 'Proportion of the population of the United Kingdom whose main language was English in 2011, by country' <https://www.statista.com/statistics/329347/census-first-language-england-wales-population/>（2019 年 8 月 20 日）

[10] Table 1: Summary of latest headline estimates for regions of the UK, seasonally adjusted, November 2018 to January 2019, in 'Regional labour market statistics in the UK: March 2019'. <https://www.ons.gov.uk/employmentandlabourmarket/peopleinwork/employmentandemploy-eetypes/bulletins/regionallabourmarket/march2019#unemployment>（2019 年 8 月 13 日）

[11] Andrew Carter and Paul Swinney, BBC, 'The UK towns and cities with the highest and lowest wages'. <https://www.bbc.com/news/business-43729508>（2019 年 8 月 13 日）

[12] Jonnie Robinson, British Library,' Accents and dialects of Scotland' <https://www.bl.uk/british-accents-and-dialects/articles/accents-and-dialects-of-scotland>（2019 年 8 月 20 日）

のイングリッシュの拡大の背景にあります。UK 全人口の 5.5 パーセントの人々が外国語を母語としており，特にランダン（London）在住者に多くなっています[13]。このような社会環境の変化の下，イングリッシュだけを話す UK 国民の 9 割以上の人々の間にも自らのコミュニケーションは，中上流階級の容認発音でなくともよいという価値観が生まれてきたとも推察されます。ランダンの労働者階層が主に話すコックニー（Cockney）と容認発音が合わさった河口域英語（Estuary English）が将来の UK の標準発音になるという説もあるほどです。UK 国民の 98 パーセントがイングリッシュをコミュニケーションの基盤としていることに変わりはないものの，イングリッシュ自体が多様化し，伝統的なブリティッシュイングリッシュや容認発音が総人口に占める割合が減少しているのが現状です。

---

[13] BBC, 'Languages across Europe, United Kingdom' <http://www.bbc.co.uk/languages/european_languages/countries/uk.shtml>（2019 年 8 月 20 日）

# 32 個人の意見か集団の意見か

とある日本の大学の階段教室で講演をすることになった Charlotte は，講演の途中で空調が強すぎると感じてきました。そこで，聴衆の学生に，「冷房を少し弱くしましょうか」と尋ねます。尋ねたのは，一回目の教室で日本人学生の中村祥子，二回目の教室では USA 育ちの Kenji Fukunaga です。そのほかに，日本人学生の柳晋介が登場します。三人の反応を比較してみましょう。[1]

---

**Case I**

*Charlotte*: I am afraid (that) it is a little chilly for me here. Shall we turn down the air conditioner a little?
［ここはわたくしにとって少し寒すぎます。少し空調を弱くしませんか？］

*audience*: （応答がない）

（中村祥子に向かって）

*Charlotte*: Well, how about you. Could we turn down the air conditioner?
［さてと，あなたはどうですか？ 冷房を弱めませんか？］

*Shohko*: （黙ったまま）

*Charlotte*: … so, shall we adjust the room temperature?

*Shohko*: （心の中で「そんなことを聞かれても困るんだけど …」）

*Charlotte*: …?

（沈黙に我慢できなくなった Charlotte は，勝手に室温を上げる）

---

**Case II**

*Charlotte*: I am afraid (that) it is too cool for me here. Shall we turn down the air conditioner a little?

---

[1] 類似体験が，直塚玲子著『欧米人が沈黙するとき』（大修館書店，1980 年）にも扱われている。

[ここはわたくしにとって涼しすぎます。少し空調を弱くしませんか？]

**Kenji**: Sure. I do not mind it at all. [ええ，結構ですよ。]

**Charlotte**: Anybody is feeling hot? ... Okay, Let's turn down the air conditioner.

[暑い人はいますか？ ... よかった。では冷房を弱めましょう。]

（Charlotte が壁の調節機で設定温度を１度上げる）

（講演の後で柳晋介が Kenji に駆け寄る）

**Shinsuke**: お前のせいでとんだ目にあった。暑くて死にそうだったぞ。言動に気をつけろ。

**Kenji**: 暑いのなら暑いから空調をいじるなとその時に言え。言動に気をつけるのは君のほうだ。

**問題**

　生粋の日本育ちの祥子や晋介と比べて USA 育ちの Kenji は，Charlotte の提案に対する解釈と応答の仕方が違うようです。英語圏と日本社会ではどのようなコミュニケーションの相違があるのでしょうか。

　Charlotte は，単純に冷房を弱めたいので礼儀上聴衆に許可を求めているだけです。英語圏のコミュニケーションに慣れた Charlotte にしてみれば，賛成の意見があれば冷房を弱め，反対の意見があれば冷房をそのままにし，賛否両論であれば自分で最終判断をするつもりです。しかし，その問いかけに対して，応対する側は日本語の慣習と英語圏の慣習とではっきりとした差異が観察されます。これは，自分の意見を個人の意見として捉えているか，それとも集団の意見として捉えているかの違いから生じています。

　まず，日本人の言語感覚としては Charlotte が「冷房を弱めませんか」という言葉を聴衆全体に発しているので，Charlotte が聴衆全体の意見を聞いているのだと解釈しがちです。Case I で祥子が何も言わずに黙っているのはそのせいです。もしかすると祥子も涼しすぎると感じているのかもしれませんが，Charlotte の質問が聴衆全体のまとまった意見を聞いているのだと，勘違いしています。それゆえに自分個人としては好みがありながらも，ほかの参加者の意見が分からないので結局黙ったままでいます。それどころか，聴衆代表で意見を言わされていると勘違いをして困っています。Case II では，Kenji が聴衆の意見を無視して勝手に冷房を弱める全体決定を伝えたと判断して晋介が Kenji を非難します。Kenji がとった発言が聴衆のことを考えないまま代表として意見を伝えたと晋介の目には映るのです。

　しかし，英語圏では考え方が根本的に違います。英語圏では自分がいる集団の大小にかかわらず，集団に向かって漠然と意見を求められたときは各自が個人の意見を発します。Kenji は個人としての意見を求められたので個人的意見を言っているだけです。自分が聴衆代表として発言しているとは毛頭思っていません。Charlotte も，決して誰にも「聴衆全体の意見をまとめて答えてください」とは言っていませんし，聴衆の数人が個人の意見を言うものだと思っています。Case I では誰からも応答がないので，祥子に個人的な意見を求めていますが，なぜ祥子が Charlotte の意図を無視して沈黙のままなのかわけが分からずにいます。Case II では，Kenji 以外に答えなかったので，反対者なしとして冷房を弱めることになります。事例では，英語圏出身の Kenji にとって，晋介は必要なときに沈黙し後で自分の不満の責任を他人に負わせようとする卑怯者以外の何者で

もありません。

　日本人の有力者や年長者の中には自分個人の発言が聴衆全体をまとめるべきものだと思い込んでいる人がいますが，英語圏でそのようなことをするととんでもない勘違い発言になります。例えば，聴衆がほぼ知り合いの日本人どうしで講演者が英語圏から来た者であると想定します。講演者の Now, have you got some questions? という質問に，日本人はまず周りの状況を見て自分が先に質問してよいかどうか判断します。司会者が順番を決めない場合に，ほかに質問者がいる場合は暗黙の了解で有力者に優先権が与えられます。年長者が勘違いをして「では聴衆を代表して …」と，個々の質問の代わりに聴衆全体の意見を勝手に決めてしまうこともあります。しかし，英語圏の講演者が期待するのは，個々の意見や質問であり，聴衆全体の総意ではありません。ましてや，年長者が勝手に「代表して」言うことを聴衆の総意だとは決して考えません。英語圏では，質問者は周りの誰が質問したいか，自分が質問してよい順番や他人がどう考えているかなどは気にかけずに，個人として質問をします。質問や意見はあくまでも個人のものなのです。

　日本の学校教育で時に教師が協調性重視の教育方針の度を越えて教室運営に連帯責任を利用する行為も，英語圏の人々と「個人の意思表示」の点で意識の差を生む原因と考えられます。日本の学校教育では，どういうわけか学級全体を一個の有機体であると捉えている教師がいて，そのような教師は少数の人間が起こした問題を「クラスの仲間のしたことだ」とか「皆に責任がある」と連帯責任という手段で生徒管理をする者がいます。これは，模範的な生徒，学生にとっては，その集団にいたという理由だけで身に覚えのない事柄にもかかわらず処罰されるので理不尽な体験ですが，日本人の生徒，学生は普通異議を申し立てたりはしません。連帯責任を安易に利用することの良し悪しは別として，このような集団優先で教育される経験を重ねた人なら，「自分の意見は周りの人間全体の意見でなければならない」と思ってしまっても不思議ではありません。

　個人としての自己が責任と意思決定の基本である英語圏では，集団意識や連帯責任が日本でのようには強要されることが通常はないので，個人の意見と集団の意見との混同は起こりません。個人を重視する英語圏の人々は，仮に学校で教師が上記日本人教師のように生徒の集団に連帯責任を課そうとすれば，子供たちは服従させられたとしても処罰に該当しない生徒の保護者たちが抗議行動を起こす

ことでしょう。その背景には個人主義という大前提に加えてもうひとつ理由があげられます。英語圏の一般的な学校教育では教師が各教室を移動するのではなく生徒が教師のいる各教室を移動するので，各科目で生徒の構成が一定ではないという状況も集団優先の意識が生まれにくい要因になっています。

　日本に移住したあるアメリカ人女性が興味深い観察をしています。USAでは教師が生徒と一対一の関係を全員に対して保ちながら授業を進めようとし，日本では教師が教室の生徒を個々人と認識せず代わりに一個の集団と扱って授業をする傾向があるそうです。[2] 確かに，日本の学校教育で教師がどんなに少人数の教室でも生徒を個人として扱わず一個の有機体集団と扱っているということを裏付ける現象があります。例えば，上記の連帯責任の強要のほかにも，話し手が誰とも視線を合わせない，聴き手の居眠りや私語を黙認する，個別の質問を一切受け付けない，と三つの行為をすべて実践している人々を著者は日本の教育や一般講演の現場で頻繁に目にします。そして，その習慣が教育現場だけにとどまらず日本社会全体にまで広まっています。英語圏の教師の中には先の三行為のうち一つ位は行う者はいますが，このような三例をすべて行っている教師や講演者に著者は会ったことがありません。英語圏の教師は，特に一対一のコミュニケーションに反する居眠りや私語に敏感です。教師や一般の講演者が，たとえ個々人に目が行き届かないような大きな聴衆に対してでも，一対一のコミュニケーションが原則であることを，心の片隅にとどめています。

<hr>

### コラム　someとanyで使い分けるプラス思考とマイナス思考

　日本の学校でのsomeとanyの使い方の説明では，基本的にsomeは肯定文に，anyは疑問文と否定文に用いられるとされます。意味としては，someを用いる肯定文や疑問文で「いくつかの」の意味になるのに，anyを用いる否定文では「どれも（… ない）」，「ひとつも（… ない）」に変わるというように教えられています。しかし英語話者は，本質的にsomeとanyを用いて自分の気持ちのニュアンスの違いを表現しています。

<hr>

[2] Nancy Sakamoto, *Polite Fictions in Collision* (Tokyo: Kinseido, 2004), 36-37.

184

some と any の用法には，二つの法則があります。まず，使い分けの法則として，話者の意図する文節の真意が「強い肯定」，「断定」のプラス思考の場合は some になります。反対に，「肯定できない」，「疑わしい」，「ないだろうけれど万が一あったら嫌だな」のマイナス思考の場合は any となります。従来の説明のように肯定文か否定文・疑問文かの違いで決まるわけではありません。次に，意味上の法則として，some も any もすべての場合において「いくつか，いくらか（の，―しか，―でも，―さえ）」を意味し，不変です。肯定文や疑問文の「いくつかの」が否定文で「ひとつも」や「どれも」の意味に変わるわけではありません。

例えば，事例の Charlotte の言葉 Anybody is feeling hot? は，「自分には涼しすぎるので冷房を弱くしたいけれど，万が一暑いと感じている人がいたら嫌だな」というマイナス思考から発せられています。以下の例文比較から some/any の使い分けが肯定文，疑問文，否定文の違いに関係ないことが実感できると思います。特に用例 (9)-(12) から分かるように，マイナス思考の any が「いくつか，いくらか（の，―しか，―でも，―さえ）」の意味のまま，否定文や疑問文に限定されることなく肯定文としても話者の微妙なネガティブな気持ちを表すのに使われるのは留意すべき点です。

(1)　I thought that your payday would be weeks ahead. Do you really have **any** money with you now?

［君の給料日は何週間も先だと思っていました。本当にお金の持ち合わせがあるのですか？］

(2)　I think that your payday was just yesterday. Don't you have **some** money with you now?

［君の給料日は昨日だったと思います。お金の持ち合わせがないのですか？］（否定疑問文での some）

例 (1) では，話者は相手がお金を持っていることを疑わしいと思っているので any で表現しています。反対に例 (2) では，お金を持ち合わせているはずだと断定しているので some で表現しています。意味上では，両例とも「いくらかのお金」を指し some/any で意味に変化はありません。

(3)　It is doubtful that that wise lady has ever said **any**thing silly like that.

［あの賢い女性がそんな愚かのことを言ったなんて信じられない。］（肯定文での any）

(4) It makes sense that that dull girl has said **some**thing silly like that.
　[あのお馬鹿な娘ならそんな愚かなことを言ったこともうなずける。]

例（3）で話者は，賢い女性が愚かなことを言ったということを疑わしいと思っているので **any**thing を用いています。これに対して例（4）では，話者はお馬鹿な娘が愚かなことを言ったのだと断定しているので **some**thing で表現しています。

(5) She ate up the whole cake quickly before **any**one came into her room.
　[その女の人は，誰かが部屋にはいってくる前にケーキ全部を急いで食べきった。]
　（肯定文節での any）

(6) She ate up the whole cake quickly because she knew that **some**one would come into her room soon.
　[その女の人は，間もなく誰かが部屋にはいってくることを知っていたので，ケーキ全部を急いで食べきった。]

例（5）と例（6）の文例の両方とも，誰かが入ってくる前にケーキを食べきったことに変わりはありませんが，気持ちに大きな違いがあります。例（5）では食べた本人が「誰もはいってこないとは思うけれど，万が一はいってきたら嫌だな」と思っていたので，そのマイナスの気持ちを **any**one で表現します。例（6）では，本人が「誰かがはいってくるだろう」と肯定の確信をしており，他人の行為の可能性についてプラス思考の予測を **some**one で表しています。

(7) Nathalie is kind to you. Why don't you tell him **some**thing nice about her?
　[ナタリーはあなたに親切です。彼に対してナタリーについての良いことを言ってあげたらどうですか？]（否定疑問文での some）

(8) Tanya has been mean to everybody. Why did you tell him **any**thing nice about her?
　[タニヤはみんなに意地悪をします。なぜ彼に対してタニヤが善人みたいなことを言ったのですか？]

例（7）では，話者は相手（you）が親切なナタリーの長所をいろいろと述べるだろうと強く肯定的に思っているので，プラス思考の something で表現しています。反対に例（8）では，話者は意地悪なタニヤをほめた相手が本来なら一言でさえも褒めることなどありえないと思っていたので，マイナス思考の **any**thing を用いています。

また以下のような表現ではマイナス思考の any が必ず使われます。

(9)　I should/would be grateful if you would donate **any** single pound to this charity.

[このチャリティにほんの少しでも寄付していただけたら幸いです。]（話者は，相手が簡単には少額でさえ寄付してくれるとは思っていない）

(10)　It would be stupid of her to make **any** mistakes on such an easy set of quizzes.

[そんな簡単な小テストでいくつかの答えを間違えるなんて，その少女は馬鹿だな。]（話者は，普通の人ならそんな簡単な試験で一問も間違えるはずがないと思っている）

(11)　We were amazed that the US dollars had surged **any** further than we had anticipated.

[私たちは，US ドルが予測以上に値上がりしたのに驚いた。]（話者は，元々 US ドルがそれ以上には少しも値上がりしないと思っていた）

(12)　Thomas is stubborn. I doubt if he is going to listen to my advice and sell **any** portion of his own stocks.

[トーマスは頑固だ。持ち株のほんの少しの部分でも売却したほうが良いというわたくしの助言に耳を貸すのかどうか疑わしい。]（話者はトーマスが株を少しも売らないと思っている）

# 33 話しかける

　以下の例は，最近知り合いになった 50 歳代の明子と 20 歳代の優衣との間の複数回にわたる会話の抜粋です。

---

**Case I**

**明子：** どこへおでかけですか？

**優衣：** ええ，ちょっとそこまで。

---

**Case II**

**明子：** 結婚のご予定は？

**優衣：** そうですねえ。（心の中で「ほおっておいて」）

**明子：** お付き合いしている相手はいらっしゃるの？

**優衣：** ええ，まあ。（心の中で「うるさい」）

---

**Case III**

**明子：** 姪がみかんを箱いっぱいにして送ってくれたんだけど，少しどうぞ。

**優衣：** どうもすみません。（心の中で，「みかんは嫌いだけど，まあ受け取っておきましょう」）

---

**問題**

　上記のような会話が英語圏でされることはまずありませんが，仮に明子が尋ねたり言ったりしているような内容が英語で発せられる場合には，どのような表現が可能でしょうか。50 歳代の Margaret と 20 歳代の Leslie との会話の下線部の空欄を，Leslie の返答を参考にして埋めてください。

(Case Ⅰ)

***Margaret***:　(1) _____

　***Leslie***:　Sure, but we have not decided where to go yet. [どうぞ，でもどこに行くのか決めていません。]

(Case Ⅱ)

***Margaret***:　(2) _____

　***Leslie***:　Well, you do not have to worry about me. [まあ，心配御無用です。]

***Margaret***:　(3) _____

　***Leslie***:　No, thank you.　Do not ask me about it. [結構です。聞かないでください。]

(Case Ⅲ)

***Margaret***:　(4) _____　Martha, my niece, gave me a large box of mandarin oranges. [...姪の Martha から箱いっぱいのみかんをもらいました。]

　***Leslie***:　I do not like mandarin oranges very much.　Thank you just the same. [いいえ，みかんはあまり好きではありません。でもお心遣いありがとう。]

**解　説**

　日本に滞在している英語圏の人々が日本人の知人達がぶしつけな質問やプライヴァスィー侵害の質問をしがちだと体験談などに記していることがよくあります。事例の 22，23，26 でこの内容を取り上げました。しかし，この文化背景には日本人に配慮が足りないという一方的な批判では説明できない要因もあります。それは，そもそも英語圏と日本社会とでは質問の仕方と答え方にコミュニ

ケーション方式の違いがあることが挙げられます。日本人が英語で質問するとき
に英語圏の習慣との違いを理解せず日本語の直訳で質問し，英語圏の人も日本人
の習慣を理解せずに表現されたままに応答しようとするとコミュニケーションの
軋轢が生じます。

　日本人どうしの質問と応答はベースボールのピッチャーとバッターの攻防に似
ています。ピッチャーはバッターに向けてボールを投げます。バッターはその
ボールを打つふりだけをして見逃しても良く，打ち返す場合でもピッチャーに向
けて打ち返す必要はなく，バントするのもピッチャーの守備範囲外に落とすのも
許されています。この攻防のように，日本人どうしでは，相手がどんなにぶしつ
けな質問をしても，答える側にはその質問に率直に答える以外に色々な逃げ道が
あります。ピッチャーが前置きの投球モーションでどれほど変化を持たせても，
結局はバッターにボールを投げるのと同じように，日本語では「どちらにお出か
けですか」という表現には「失礼ですが」，「ぶしつけながら」などの前置きがあ
るにせよ，結局「どこに行くのか」という質問の本質に変化はありません。その
質問に，例えば「駅前まで買い物に」と必ずしも率直に答える必要はなく，
「ちょっとそこまで」や「ええ，近くまで」というような部分的な応答や，「え
え，ちょっと」，「ああ，こんにちは」とはぐらかす受け答えが可能です。

　それに比べて英語での質問と応答は，テニスのラリーに似ています。二人のプ
レーヤ（players）の間では，ボールをどのように打ち返しても良いのですが，
少なくともボールを相手の守備陣営であるコート内に必ず打ち返さなければなり
ません。ボールを打つふりをするだけで見逃したり，相手コート外へ故意に打ち
返したりすることは許されません。英語圏では，相手から Where are you going?
と率直に聞かれれば，答える側はどれほど応答したくなくとも相手の質問に返答
になるような言葉を連想します。例えば，I am going shopping at the Polo Park
shopping mall. や To the City Centre. のように具体的に答える以外に選択の余地
がありません。日本語のように Over there for a little while. や Oh, good morn-
ing. というような非論理的なはぐらかしの返答は不可能です。英語圏でテニス式
に返答できない者は，正常でないか，あるいはまともな英語が話せないのだと疑
われかねません。

　すなわち，日本語では応答者が答えの選択幅を持っているのに対し，英語圏で
は代わりに質問者が返答者の応答の選択幅を設けてくれます。例えば，英語で

「どちらにお出かけですか」と尋ねるような場合に，英語では次のように視点を変えた多様な尋ね方ができます。

(1)　Where are you going?

(2)　Where are you going, may I ask?

(3)　May I ask where you are going?

(4)　Could I perhaps ask where you are going?

(5)　I wonder where you are going.

(6)　I was just wondering where you were going.

上から下の順に相手に答え方の選択の幅が広くなっていきます。最初の（1）と（2）は内容に関する質問，中間の（3）と（4）は質問自体をして良いか否かの質問，最後の（5），（6）はもはや質問ではなく話者の関心を述べています。特に最後の二例（5）と（6）に対して応答者は，返答の強制義務を感じずに済みます。返答が前提であるテニス式の英語コミュニケーションにおいてでも，質問者が応答の幅を持たせてくれれば，返答者は問い詰められずに何らかの対応ができます。

　このように考えると，冒頭の日本に滞在中の英語話者が日本人の質問に困惑するのは当然です。日本人の質問者は相手にはぐらかされれば「答えたくないのだ」と判断し普通はそれ以上追及しません。学校英語しか知らない日本人は，日本語のベースボール式に基づく質問返答習慣を英語にそのままあてはめて翻訳英語で質問する傾向があり，しかも英語話者の語彙にはぐらかす英語表現がもともと乏しいことなど習っていないので，相手が返答に困るかもしれないことなど全く想定していません。尋ねられる側の英語話者の中でも日本語の習慣に暗い者は，日本人の質問者がはぐらかしの返答を容認していることを認識すらしていません。その結果，「答えを強制されている」，あるいは「プライヴァスィーを侵害している」という安易な勘違いが生じ，コミュニケーションに軋轢が起こるわけです。テニスのラリー方式のコミュニケーションとその多様な質問方法を知らない日本人が翻訳英語のままでベースボールのピッチャー方式の直球質問をすれば，もともと返答の選択幅がない英語のコミュニケーションでは率直に答えるかまたは無視するかの二者選択しか残されていません。したがって，英語話者に質問をする場合は，相手の応答の選択幅に配慮を込めて英語のテニスのラリー方式

のコミュニケーション習慣を尊重すれば，円滑にコミュニケーションが進むことでしょう。

---

**解答例**

(1) Where are you going, may I ask?

(2) I was wondering when you were getting married.

(3) Could I ask if you are going out with anyone?

(4) I wonder if you like mandarin oranges.

---

**コラム** 英語の婉曲表現：could や would を用いる叙想法

日本語で「○○してくれますか」と言う代わりに丁寧に「○○してくださるとありがたく存じます」と言うことができるように，英語でもこのような婉曲表現があります。例えば，*Will* you come down here, please? を丁寧に言うと *Would* you come down here, please? といった感じになります。この事例では，will を過去形にして would にする文法だと学校で教えることがありますが，実際には will を使った普通の表現が直接法 indicative と呼ばれるのに対し would のほうは仮定法または叙想法 subjunctive と呼ばれる文法の表現で，可能性や現実性が低いことを示す婉曲用法に使われます。以下，例を挙げます。

| 直接法 | 叙想法 |
| --- | --- |
| *Can* you give us an example?<br>例が挙げられますか。 | *Could* you give us an example?<br>例を挙げてくださいますか。 |
| This *may* be true.<br>本当だろう。 | This *might* be true.<br>本当かもしれない。 |
| *Shall* we go there to help her?<br>そこに行って手伝いましょうか。 | *Should* we go there to help her?<br>そこに行って手伝うべきでしょうか。 |

| | |
|---|---|
| I hope you *will* help me.<br>手伝ってくれるのを期待しています。 | I wish you *would* help me.<br>手伝ってくれるとよいのだけれど，多分駄目でしょうね。 |
| If he *gets* a haircut there now, he *will* look better.<br>（普段は散髪に定期的に行くのにたまたま行っていない人に関して）その人が散髪に行ったら，もっと見栄えが良くなりますね。 | If he *got* a haircut there now, he *would* look better.（普段から散髪が嫌いでなかなか行かない人に関して）その人が万が一散髪に行くようなことがあれば，もっと見栄えが良くなることでしょうが，多分行かないでしょうね。 |

　フランス語やドイツ語などの他のヨーロッパ言語では今でも動詞や助動詞の活用方法が直接法過去（いわゆる過去形）と叙想法とで全く別物となっていますが，現代英語ではこの叙想法での動詞や助動詞の活用形が直接法過去の活用形と一般的に同じです。このため，説明を易しくするために叙想法の説明が過去形で代用されているわけです。しかし，現代英語でも過去時制の動詞・助動詞の活用と叙想法の活用が異なる場合があります。例として am，is，are などの be 動詞があげられます。I wish I *was* with you to help you.［あなたのそばにいて助けてあげたいのですができません。］や If I *was* you, I would buy this house now.［もしも私があなただったら，今すぐこの家を買うことでしょう。］のような表現は，英語圏でも文法を知らない人は使うことがあるかもしれませんが英語の文法の素養がある人なら使いません。正しい文法では be 動詞の叙想法の活用が過去形と同じ was ではなく *were* となり，I wish I *were* with you to help you. / If I *were* you, I would buy this house now. となります。

# 34 自分の意見を言う (その1)

　日本の地方都市にも働く外国人が増えるに従って，その家族の子供たちが公立小学校に入学することも珍しくなくなりました。一年生の学級の初めての遠足を前にした保護者説明会が開催され，終盤に近づいています。

---

***Mrs Endoh*** （英語担当助手がネイティブスピーカーの親に向かって）： Please make sure to read carefully the handout you have just got.  It provides all the necessary instructions regarding our first outing for next week including a picnic lunch.

[今お配りしたハンドアウトをよく読んでおいてください。来週に予定されている初めての遠足に関する必要事項がピクニックランチも含めすべて記載されております。]

（説明会後，教室を出たところで日本人のお母さんたちが集まって，子供に何を着せようか，どんなお弁当やお菓子を持たせようか立ち話をしている。その中の一人 Mrs Tanaka が英語で Mrs Adshead に話しかける）

***Mrs Tanaka:*** Hi, Mrs Adshead.  We are chatting for the outing preparation: appropriate outfits for our kids, packed lunch menus, including sweets for fun.  Do you have some specific idea?

[Adshead さん，私たち遠足の準備について話しているところです。子供たちにとって適切な服装とか，お弁当は何にしようとか，楽しみなお菓子についても。何か特別なアイディアをお持ちかしら。]

***Mrs Adshead:*** According to the handout, anything comfortable that suits each kid's taste is fine, so …  Sorry, but I have got some errand to make.  See you later.

[ハンドアウトには，それぞれの児童にとって良ければそれでよいと書いてあるので …  ごめんなさい，急ぎの用があ

るので。また後ほど。]

**Mrs Tanaka:** That's okay.  Never mind.  Have a nice afternoon.
　　　　　　　　[大丈夫です。お気になさらずに。]

**Mrs Sato:** 私たちと話す時間は数分も無いってこと？

**Mrs Yoneta:** そのようね。

**Mrs Ohki:** 彼女っていつもそうよね。

**問 題**

　日本人の母親グループは，自分たちの会話に参加してこない外国人の母親に不満気味です。教室の外で立ち話をしている母親たちがもし英語圏出身者だった場合，どのような反応になったでしょうか。英語圏の基本的な物の考え方，意見の言い方に留意して会話を構築してみてください。

**解 説**

　日本人の母親たちにとっては少し協調性に欠けているように映った Mrs Adshead の応対は，英語圏では珍しいことではありません。手渡された来週の遠足についての説明プリントには，指示事項等事前に知っておくべきことは記載されているので，後はきちんと読んでそれに沿って各自で準備すればよいと Mrs Adshead は考えています。時間の余裕があれば話の輪に加わったとしても急ぎの用事を後回しにしてまで，再度母親だけで集まって同じような話を繰り返す理由がないだけであって，反友好的な意味合いでおしゃべりを回避しているわけでもありません。日本人の母親たちにとっては，初めての遠足で自分の子供だけ他の子とかけ離れた格好やお弁当を持たせて変に目立たせてしまうことは忍びないという日本的な感覚から，母親の仲間内だけでも事前確認しておくことで安心感を得ようとしていますが，英語圏出身の Mrs Adshead にとっては，説明プリントから逸脱してさえいなければ服装もお弁当も一人一人違って当たり前，他の子が何を着てどんなお弁当を持参するかはそれほど重大な関心事ではないのです。

　基本的に他者は他者，自分は自分といった価値観は，英語圏では当たり前に幼

少の頃より培われています。英語圏の中でも特に USA の一般家庭では，幼児期より事あるごとに What do YOU want to do?［あなた自身はどうしたいの？］Why is that?［それはなぜ？］というように自分の考えをはっきり表現するように家族から求められます。物心ついたころには自分なりに自分の頭で考えつたなくとも自分の言葉で返答する習慣ができあがっている児童も少なくありません。著者の経験ですが，ホストファミリーの 7 歳の女児が，茶色の洋服や靴ばかり選んで着用するので，Why do you always pick up brown outfits? You like brown?［どうして茶色ばかりなの？ 茶色好きなの？］と尋ねたところ，I have tried various colors in front of a big mirror, but I think brown clothes are the best matches with my brown eyes and hair.［鏡の前でいろんな色の服を着てみたけど，私の髪と目の色が茶色だから，茶色の服が自分には一番似合ってるって思うの。］Did your Mom make any comment on that?［ママは何か言ってた？］Not really. She told me to wear the one I like the best.［別に，自分で選んだ好きな服でいいって。］I see. Then, how about adding an accent color item such as an orange tie?［そうなんだ，じゃあオレンジ色のタイなんかを少しアクセントにしてみるのもいいかもね。］A nice idea. Thanks.［良いアイディアね，ありがとう。］と終始対等の意見交換となり，かわいいからピンクとか友達が皆持っていて流行っているから自分もという言葉が出たことはありませんでした。

　自分は自分，他者は他者なのだから違うのが当然，だからこそ自分の言いたいことを他人に明確に伝える，理解してもらうことが大切と考えられ，そのための手法の習得が英語圏では幼少期から始まります。前出の女児は，幼稚園に通っていた頃 Show and Tell の出番がもうすぐだから何を持参すべきか悩んでいました。Show and Tell とは，英語圏で古くから行われている教育方法の一つです。文字通り自宅から何か自分のお気に入りの物を一つ幼稚園や学校に持って行き，先生や他の児童の前で，これはどういう物で，どういう風に手に入れ，なぜ自分のお気に入りなのか，自分の思うところを自分が好きなように述べます。各自の見解を聴衆の前で堂々と話すことを重要視する英語圏の慣習を身に着けるための練習の第一歩と言えます。Show and Tell の出番を控え園児が家族を前に練習している光景に接し，自身の意見表明を基盤とする独立心の確立は一夜にしてならず，積み重ねこそが可能にするということを著者も印象付けられたものです。Show and Tell の出来栄えが，練習したにも関わらず本番で緊張してしまうなど

して結果的には今一歩だったとしても，自分の話を聞いてもらい，皆からいろんな質問を受け，話題の中心になる楽しさを実感し，次にはもっと上手になるための改善ポイントを自分なりに学ぶことを大切としているようです。

**解答コミュニケーション例**

**Mrs Endoh**（英語担当助手がネイティブスピーカーの親に向かって）: Please make sure to read carefully the handout you have just got. It provides all the necessary instructions regarding our first outing for next week including a picnic lunch.

（説明会後，教室を出たところで Mrs Tanaka とアメリカ人のお母さんたちが集まって立ち話をしている。Mrs Tanaka が帰りがけの Mrs Adshead に話しかける）

**Mrs Tanaka:** Hi, Mrs Adshead. We are chatting for outing preparation: appropriate outfits for our kids, packed lunch menus, including sweets for fun. Do you have some specific idea?

**Mrs Adshead:** According to the handout, anything comfortable that suits each kid's taste is fine, so … Sorry, but I have got some errand to make. See you later.

**Mrs Tanaka:** That's okay. Never mind. Have a nice afternoon.

**Mrs Watkins:** Mrs Adshead is right. Mrs Tanaka, you do not have to take it so seriously.
［Adshead さんの言うとおりよ。田中さん，そんなにシリアスに考えなくていいんじゃないかしら。］

**Mrs Birley:** In my case, I will probably let my daughter wear a warm jacket on regular school clothes. Also, for packed lunch, I will just fix some sandwiches with a fresh apple aside. That's it.

[私の場合は，多分娘にいつもの通学服の上に暖かいジャケットを着せようと思ってる。お弁当については，サンドイッチに新鮮なリンゴを添えるくらいかな。]

**Mrs Gibson:** That is about the same for me.  I will just make sure (that) my son picks comfortable shoes for a long walk.  Sorry, but I've got to go, too.

[私もそんなところ。長く歩くのに適した靴を息子が選ぶよう確認はするけど。ごめん，私も行かなくちゃ。]

## コラム　名詞によって可算・不可算が定まっているわけではない

　日本語では名詞に可算，不可算の区別がありませんが，英語などインドヨーロッパ語族の言語では名詞に可算名詞と不可算名詞の区別があるとされています。しかし，厳密には，「話者が個々の名詞によって指し示す意味によってその名詞の可算，不可算が決まる」というのがより正確な文法規則です。さらには，一つの名詞で可算扱いになったり不可算扱いになったりすることもあり，話者が具体的なイメージを頭に描いて話している場合は数えられ，そうでない場合は数えられない扱いとなります。

　例えば，dinner は話者が何を指し示しているのかによって数えられなかったり数えられたりします。名詞 dinner の定義は辞書では以下のようになっています。

1. Dinner is the main meal of the day, eaten either in the middle of the day or in the evening.
   昼間または夕方に摂られる一日の主要な食事（すなわち，昼食または夕食という「行為」）
2. A dinner is a formal social event in the evening at which a meal is served.
   食事がふるまわれる夕方の格式的，社交的な「行事・催事」

したがって，下記の例文（1）と（2）では話者が食事という「行為，動作（activity）」を抽象的に指しているので不可算に扱われ，例文（3）と（4）では「行事，催し（events / occasions）」を具体的にイメージしているので可算扱いになっています。

(1)　Have you eaten dinner yet?

(2)　What time do you serve dinner?

(3)　She attended a birthday dinner at the Mansion House yesterday evening.

(4)　I have a special dinner arranged at that restaurant at six p.m.

他の例として，chicken も話者が何を指し示しているのかで可算か不可算が決まる名詞です。

(5)　At my parents' house, they keep five chickens in a huge cage. Among them, Alice and Greg are my favourites.

(6)　We ate chicken for dinner although I myself wanted to eat fish.

例文（5）では，話者は chicken で鶏という一羽二羽と数えられる鳥（birds）を指し示しており，ペットとして名前まで付けています。ところが例文（6）では，話者は chicken という言葉で食用の鳥肉（poultry）を指し示しており，不可算扱いにしています。

　この規則は抽象語にも当てはまります。例えば本文スキットに出てくる instruction(s) という名詞も話者が指し示す定義によって不可算扱いの instruction になったり，可算扱いの instructions になったりします。

(7)　I need more instruction on how to use my new smartphone that I have just bought.

(8)　Read the instructions carefully before you switch on this new computer.

例文（7）では，話者が instruction という言葉で技術や項目に関する指導行為そのものを意味しており不可算扱いにしています。ところが例文（8）では，話者が複数形の instructions という言葉でマニュアル冊子や電子版 PDF などで，第一に○○する，第二に△△するというように複数の手順をリスト化した一連の手引き書を指し示しており，可算扱いにして複数形で使っています。事例スキットの英語担当助手が all the necessary instructions と複数形の可算名詞扱いにしているのも，配布したハンドアウトには，必要事項が順番にリストになっているゆえです。上述の例からも分かるように，可算名詞と不可算名詞が初めから定まっているのではなく，話者が明確にイメージし数えられるものを指し示すときは可算扱い，数えられないものを指し示すときには不可算扱いになるのが英語母語者の慣習と言えます。

# 35 自分の意見を言う（その2）

　設立して間もない USA の玩具開発会社と日本の中堅商社が提携し，最初の共同プロジェクトとして USA で開発された小学生向けプログラミング学習玩具の販売促進マネージャーが来日し，日本サイドの担当社員たちと第一回ミーティングが行われています。

***Manager:*** I believe（that）that is enough about our product details. Now, I would like to ask you about the sales strategies in the Japanese market, since you are experts in this field.

　［当該商品の詳細についてはこれで充分かと思います。今から，日本市場における販売戦略についてこの分野のエキスパートである皆さんに伺いたいと思います。］

***John***（日本在住3年の日本採用アメリカ人社員）***:*** Well, there are a couple of things I would like to suggest. First of all, with this product, we participate in the Epoch Toys, a major annual toy festival in Tokyo, to meet our potential buyers. Secondly, we contact advertising agents like Cyberdo Inc., since it is particularly important to focus on website ads. Thirdly, …　（中略）

　［いくつか提案したいことがあります。まず，潜在的なバイヤーと知り合うためにこの商品を毎年東京で開催される大規模な玩具展示会エポックトーイに出品したいと思います。次に，サイバードー社のような広告会社と連絡をとってウェブサイト上の広告に焦点を合わせることが特に重要かと考えます。三番目として …］

***Kate***（アメリカ人の父を持つが生まれも育ちも日本）***:*** I was just wondering. How about using our network like visiting schools to let teachers and students actually try new products and see the reaction.

　［既存の人脈を使って学校を訪問し，先生や生徒たちに実際に新

製品を使って貰って，反応を見てみるのはどうかなと思っていました。]

**Manager:** Very well, John and Kate. Are there some other opinions? How about you, Ryota?

［ジョン，ケイト，とても良いですね。ほかに何か意見はありますか。亮太どうですか。]

**Ryota**（大学で経営学を専攻したが海外経験は無し）**:** Well … ［えっと …]

（心の中で，「すぐ販売を開始するより商品をもう少し日本の子供向けにアレンジした方が売れるんじゃないかな。そのためにも事前市場調査が大切，でもマネージャーは即販売開始の意向だし，第一回会議から否定的な意見は避けたほうが無難かなぁ」と逡巡し，発言を躊躇している）

**Manager:** Yuri, nothing to say?

［友里，何も言うことはありませんか。]

**Yuri**（アメリカで大学時代1年間を過ごした日本人女性社員）**:**（亮太の表情や会議の空気を読みながら）I am fine with what everyone has said.

［皆さんの言われた通りで結構です。]

**問題**

来日したばかりのアメリカ人マネージャーは亮太のだんまりや友里の積極性のなさに面食らってしまいました。同マネージャーと共にこのプロジェクトを上手に展開していくために亮太や友里のどのような応対が英語圏で好まれるか，会話を構築してみてください。

**解説**

日本社会では，幼少の頃より家族や身近な友人，目上の人々との会話を繰り返していくことで相手との間合いや言外の意味を察する習慣が培われます。例えば

相手が数秒黙った場合，何を考えているのかな，それは肯定確認のための沈黙なのか，それとも否定的な意味合いでの沈黙なのか自然と推し量ることで自分の次の言葉を選択しています。成人の集合体である企業内においても，事例の亮太のような社員の躊躇的な沈黙や友里の消極性に対して，日本人上司であればなにか言い辛そうだなと空気を読んで遠慮なく意見を述べるよう促したり，違う角度からの質問を投げかけることで，相手が発言しやすいように気遣ってくれることもあります。

　しかしながら，来日したばかりの英語圏出身者にこの対応を期待することは，ほぼ不可能です。事例 34 で述べたように，とりわけ USA では人生のどんな場面においても自分の意見を他者に明確に伝える訓練を幼少期より一貫して受けているため，黙ってしまい自分の考えを表明しない人々に対する対応の術を習得していないからです。相手の沈黙への対応が分からないというだけでなく，沈黙そのものを長く苦痛にさえ感じるというアメリカ人も少なくないので，英語圏文化の強い職場で USA 出身の上役や同僚と業務を上手に発展させることを目標とするならば，沈黙というのは得策ではありません。反対に自分の意見を率直にのべることから議論を発展させることを信条としているので，たとえ初顔合わせで相反する意見を述べたとしても，上役の機嫌を損ねることになるのではないかといった心配は無用です。

　また，会議進行という点でも日本企業と USA の企業では差異がみられます。日本でもグローバル化が進み，場の雰囲気を和ませるためとはいえ会議の冒頭に上席者が会議とは無関係の雑談を長々とするような場面は減少したとされる日本企業ですが，上席の者が先に発言を呈したり，会議の場をしきる慣習は残っています。伝統的な色合いが強い日本企業であれば，社員は身内という意識は健在で，部下を育てるのも上司の役目という認識から，会議の場においても部下の報告場面で口を挟んだり，助言をすることもあります。対照的に英語圏の企業では，進行役は担当者に一任され，議案に沿って，それぞれの会議参加者が自分の担当業務についてこれまでの経過，今後の見通しを軸に理論的で分かり易く報告説明することを求められます。社員一人一人の自主性が重視されるので，上役が助け舟を出したり，会議の主導権を行使することもありません。但し，英語圏では通念的に雇用を契約関係と位置付けているため，社員の失態に対しても身内感覚の目こぼし等はなく，部下の業務達成レベルが契約を満たしていないと上司が

判断した場合，解雇が即言い渡されることも稀ではありません。

　会議に至る前段階においても日本企業と英語圏の企業では違いが見られます。参加者の面子を潰さないこと，長期の人間関係を前提にした仮想身内で不快な思いを残さないことに重きを置く日本企業では，正式な会議の前に懇談会など小規模の集まりを開いて議案や動向を掌握し，意見の調整まで視野に入れることも少なくありません。英語圏の企業においても，こういう議案で何日頃会議招集を希望するが参加者の日程調整は可能かといった事前伺いは立てます。また，会議において自分の意見を通すために上司と事前相談したり，同僚の協力を仰いだり，会議で優位な立場に立てるよう入念な準備は行っても，議案に対する結論は会議で出すものと捉えているため，参加者の意見調整といった徹底した根回しまでは行いません。

---

### 解答例

**Manager:** I believe (that) that is enough about our product details. Now, I would like to ask you about the sales strategies in the Japanese market, since you are experts in this field.

**John:** Well, there are a couple of things I would like to suggest. First of all, with this product, we participate in the Epoch Toys, a major annual toy festival in Tokyo, to meet our potential buyers. Secondly, we contact advertising agents like Cyberdo Inc., since it is particularly important to focus on website ads. Thirdly, …

**Kate:** I was just wondering. How about using our network like visiting schools to let teachers and students actually try new products and see the reaction.

**Manager:** Very well, John and Kate. Are there some other opinions? How about you, Ryota?

**Ryota:** Extending Kate's suggestion, I would like to propose marketing research in major cities prior to conducting sales. The result may lead to product modifications for the best satisfaction of Japanese children.

［ケイトの提案を発展させて，販売を開始する前に市場調査を提案したいと思います。調査結果によっては，日本の子供たちが最も満足のいくように商品改良もあり得るからです。］

**Manager:** I see. Yuri, what do you think about marketing research?

［なるほど。友里，市場調査についてどう思いますか。］

**Yuri:** I agree with Ryota. Marketing research requires time, costs and detailed plans. However, eventually it would be a shortcut to better results.

［亮太に賛成です。マーケットリサーチには時間，コスト，綿密なプランが必要ですが，それでもより良い結果への近道と考えます。］

### コラム　英語上級者でも難しい冠詞の使い方

　日本語には馴染みがない文法の代表例として the，a，an など名詞の前に置く冠詞が挙げられます。例えば dog という名詞の場合，学校では「最初に a dog または dogs と言い，2回目から the dog または the dogs と言う」のような簡単な説明で済まされています。しかし，本文スキットの the sales strategies のように初めから the が名詞の前に置かれることもあり，この単純説明に当てはまらない使い方も多く，英語上級者にとっても冠詞は最後の難関と言われています。

　英語母語者が無意識的に用いる冠詞の典型的な使い方として，以下の二つの法則が挙げられます。まず一つめとして，「冠詞の使い分けは話者の認識イメージで決まる」という法則です。基本的な用法は，話者の頭の中のイメージが非具体的（非制限的）かそれとも具体的（制限的）かという観点から説明できます。具体的でない場合は a/an＋名詞（または名詞の複数形）が使われ，具体的な場合には the＋名詞が用いられます。その基本的な考え方は，「顔が判明しない犬」という喩えから

説明できます。以下の dog(s) の例文のように，認識イメージで話者同士に犬の顔が見えているのかどうかに差があります。例文の（1）から（3）まででは，話者のイメージの中で犬の顔がはっきりしていませんが，（4）と（5）の the dog(s) の例文では話者が具体的な犬の顔を頭の中でイメージしています。

(1)　I like *dogs*, especially golden retrievers.

(2)　*Dogs* like bathing, and cats do not.

(3)　Mr X:　I want to buy *a dog* at that pet shop over there.

　　　Ms Y:　Any idea about which type of dog?

　　　Mr X:　I have not decided yet. The shop has lots of *dogs* to choose from.

(4)　Mr X:　Did you see *the dog* in the largest cage near the entrance of the shop?

　　　Ms Y:　Yes, I saw it. It was really lovely.

(5)　I visited the pet shop yesterday. I can remember the prices of all *the dogs* sold there.

すなわち，話者が頭の中で対象を具体的にイメージしている場合は the＋名詞，話者の頭の中の対象のイメージが具体的でない場合は a/an＋名詞というわけです。

　二つめの典型的な冠詞の使い方として挙げられるのは，事例スキットの中の the Epoch Toys のように固有名詞には定冠詞 the が冒頭に必要な場合と Tokyo のように不要な場合があるということです。「今度の月曜日に京都にある金閣寺に行きます。」を意味する次の二文を比較してみてください。We are going to visit *Kinkaku-ji* in Kyoto this Monday. / We are going to visit *the Kinkakuji Temple* this Monday. さて，定冠詞がない Kinkakuji が正しい用法でしょうか，それとも定冠詞付きの the Kinkakuji Temple が正しい用法でしょうか。正解は，両方とも正しい用法です。英語で記されているいろいろな手引書を読むと，「国名や都市名の前には不要」とか，「建物や河川の前には必要」など多数の規則が記されていて，学習者にとっては一つずつ覚えていくのは至難の業となっています。ところが，固有名詞は二種類に大別できることを理解すれば，定冠詞が必要な固有名詞なのか，それとも定冠詞が不要な固有名詞なのかが分かるようになります。リストの左側が，定冠詞が不要な固有名詞で，右側は定冠詞が必要な固有名詞（いわば準固有名詞）です。

| 定冠詞が不要 | 定冠詞が必要 |
|---|---|
| Mount (Mt.) Everest | **the** Himalaya *Mountains* |
| America | **the** United *States* |
| New York | **the** New York *City* |
| Yurakucho | **the** Yurakucho *Station* |
| Disneyland | **the** Disney *Resort* |
| Meiji Jingu | **the** Meiji Jingu *Shrine* |
| Ginza | **the** Ginza *District* |
| John Smith | **the** *Smiths*（スミス家の家族たち） |

　リストの左側は元来から純粋な名前のみで構成されている固有名詞で，右側は核の部分（イタリック体の部分）のもともとの普通名詞が固有名詞に転じたものです。すなわち，厳密には右側の固有名詞の前に定冠詞 the が付くのではなく，核になっている普通名詞の前に定冠詞が必要となっているわけです。例えば，*the mountains* が修飾語 Himalaya で熟語化して *the* Himalaya *Mountains* に，*the city* が *the* New York *City* に変化したとみなすことができます。特殊な例として the Smiths では，本来は純粋な名前である Smith を便宜上数えられる普通名詞と同様の名詞として the ＋複数形にすることで複数いる家族全員を指し示す言葉になります。

　上記法則は，核の部分が普通名詞で構成される準固有名詞全般に当てはまります。ほかの例として，*the* United *Nations*，*the Statue* of Liberty，*the* Nile *River*，*the* British *Museum* なども挙げられます。すなわち，純粋な名前だけの固有名詞には定冠詞 the が不要，それ以外には定冠詞 the が必要となるということです。加えて，最初に挙げた話者の持つ対象のイメージが具体的かそうでないかによって the と a/an を使い分けることを理解しておくと冠詞の使い方がいくばくかは容易になります。

USA の大手証券会社日本支社投資銀行部門に，大規模案件の最終調整のため本社の重役が来日しました。部門全体を巻き込んでの詳細書類の改定業務が連日夜遅くまで続きましたが，無事契約締結に至り，重役たちは帰国しました。平常に戻った日本支社のディレクター室で以下のような会話が聞こえてきます。

---

**Mr Wilson**（日本支社ディレクター）**:** We closed one of the biggest deals with great success due to the hard work and commitment of all our staffs.  Kyoko, the New York executives were quite pleased with your support and sent you a special present.  I hope you like it.

［これまでで最大級の契約を大成功の裡に締結できたのも全スタッフが頑張り抜いてくれたお陰です。恭子，来日していたニューヨークの重役たちが，君のサポートに非常に感謝して特別なプレゼントを送ってきてるよ。気に入るといいんだけど。］

**Kyoko**（Mr Wilson 付秘書）**:** For me? ［私にですか？］

**Mr Wilson:** Yes, for you.  Open it.

［そう，貴方に。開けてみて。］

**Kyoko:** Well, yes … ［そうですか …。］（戸惑いながらも華やかなプレゼントラッピングを開いてみると，以前から欲しかったブランドバッグが入っている） I cannot receive it.  It is too expensive and there is no reason for me to ….

［こんなの頂けません。高価すぎるし，私が頂く理由もないですし …。］

**Mr Wilson:** You helped them from morning till late at night, even sacrificing your private time.

［君は，朝から夜遅くまで彼らを手伝ってあげたじゃないか。自分の時間まで犠牲にして。］

**Kyoko:** They are your superiors and I work for you, which means they are my bosses as well.  So, what I have

---

done is nothing special.  On top of that, I cannot be-
lieve (that) they asked you and your associate to find
out what would be the best gift for me.

［彼らは貴方の上役で，私の上司は貴方です。ということは，彼
らは私の上司でもあるわけです。だから，私がしたことは何も
特別なことではありません。それに，私が一番喜ぶプレゼント
が何か調べるように彼らが貴方と貴方の部下に依頼したこと自
体が考えらないことです。］

**Mr Wilson:** Oh, yes.  What's wrong?  They simply wanted to
show their appreciation.  Just receive it.  End this
conversation.

［そうですが，何か間違ってる？ 彼らは，ただ感謝の意を表し
たかっただけだよ。受け取って，この話はこれにて終了。］

**Kyoko:** Okay.  I will write a thank-you note to the executives
in New York.

［分かりました。それでは，感謝のカードをニューヨークの重役
方に送りますね。］

### 問題

　業務の御礼に高級バッグをプレゼントされて，嬉しいながらも戸惑いを隠せな
い恭子です。上司の Mr Wilson も恭子の反応が期待していたのと少し異なりがっ
かり気味です。なぜこのような顛末になったのかを異文化理解の観点から考察し
てみましょう。

### 解 説

　日本社会で育ち，教育を日本の学校で受けてきた恭子は，自分の上司の上役が
来日した際，大きな契約締結に向かって部門全体でチームとして協力することは
当たり前のことと思っています。自分の日常業務を後回しにし，本社重役たちが

必要とする書類作成から始まり，日本語が全く分からない彼らの通訳として顧客との会話やレストランの予約など些細なサポートも自分の業務の内，残業もたかだか一週間位のこと，残業代も頂けるし程度に捉えていたので，後日，自分にだけ高価な御礼品が送られてきたことを不思議に感じています。

　対照的にアメリカ人の本社重役たちは英語圏特有の見解から次のように考えています。事務職員である恭子は，入社の際，業務内容を明記した job description を読んで，契約書に署名しているはずだから，対象業務以外のことを頼むべきではない。ましてや，彼女の上司は Mr Wilson であって，自分たちではないから断られても当然なのに，残業をしてまで多岐に渡って様々なことを手伝ってくれた。総合職としての手当ても恭子は貰ってないのだから，他のアソシエイトたちと同様に打ち上げパーティを開いて Good Job ［よくやった。］で終わりにすることはできないから何としても御礼をしたい。贈り物なら形だけの品より，本当に恭子の喜ぶものがいい，ここは，Mr Wilson やその部下に手助けしてもらおう… という考えから，大掛かりなプレゼント選びが始まったというわけです。

　心からの感謝の意を表すために，日本でも贈り物をすることは多々ありますが，その際相手に喜んでもらえる物であるということだけでなく，先方と自分との社会的距離感や，先方が社会規範としてのお返しを考えなくとも構わない程度，つまり相手にとって負担にならない範囲で，という貰う人の立場も通常日本社会では考慮に入れます。対照的に，贈られた物に対するお返しという概念が無い英語圏では，感謝を伝えるためには相手が最も喜ぶ物が最高の贈り物という観点から，相手に関する情報収集に及んでまでも，ひたすらベストプレゼント探しにエネルギーを注ぐ人々をよく見かけます。高額な贈り物であっても，送る方と受け取る方の双方が互いに納得すればそれで終了，貰う側が後々まで恩を着せられることもありません。英語圏の人々にとって耳慣れた聖書の一説に Do unto others as you would have others do unto you. ［自分にしてもらいたいことは，他の人にもそのようにしなさい。］という言葉がありますが，無意識の内に価値観として定着しているのかもしれません。

　また，ティームワークの考え方に関しても，被雇用者個人個人の成果よりも所属部門などグループ単位の目標達成を重視することが多い日本企業とは異なり，英語圏色の強い外資系企業では，入社時に交わした契約に基づく個人の業務遂行が優先的に評価されるのが常です。だからと言って，ティームワークを疎かにす

るわけではなく，契約範囲内で協力関係を保てば充分と考えられています。仮に
残業を伴うことになれば，契約書に定められた規定の対価が支払われるため日本
語で言う処の無給の「サーヴィス残業」などはありません。ただし，専門職など
で残業代見込み分などすべてが最初から含まれた総合給与体系で雇用された社員
に関しては，高額な報酬に見合う成果が要求され，その結果過酷な残業に連日さ
らされるプロフェショナルも少なくありません。

## ［コラム］ 日本の文化慣習下で外資系企業が難渋する業種

　日本市場には，英語圏からの企業が参入，成功している業種とそうでない業種が
あります。事例の USA の証券会社のように日本に進出していて外国資本が三分の
一超の企業（外資系企業）を対象とした調査結果が経済産業省より定期発行されて
います。3,287 社が回答した調査資料によると，これらの多くの企業が日本市場の
魅力として所得水準が高く顧客数が多い，インフラが充実，流行に敏感のため新製
品・新サーヴィスの検証が可能などとする一方で，阻害要因としてはビジネスコス
トや人材確保の難しさに次いで，45.6 パーセントが日本市場の特殊性・閉鎖性を
挙げています。[1] 業種別の常時従業員数に着目すると，多い順にサーヴィス業が 7.8
万人，輸送機械業 6.8 万人，卸売業 6.6 万人，小売業 5.9 万人である半面，同年度
の経常利益の順位は，金融・保険業が 4,558 億円，卸売業 3,931 億円，輸送機器
3,643 億円，情報通信業 2,695 億円，サーヴィス業 2,504 億円，小売業 926 億円と
なっています。[2] この統計から，従業員数と利益の相関関係は低く，中でも小売業
は雇用が多いわりには利益が少なく際立って非効率であることが分かります。日本
から撤退する外資系企業の割合をみても，全業種撤退率が 2.6 パーセントに対し，
小売業の撤退率は 3.6 パーセントと高くなっています。[3] 上記阻害要因の日本市場
の特殊性が特に影響しているのが小売業界と思われます。
　外資系小売業が日本市場で難渋しているのは，潤沢な資金力を基に拡大を続ける

---

[1] 経済産業省「第 53 回外資系企業動向調査（2019 年調査）の概況」pp. 14, 15 <https://www.
meti.go.jp/statistics/tyo/gaisikei/result/result_53/pdf/2019gaikyou.pdf >（2020 年 4 月 28 日）
[2] 経済産業省「第 53 回外資系企業動向調査（2019 年調査）の概況」pp. 6, 10（2017 年データ）
<同上 >
[3] 経済産業省「第 53 回外資系企業動向調査（2019 年調査）の概況」pp. 2, 4（2018 年データ）
<同上 >

世界有数の大手小売企業も例外ではありません。小売りの売上高世界 10 位で UK 最大手であるテスコ（TESCO）は，2003 年中小規模の日本のスーパーチェーンを買収して日本市場に参入，しかし売り上げをのばせないまま 2011 年に日本からの撤退を余儀なくされました。同様に，小売り売上高世界 6 位の USA のホームデポ（Home Depo）も 2009 年に日本から撤退しました。年間売上高 5,003 億ドル（約 54 兆円）を誇る世界小売第一位のウォルマート（Walmart）[4] でさえも，2002 年の西友と資本業務提携開始以来，西友を非上場の完全子会社として USA 本社主導の経営をしてきたものの結果が出せず一時は売却先を模索する事態となった末に方針転換し，西友を再上場させ地域に密着した企業として日本の消費者との結び付きを強める経営方針を発表しています。[5]

　難渋する小売業とは対照的に，外国資本の金融・保険業，輸送機器業，通信情報業などは，比較的順調に日本市場に受け入れられ大きな利益をも出すに至っています。これらの業種が提供する商品が共通して歴史的に新しく，単純比較が可能で機能的に優れた方を選択する客観的な顧客の理性・理論に訴えることが可能であるからと考えられます。反対に総合スーパーなどで扱う小売業の商品が受け入れられ難いのは，誰にも身近な従来の商品群に加えて海外の目新しい商品も廉価で提供し一見売り易いように思えても，日本の個人客の多くが新鮮な魚や野菜を求めて週に何度も買いに訪れることを好むなど長い生活の歴史の中で培ってきた独特な文化的慣習によるところも大きいから，と考えられます。さらには，各個人客の小さなニーズに応えることで得意客数の安定に繋がっていることなどもあるため，単純に低価格や効率だけでは測りきれない複雑な文化的要因が絡んでいると言えます。参入が容易な印象であっても，日本の文化慣習が浸透・作用している個人客の日常に接する小売業などの業種こそが，英語圏など異文化圏から進出する外資系企業にとって実際にはハードルの高い業種になっています。

---

[4] デロイト トーマツ コンサルティング合同会社「世界の小売業ランキング 2019」（2017 年データ）<https://www2.deloitte.com/content/dam/Deloitte/jp/Images/inline_images/about-deloitte/newsreleases/jp-nr-nr20190403-1.png>（2020 年 4 月 27 日）

[5] 日本経済新聞「西友，再上場へ　米ウォルマート戦略転換」2019 年 6 月 26 日掲載 <https://www.nikkei.com/article/DGXMZO46590750W9A620C1I00000/>

## 37 気を遣う

日本企業ニューヨーク支社で働く Mr Murphy が東京本社に転勤になり，伊藤人事部長の自宅に Mrs Murphy と息子の Jacob と共に招かれています。飲み物から始まり，ディナーを出すため，ダイニングとキッチンを一人で忙しく往復する伊藤夫人を見ていた Jacob が知り合ったばかりの同年代の伊藤家の息子，湊に話しかけます。

**Jacob:** Minato, since I got here, I have been seeing your mother working alone so hard. Why is she doing that?
［湊，この家に招かれてから気になってたんだけど，なんで君のママだけあんなに一生懸命働いているの？］

**Minato:** Serving for our house guests is Mom's job, isn't it?
［家の招待客をもてなすのは母の役割じゃない？］

**Jacob:** Is that a part of traditional Japanese culture?
［それって，日本の伝統的文化の一部ってこと？］

**Minato:** I am not sure. I have never even thought about it. At your home what does Mrs Murphy do to your guests?
［良く解んない。考えたこともなかったから。じゃあ，君の家でお客をもてなす時，Mrs Murphy はどうしてるの？］

**Jacob:** At the beginning, she sits and talks with invited guests in the living room while Dad is serving drinks. Later she switches with Dad and goes to the kitchen for the final food check. Serving dishes to guests is done by both of my parents, not by Mom alone. Of course, I help them if I am there, and sometimes even guests themselves help us, too.
［最初はね，父が飲み物を準備している間，僕の母は応接間でお客

212

さんと一緒に座っておしゃべりを楽しんでる。後で父と入れ替わっ
てキッチンで食事準備の最終チェックをし，実際食事を出す時は両
親二人でする，母だけでってことはないな。もちろん僕もいれば手
伝うし，招待客だってお手伝いすることもあるんだよ。]

**Minato:** I see, sounds nice. It may help to reduce Mom's ten-
sion. I will talk about it with Dad later.
［それいいね，母の緊張も軽減するだろうし。後で父に話してみよ
う。]

**Jacob:** Remember what I said was what we do at home. I am
not sure how other people welcome their guests because
they have their own way to do.
［今言ったことはあくまで僕の家でのことだよ。ほかの人の家では
どうしているかは知らない，みんな自分たちのやり方があるから
ね。]

### 問題

スキットからも分かるように英語圏と日本社会では，周囲の人々に対する気の
遣い方がかなり異なります。自宅に人を招くという設定で，日本と英語圏での招
待客に対する気の遣い方の例を挙げ，異文化理解の観点からその相違点を考察し
てみましょう。

### 解説

社会生活を営む上で必然的な周囲の人々に対する気の遣い方にも英語圏と日本
では違いが見られます。その差異が顕著にみられる一例が自宅に人を招いたとき
の気遣い，対応の仕方です。日本の多くの家庭では，家に招いた人々を客として
丁重にもてなすことに重きを置きます。自分たちが可能な限りのことをして差し
上げるために，相手の一挙一動に注意しニーズを満たすために細やかに気を配る
という感覚です。応接間やダイニング，お手洗いなど客を通す場所を重点的に掃

除，整理整頓して迎え，その他の部屋は外の方には見せない家人だけのスペースと分けて考える人が大方です。提供する飲食物に関しては，夫の同僚や子供の友人関連といった並列的な客を招待する時でさえも，何時間もかけて手の込んだ御馳走を準備したり，応接間やダイニングの上席に誘い，事例のように招待客との交流は夫に任せたまま，妻は会話を楽しむ時間もないほど食卓と台所を忙しく往復し，招待客が帰るころには疲れてしまっている主婦も見かけられます。

　対照的に英語圏では，人を自宅に招待した際，まずお互いの緊張をほぐしリラックスした雰囲気を作ることに気を配ります。事例の Jacob の説明のように，夫等のホスト役が飲み物を用意している間，おしゃべり上手な妻等ホステス役は招待客と一緒に座して Please feel at home.［ご自身の家にいるつもりでくつろいで。］などと言って世間話を和やかに始めたり，初めて招いた客であれば自分たちをもっと知って貰おうと各部屋や庭など家全体を案内して回るハウスツアーを行ったりもします。提供する食事も，仕事の取引先をもてなすような特別なケースを除いて，通常はハンバーガーやチキン，晴天であればバーベキューを皆で囲み，副菜やサラダの大皿を回しながら，Help yourself.［すきなだけ召し上がって。］と促し，もし遠慮しているような客がいた場合は，Would you like another plate?［おかわりはいかが？］と声をかけます。飲み物の入った特大ピッチャーやデザート類もテーブルに置いて各自好きな物を好きなだけ楽しみます。

　自宅に人を招き入れる際の気遣いという点で，より明確な違いが観察できるのが長期間留学生を滞在させることになった英語圏と日本の家庭における対応の差です。英語圏の家庭にホームスティすることになった日本人学生からよく耳にするのが，食事は一日に一回夕食しか出してもらえず，あとは冷蔵庫からご自由にと言われたということです。他人の家の冷蔵庫など開ける習慣のない日本人留学生たちは，本当に勝手に開けるべきか否か分からず慣れるまで時間がかかったそうです。また，共働き家庭も多く，平日の日本人留学生の帰宅時にはほとんど誰も在宅しておらず，ホストファミリーと一緒に行動できるのは週末だけで少し寂しい感じがしたという意見も聞かれます。英語圏のホストファミリー側からすれば，高校生以上は保護者の常時同伴が義務付けられる子供ではないのだから細かい指図は無用とみなします。留学生といえどもこの家にいる間は我が家の一員，自分で起き，食べたい朝食を自分で作り，学校に通い，色々な活動に参加し，独立心をもって滞在期間を楽しむのが当然のことだと思われているのです。

　反対に日本家庭に滞在した英語圏からの留学生の話として聞かれるのは，母国では平々凡々の自分が日本に来て政府要人か特別階層の人間のように扱われ，皆が事細かに気を使ってくれて，なんでも自分のためにしてくれて大感激したけれど，しばらくたつうちに自分が自主性のない人間のように思われているような気がし，また，いつまでも続くお客様扱いに逆に外国人ゆえに距離を保たれているような疎外感を禁じえなかったという見解です。滞在期間中少しでも気持ちよく過ごしてもらいたくて，一生懸命面倒をかってでている日本人ホストファミリーには想像も及ばない反応といえるでしょう。本来は相手を思いやることから始まる気遣いでさえも異文化間コミュニケーションの難解テーマの一つに成り得るのです。

### ┃コラム┃　英語圏では通用しない同調圧力

　スキットの前半で，湊は母親が来客をもてなすのは当たり前のことと話しています。日本のどの家庭でも主婦は皆同じようにするものと思い込んでおり，それまで別段疑問を持つこともなかったようです。この湊の思い込みの背景には，「男子厨房に入らず」という価値観が尊重された時代の名残もあってか家の中では主婦が甲斐甲斐しく働き，夫はどっしりと構えているのを理想形とする価値観への日本社会の同調圧力がいまだに作用していることも一因と考えられます。反対に，USAから来たJacobが来客応対の説明をする際には，「皆それぞれだから他の家庭のことは知らないけど，僕の家の場合は…」という前置きがあり，あくまで自分の見解としての話をしています。この社会文化的な同調圧力の有無の差が顕著に観察されたのが，2019年冬に発生し世界に拡大した新型コロナウィルス（COVID-19）に対する各国の政府による対応です。

　UKでは当初は，事業者や国民に対し自宅待機や集会の自粛，商店の閉鎖等を要請していたものの充分な協力が得られなかったため，2020年3月25日コロナウィルス法（Coronavirus Act 2020）を成立させ，UK政府による新型コロナウィルス対策が明文化されました。内容は，不足する医療スタッフの拡充，医療現場への援助，ウィルス封じ込めを目的とした政府権限の強化，死者の弔い方法，法定疾病給付金の拡充を基柱とし，国民一般に対しては，食品購入や通院以外の外出を禁止，自宅勤務が不可能な人のみに仕事のための外出を認め，人との距離を2メートル

以上とること，手洗いの徹底等を課しました。警察や移民局担当官に感染者（感染を疑われる人も含む）の拘束や，規則違反者に対する取り締まり権限を与え罰金が科せられるようにしました。[1]

　USA では，連邦議会で可決され大統領の署名を得て 2020 年 3 月 27 日に成立した 2 兆ドル規模の救済法（CARES Act）[2] を基軸に各州の知事や市長からの発令をもって新型コロナウィルス対策を施行しました。例えば，感染者数が突出したニューヨーク州では，州民に対し知事からの行政命令（executive orders）で，3 月 22 日をもって社会インフラ等必須業務以外のビジネスの閉鎖，規模を問わず全集会の中止，公共の場における 6 フィート以上の人との間隔維持，乗り物内を含めて公の場でのマスク等覆い物の着用，アルコール消毒剤の汎用などを指示しました。[3] さらには，公設私設を問わず研究機関に対し保健省への協力命令を出し，感染症から回復した患者には研究のための血液提供を依頼しました。行政命令違反者への罰則も明記されており，例えば社会的距離（social distancing）規定の違反者には 1,000 ドル以下の罰金が科されることが告示されました。[4] また，ニューヨーク市では，消費者保護法の緊急条項としてマスクや手指消毒剤の価格のつり上げを禁止し，違反者には商品一つ当たり最大 500 ドルの罰金を科しました。[5]

　UK や USA とは対照的に，日本政府による新型コロナウィルス対策では，違反者への罰金や拘留などの罰則規定を設けていません。国民への密防・密集・密接を回避請，外出自粛要請，自宅勤務要請，他県への移動抑制要請，イベント自粛要請，人が集まる施設への休業および使用制限要請などすべてに対し要請または指示という形をとりました。このような要請の実行を可能にしているのが日本社会の底

---

[1] Gov. UK, Department of Health and Social Care, 'Guidance: What the Coronavirus Bill will do, Updated 26 March 2020' <https://www.gov.uk/government/publications/coronavirus-bill-what-it-will-do/what-the-coronavirus-bill-will-do>（2020 年 4 月 10 日）

[2] U.S. Department of the Treasury, 'CARES Act Works for All Americans' <https://home.treasury.gov/policy-issues/cares>（2020 年 4 月 19 日）CARES Act（The Coronavirus Aid, Relief, and Economic Security）は，COVID-19 によって健康や経済に打撃を受けた労働者，家族，小規模ビジネスに対し迅速で直接的な経済補助の提供並びに各業界の仕事維持を目的とした一括救済法。

[3] New York State, 'New York State on PAUSE' in 'Information on Novel Coronavirus, April 18, 2020' <https://coronavirus.health.ny.gov/new-york-state-pause>（2020 年 4 月 18 日）

[4] New York State, 'NYS on PAUSE Extended' in 'Information on Novel Coronavirus, April 18, 2020'. <https://coronavirus.health.ny.gov/home>（2020 年 4 月 19 日）

[5] 朝日新聞デジタル「外出制限は多くの国で強制措置　罰金つきも，世論は支持」2020 年 4 月 6 日掲載 <https://www.asahi.com/articles/ASN4634BWN42UHBI03J.html>（2020 年 4 月 8 日）

流にある同調圧力，個人の我を通すより皆に倣えという社会からの有言無言の圧力
です。自分を抑えてでも周囲にあわせることを選択する個人個人の究極の気遣いの
中でこそ同調圧力は作用します。実際，緊急事態宣言が 2020 年 4 月 8 日に発出さ
れた後，7 都道府県の人出が 40 パーセントないし 70 パーセント減少したというこ
とからも同調圧力が大方作用するのが分かります。しかしながら，現時点では同調
圧力に異議を唱える人々の黙殺や，同調圧力を理解しない異文化圏出身の日本在住
者を度外視することは可能であるとしても，英語圏以外の先進国と比較しても日本
の同調圧力による施策行使のほうが例外的であることが分かります。さらには，緊
急事態宣言の法的根拠としている特別措置法には，憲法に存在しない緊急事態条項
を発出可能にしているため憲法違反の疑義も指摘されています。[6] 個人の権利を厚
く保護する世界でも屈指の平和憲法であるがゆえに，新型コロナウィルスのような
緊急事態下でも国による個人の自由・権利の制限が難しいというのであれば，今後
どのようにして重大な緊急事態下で個人を保護していくのか，加えて，さらなる増
加が見込まれる多文化出身の人々と共存していく上でも誰もが理解しやすい明解な
ルールの核となる法的根拠の確立にはどうすればよいのか，議論を発展させる契機
と思われます。

---

[6] 森永輔，日経ビジネス電子版「緊急事態宣言，特措法の不備改め基本法を」2020 年 4 月 13
日掲載 <https://business.nikkei.com/atcl/gen/19/00005/041000125/>（2020 年 4 月 18 日）

# 38 お金の話をする

アメリカ人カップルの Myra と Jeremy は付き合って一年が過ぎた頃，お互いの将来について話し合いたいと思い始めます。仕事や新居のことなど具体的に話は進みますが，生活の基盤となるお金のことになると Myra の反応がはっきりしなくなってしまいます。

---

**Jeremy:** After we get married, how would you like to manage our living expenses?  Do you want to open a joint account for them or to keep separate accounts and split the bills?

［結婚したら，生活費をどういう風にしていきたい？ 二人の共通口座を開けてそこから支払う？ それとも別々の口座を維持して請求書を分けて払ってく？］

**Myra:** I am not sure …

［分からないわ …。］（と言って下を向いてしまう）

**Jeremy:** What is that?  Is there any concern?

［なんだって？ 何か問題ある？］

**Myra:** I am not good at money management.  Actually, pretty bad.

［お金の管理は得意じゃないの。というより，とっても苦手。］

**Jeremy:** Do you have any debt?

［借金あるの？］

**Myra:** Yes, I hate to say but I spent too much money for shopping on my credit card.  To be honest with you, the debt is accumulated to the level that no longer I am able to pay back.  Even worse, I was laid off from my job a couple of days ago.  So I have to apply for an unemployment insurance benefit.

［うん。言い難いんだけど，ショッピングでクレジットカード使いすぎちゃって，正直に言うともう返済できない位に借金が膨らん

218

じゃってるの。もっと悪いことには，数日前，人員削減で解雇され
ちゃって。だから，雇用保険を申請しなきゃ。]

***Jeremy:*** I wish you had talked to me about your financial situa-
tion long before it got that serious.
[こんなに深刻な事態になる前に君の経済状況についてもっと早く
話してくれていたらと思うよ。]

**問 題**

　フランクな国民性で知られる USA においても，事例の Jeremy と Myra のよ
うな親しい間柄であってもお金の話になると避けて通る風潮があります。日本や
その他の英語圏でも同じような現象が見られるのでしょうか。

**解 説**

　USA の大手金融企業ウェルズ・ファーゴの 25 歳から 75 歳を対象とした調査
によると，人と話をする上で最も話し難い話題は，「自らの経済状況」を挙げる
人が全体の 44 パーセントと一番多く，死，政治，信仰といった一見して難解な
テーマを上回っています。同様に，UK でも多くの人々が自分の経済状況につい
て話すのを非常に苦手としています。お金の話は古くからタブー視されており，

同等に扱われてきた政治や精神疾患などのテーマが自由に話せるように変革が起こった今日でも，お金について話すことはいまだに回避傾向が継続しています。日本でもお金の話を不得手とする人々は少なくありません。江戸時代の士農工商というお金を扱う商人を最下位においた身分政策の名残が昨今でも日本人の意識に根深く残っているという説もあるほどで，お金儲けを人生の目的とすべきではない，お金の話を公にすることは控えるべきといった風潮があります。

　日本や USA および UK で親しい人ともお金の話は避けて通るといった漠然とした社会風潮がもたらしたのは，知識や情報の不足を背景とした個人の債務増加問題です。USA の保険金融サーヴィス大手ノースウエスタンの調査[1]では，住宅ローンを除いた借金[2]を持つアメリカ人の平均借入金額は 3 万 8 千 US ドル[3]に上り，内，クレディットカードによるものが 25 パーセントを占めています。債務保持者の 5 人に 1 人が収入の 50 パーセント以上を借金返済に回しており，反対に債務が全く無いという人は回答者全体の 23 パーセントに過ぎず減少傾向にあります。その結果，お金に関するなんらかの不安を抱える人が半数以上，配偶者やパートナーとの問題となっている人が 41 パーセント，ストレスの要因としても仕事や人間関係を遙かに上回り，お金に関することが 44 パーセントと最大になっています。

　UK でも個人債務は増え続けています。庶民院（下院）図書館発行の資料[4]によると住宅ローンを除外した消費債務を国民の 51 パーセントが抱えており，借入金の平均額は 12,500 パウンドに及んでいます。[5] 金融機関の当座預金からの小切手によるオーバードラフトが 25 パーセント，クレディットカード使用が 19パーセントと主な借入先となっています。債務超過とされる UK 国民は 830 万人，成人人口の 16 パーセントに上っています。UK の大手新聞社ガーディアン

---

　[1] 18 歳以上の 2003 人を対象にオンライン調査を 2018 年に実施。集積データは，年齢，性別，人種，教育，宗教，収入等の項目において USA 国勢調査の比率を反映するようにウェイトをかけてある。'Planning & Progress Study 2018' <https://news.northwesternmutual.com/planning-and-progress-2018>（2019 年 2 月 18 日）

　[2]「個人の無担保無保証借入」のことを当解説においては個人（消費）債務に統一する。

　[3] 約 419 万 9 千円（2018.2.18 為替レート 1 ＄＝110.5 円換算）

　[4] 'House of Commons Library Briefing Paper Number 7584, 21 December 2018', by Daniel Harari. <researchbriefings.files.parliament.uk/documents/CBP-7584/>（2019 年 2 月 10 日）

　[5] 約 178 万 5 千円（2018.2.18 為替レート 1 パウンド＝142.8 円換算）内，2,900 パウンド（約41 万 4 千円）は教育ローン。

（*The Guardian*）が実施した調査[6] によると，UK 国民の人生における心配事の第 1 位がお金で 30 パーセント，並列 2 位となった家族，健康の 16 パーセントの倍近くに達しています。中でも 18 〜 34 歳の若年層の 38 パーセントがお金を心配事として挙げています。

　UK や USA ほどではなくとも，日本においても個人債務は決して少なくありません。全国銀行協会の調査結果[7] によると，住宅ローン以外のなんらかの個人消費債務を経験した日本人は人口の約 22 パーセント。銀行カードローン，クレディットカード，消費者金融が主な借入先となっています。銀行カードローンのみの利用者の平均借入残額は 134 万円，クレディットカード会社や消費者金融等の貸金業者からの平均借入残額は 63 万円，銀行カードローンと貸金業者の併用利用者の平均借入残額は 153 万円に上っています。金融庁アンケート調査結果によると借入のきっかけは，複数回答も含めて 32.8 パーセントが低収入・収入の減少を補うため，22.5 パーセントが商品・サーヴィス購入・ギャンブル・その他遊興費のため，10.8 パーセントが事業資金の補填となっています。[8] 人生におけるストレス評価をみると，勤労者の場合は家族や勤務先に関することが 1 位から 8 位までを占め，次いで 300 万円以上の借金に対するストレスが 9 位，大学生にとっては 100 万円以上のローンがストレス原因の 5 番目に挙がっています。[9] 借金はストレス要因としてはさほど高くないようにも映りますが，多重債務が原因とみられる自殺者数は年間 600 人以上という結果も存在します。[10]

　USA，UK，日本に共通する個人債務の増加に対して各国政府も野放図にしているわけではありません。アメリカ政府は，個人の金銭に纏わる総合的な相談を

---

[6] UK 国民 1019 人を対象に意見インタビューを 2018 年に実施し，18 歳以上の全人口プロフィールを反映するようにウェイト掛けした結果 <https://www.theguardian.com/society/2015/apr/19/britain-uncovered-survey-attitudes-beliefs-britons-2015>（2019 年 2 月 14 日）

[7] 日本の人口構成比に準拠した 1 万人をサンプルとして抽出し，インターネット調査を 2018 年に実施。<https://www.zenginkyo.or.jp/fileadmin/res/news/news300118.pdf>

[8]「多重債務者対策を巡る現状及び施策の動向」p. 4　平成 30 年 6 月 8 日発行　金融庁／消費者庁／厚生労働省／法務省 <http://www.jsri.or.jp/publish/review/pdf/5511/04.pdf>

[9] 夏目誠「出来事のストレス評価」『精神経誌（2008）110 巻 3 号』<https://journal.jspn.or.jp/jspn/openpdt/1100030182.pdf>

[10]「多重債務者対策を巡る現状及び施策の動向」p. 10　平成 30 年 6 月 8 日発行　金融庁／消費者庁／厚生労働省／法務省

受け付ける非営利団体 NFCC[11] 等を設置し，その認可代理店を全米に配置することで，個人の経済状況に対する様々な助言や処理業務を無料または最低手数料で行っています。お金に関する教育の機会提供から始まり，進学ローン相談，住宅ローンの設定や差押さえ防止相談，クレジットカード等による個人の抱える消費債務に対する助言，複数の債務の一本化処理，場合によっては破産手続きまでの手助けを行っています。その他アメリカ政府のホームページでは，銀行やその他の金融機関との間に通常の手段では解決できないような問題が生じている場合には，連邦準備制度（Federal Reserve System）下の規制機関に苦情の手紙を証拠資料と共に提出するように，また債権者による取り立て違反に対しては連邦取引委員会や消費者保護局，及び州検事局への通報を推奨しています。

　金融企業に対する規制統括が連邦政府や州政府など多岐に渡り複雑化したUSA とは異なり，UK では，大蔵省[12] の下，Financial Conduct Authority（FCA）が金融規制を集中統括しています。FCA により UK 在住個人を対象とした金融教育機関として，Money Advice service（MAS）[13] が経済全般の理解と知識の向上を目的とした独立組織として発足しました。MAS の主たる業務内容は，学校への金融教育プログラムの提供，進学，結婚，離婚，住宅購入といった人生の節目の金銭管理ガイダンス，様々なローンについての比較情報の提供，多重債務で窮地に陥った個人の債務の一本化や債権者との間で債務減額に向けた助言や UK各地域の債務処理登録代理業者の紹介などです。相談は無料で電話またはウェブサイトからでき，対面相談を希望する場合はサイトに自宅の郵便番号を入力すると最寄りの機関を紹介されます。

　日本政府による個人債務に対する施策としては，2006 年に改正貸金業法を成立，2010 年より総量規制を実施し債務者の借入残高が年収の 3 分の 1 を超える場合は新規借入れができなくなりました。加えて同法下では，上限金利が借入額に応じて年 15 ～ 20 パーセントに引き下げられました。金融庁では，金融サーヴィス利用者相談室を設け債務整理の助言及び債務処理機関の紹介を行うだけで

---

[11] National Foundation for Credit Counseling の登録代理店は，連邦法と州法を順守し，業務の質を維持するために第三者機関 Council on Accreditation による認定更新が 4 年毎に課せられている。

[12] Her Majesty's Treasury は UK 政府の金融及び経済政策全般を司る省。

[13] 2019 年からは MAS と年金機関が統合し Single Financial Guidance Body（SFGB）として労働年金省からの資金で運営。

なく，予防相談として同庁ウェブサイトや金融広報中央委員会のサイトから暮らしに身近な金融情報を提供しています。また，金融庁では金融団体と連携して金融リテラシーに関する講義を大学に提供，消費者庁においては，高校生向けの消費者教育教材を作成し授業での活用を推進しています。日本政府の取り組みにより，5件以上の貸金業からの債務を抱える多重債務者の数は 2006 年の 171 万人から 2017 年には 9 万人まで減少し，また貸金業利用者の平均債務残高が 2006 年の 117 万円から 2017 年には 53 万円に下がっています。[14] ただし，貸金業による貸し付け総額は 2006 年度の 17.3 兆円から 20017 年度は 4.5 兆円と下がってはいるものの，銀行カードローンの貸付総額が 2006 年の 3.4 兆円から 2017 年度は 5.8 兆円と増加[15] しており，基本的には貸し付けの主体が入れ替わっただけという見方もありえます。

　USA，UK，日本の各国政府も個人の債務減少に向けて関連機関連携の下様々な施策を実行し成果も現れてはいても，三国共通して未だに多くの国民が多額の債務を抱えているのが実状です。知識や情報の不足から個人が高利の借金を重ね窮地に追い込まれることのないような予防策や窮地に陥った債務者の救済措置といった公的制度の拡充が望まれます。加えて一人一人が実行可能なこととして考えられるのは，若年の頃から家族や身近な友人，有識者等と金銭面の話や自分の置かれている経済状況についても気兼ねなく話せるような環境づくりです。すなわち，お金の話は恥ずかしいことでも卑しいことでもなく人生において大切なことだからこそ話し合うという価値観の再構築が必要です。

---

### コラム　同一労働同一賃金のために必要な社会制度

　事例の Myra のような債務超過に陥らないために金融知識を身につけ，常日頃からお金の使い方に気をつけて生活をしてきても，自分だけではどうにもならないこともあります。その典型となるのが，努力の甲斐なく不本意な非正規の仕事にしかつけなかったケースです。事例 39 の解説やコラムにもあるように，今や全雇用者

---

[14] 「多重債務者対策を巡る現状及び施策の動向」p. 1　平成 30 年 6 月 8 日発行　金融庁／消費者庁／厚生労働省／法務省
[15] 同書 p. 14

に占める非正規雇用者数の割合は，USA では 34 パーセント，日本では 37 パーセントに達しています。この中から被雇用者自身の意思によって業務内容や労働時間数が異なるケースを除いた，同じ内容の仕事を同じ時間だけこなしても正規と非正規では大きな賃金格差が存在する不本意な非正規雇用が問題になっています。多くの企業が悪意をもってそのような待遇差別をしているのではなく，世界規模での競争激化を背景に企業存続のためには，被雇用者全員に同待遇を提供することが難しくなり，非正規雇用を導入して必要な時だけ働いてもらう被雇用者を調整弁として使わざる負えない現況があります。

　国際労働機関憲章や世界人権宣言等で唱えられている「同一労働同一賃金」（equal pay for equal work）は，多くの民主主義国家の課題となっていて，日本でも解決に向けて法整備[16]に基づいた様々な施策が講じられています。現行制度下では，事例 40 のコラムで言及しているように非正規雇用から正規雇用への変換を志す企業に対し助成金を提供する施策があるものの，不本意な非正規被雇用者全員の正規雇用への転換が約束されているわけではありません。不本意非正規被雇用者への直接援助策としては，給与額が生活保護全額受給者の受給額を下回る場合には生活保護の適用もあります。該当者が申請することで生活保護全額受給額と非正規雇用給与の差額を受給できると規定されていても，財産や預金，援助をしてくれる親族が皆無であることを証明するなどの煩雑な手続きが必要で，受給は厳しいものとなっています。同じ仕事をしていても，正規雇用ではないというだけの理由で二重の忍耐を強いられることに耐えられず諦めてしまうケースもあります。法的に可決された同一労働同一賃金という決まり事も，日本では法律と実体は別で良いという判断が強かったり，既得権益者からの反対があったり，弱い立場の人々自身の抵抗運動も強くないという事情のため難しくなっています。[17]

　同一労働同一賃金の原則を実現するためには，行政による賃金に特化した単純明快な是正システムが必要と考えられます。一例として，ミルトン・フリードマン（Milton Friedman）[18] が著書，『資本主義と自由』（*Capitalism and Freedom*, 1962）

---

[16] 「働き方改革を推進するための関係法律の整備に関する法律」による改正後の「労働者派遣事業の適正な運営の確保及び派遣労働者の保護等に関する法律」

[17] 橘木俊詔，山森亮『貧困を救うのは，社会保障改革か，ベーシック・インカムか』（人文書院，2009 年）120

[18] 1970 年代に新自由主義を唱え，政府による市場経済への介入は最低限にすべきとした。UK サッチャー首相の規制緩和や金融制度改革，USA レーガン大統領の自由競争促進，中曽根首相や小泉首相の国営企業の民営化などの政策の基礎理論となった。ノーベル経済学賞受賞。

の中で提言した負の所得税（negative income tax）を応用する方法が挙げられます。所得税は，給与等から控除額を差し引いた所得にかかる税金のことで所得が高くなればなるほど税率も上がる累進課税方式です。所得が一定額以下の場合は無税，即ち現行税制下では最低税率未満の低所得の人から完全な無収入者まで納める所得税は一律ゼロとなります。しかし，負の所得税制を導入すると所得税率はマイナスの税率となり，所得税控除額も含め課税所得に達していない差額にマイナス税率をかけ，対象者は各自その額を行政から補填されるという仕組みになります。フリードマンが提唱する自由と平等主義は両立しないがゆえに生じてくる貧困問題対策としての負の所得税は，単純明快です。既存の所得税制度と一元管理となるため新しいシステム開発が必要なくコスト的にもメリットがあり，また誰もが使いやすい現金給付のため高齢者補助，児童手当，低所得者向け住宅など多くの現行制度を廃止し，貧困対策の一本化が可能となります。[19]

　負の所得税は，仮にこの理論を同一労働同一賃金に応用するならば，歴史的に実施された事実はないにせよフリードマンが説くような単純明快な制度となります。まず企業側が被雇用者に代わって所得税申告をする際に正規採用の被雇用者の所得額と所得税率を基準とし，同一労働に勤しむ非正規の被雇用者の所得額との差額をマイナス所得税額として申告し，その後，行政府から所得補助金として非正規の被雇用者に給付されることになります。結果として非正規の賃金総額も正規雇用の賃金総額と同額になり，その過程において非正規被雇用者自身による煩雑な手続きも，担当公務員による査定も必要ありません。ただし，負の所得税のための財源を確保する課題が残ります。

　負の所得税の応用導入には，所得税制度の枠内でその財源を確保する工夫が必要となります。正規雇用と非正規雇用の賃金格差の是正を目的としているため，個人の所得にかかる所得税のみならず企業の所得金額にかかる法人税をも財源とする拡大解釈も可能です。まず，法人税率の推移をみると，1990年代後半から世界中の国々で所得税率が下がり続けました。日本でも2000年の法人税30.0パーセントから2019年には23.2パーセントに引き下げられています。同様にUSAでも2000年の法人税35.0パーセントから2019年には21.0パーセンに下げられました。[20]企業の所得金額に対する法人税に加えて，地方法人税，住民税，事業税を合

[19] Milton Friedman, *Capitalism and Freedom* (1962, Chicago: The University of Chicago Press, 1982) 191-193

[20] OECD. Stat, 'Table II.1. Statutory corporate income tax rate' <https://stats.oecd.org/index.aspx?DataSetCode=Table_II1#> （2020年5月7日）

計した法人実効税率をみるとその下げ幅は，世界的にさらに大きなものとなっています。しかしながら，これまでの低税率競争に反して，各国政府が協調して法人税率や実行法人税率の下げ止まりや安定化を模索するという選択肢も皆無ではありません。国際的な協調法人税率を設定することで適正な法人税を各国が徴収できれば，同一労働同一賃金実現に向けた負の所得税のための財源の一部とすることも可能になります。

　負の所得税導入の財源を考える上での所得税の見直しは，個人に対する所得税率も対象となります。事例39のコラムで述べているように，日本でも1990年代以降一部の人々に極端な富の集中が起こったにもかかわらず富裕層への所得税率は1970年代の75パーセントから下がり続け，今日では最高所得税率でも45パーセントとなっています。最高所得税率の改定を中心とする個人所得の税率全体の見直しが鍵となります。さらには，トマ・ピケティ（Thomas Piketty）が著書『21世紀の資本』（*Le capital au XXI^e siècle*, 2013）で提唱しているように，巧みに租税回避し世界のタックス・ヘイブン地帯に蓄財されている資産にかかるべき税額を多国籍企業や富裕層から例外なく正当に徴収するためには，銀行データの自動送信共有を拡大し，外国銀行で保有されている資産の情報も含めた納税者の資産一覧を作成するなどの徴税制度の構築も課題となります。[21] 同一労働同一賃金の実現が難航しているのは，行き過ぎた自由競争の結果同じ価値の労働に同じ給与を支払うという単純明快なことができないほどに，民主主義世界の支柱の一つである公正さが失われつつあることが指摘されます。一度振り返って議論を重ね社会制度を変えていくか否かは，民主主義世界の住人である私たち一人一人の課題と言えます。

---

[21] トマ・ピケティ著，山形浩生，他訳『21世紀の資本』（みすず書房，2014年）544-49；原著は Thomas Piketty, *Le capital au XXIe siècle* (Paris:Seuil, 2013)

# 39 格差を共感する

　カリフォルニア州の私立大学内のカフェテリアで，卒業を間近に控えるアメリカ人学生 Gwen と日本人留学生 Miku が卒業後の予定を話しあっていますが，あまり浮かぬ様子です。

---

**Gwen:** Next month, we are going to graduate from this college. Do you have any concrete plan ahead?
[来月私たち卒業よね。その後の具体的な計画は決まってる？]

**Miku:** I am going back to Japan right after my graduation. Actually I have sent my résumé to several companies in Tokyo, and yet no good response so far. How about you, Gwen?
[いくつかの企業に履歴書を送ってみたけど，良い返事はまだ無いの。グエンはどう？]

**Gwen:** Me? Nothing specific, either. So I am going to return to my parents' house. I cannot keep my current apartment without full-time employment, since I have already had more than enough student loans.
[私も不確定なの。だから両親の家に戻ろうと思って。今住んでいるアパートは正規雇用が無い限り維持できないし，もうすでに十分以上の教育ローンもあるしね。]

**Miku:** In my case, thanks to my parents, I managed to come to the US for college education, but …. My mother has told me that when she was studying in the US back in the 80's, even before her graduation, she got many offers from multinational companies based in Japan. That is unlikely to happen to me unless I have a specific skill in the IT field or something.
[私の場合は，両親のお陰で US の大学に来れたけど …. 母が言うには，80 年代に母が US に留学していた頃は，卒業前にすでに日本に

227

支店を持つ多国籍企業などからたくさんのオファーがあったみたい。でも私にはそれは起こりそうもない，特別なITスキルなどがないかぎりね。]

**Gwen:** I did not know that the same thing is happening in Japan. We are no longer in the era when everybody gets a decent job after college education. I wish I had been born with a silver spoon.

[同じことが日本でも起こっていたのね。大学に行けば誰でも良い仕事に就ける時代ではもう無いのよね。銀のスプーンを咥えて（お金持ちに）生まれて来たかったな。]

**Miku:** That would be nice.

[そうだったらいいよね。]

## 問 題

異文化間のコミュニケーションでは，考え方の相違だけでなく，共感も生じます。USA では勿論のこと，日本でも大学を卒業しても即戦力となる特別な技術等が無い限り，充分な賃金が得られる仕事の確保は難しくなってきたと言われていますが，なぜそのようなことが共通して起こったのでしょうか。また，このような状況は USA と日本の両社会において卒業生のその後の人生にどのような影響がでていますか。

## 解 説

1990年代後半から，平均年収の伸び悩み，教育ローン利用者の増加，親世帯との同居の長期化など類似現象が USA でも日本社会においても共通して起こっています。USA の世帯収入の中央値を見ると，1997年度 58,533ドルで 2017年度 61,372ドルと 20年間で約8パーセントの伸びを示していますが，教育関連費用の上昇はそれ以上です。例えば，州居住者が支払う州立4年制大学の年間授業料の平均額は 1998年では 5,020ドルでしたが，2018年には 10,230ド

ル[1]と 2 倍以上になっています。高騰する授業料を賄うために学生ローンを借りる学生は増え続け，卒業生の約 70 パーセントが平均 34,000 ドルもの学生ローンを抱えています。[2]

また，卒業後もローンを返済するに充分な収入を得られていない現状もあります。年収 3 万ドル以下の若年層は 1975 年には 25 パーセントに過ぎませんでしたが，2015 年には 41 パーセントにまで増え続けています。[3] その結果，USA の慣習ではこれまで当然と目されてきた独立して生計を営むこと自体が難しくなり，高校や大学卒業後も親と同居する若年層が増え続け，2015 年には 18 歳から 34 歳人口の三分の一，実数では 2,400 万人が親との同居を継続しています。影響下，結婚年齢も上がり，1970 年代では 30 歳までにアメリカ人の 8 割が結婚していましたが，今では 8 割が結婚するのは 45 歳と晩婚化も進んでいます。[4]

日本の世帯収入の鈍化は USA 以上です。1995 年平均世帯所得は 660 万円でしたが，20 年後の 2015 平均世帯所得は 546 万円[5]に下がっています。世帯人員数も減っている影響を考慮し，個人給与総額を比較してみても 1995 年平均給与 457 万円から 2015 年平均給与 420 万円[6] に下がっています。要因として非正規雇用の急増が挙げられます。1994 年には 20.3 パーセントだった非正規雇用労働者の割合が，2015 年には 37.5 パーセントに達しており，2015 年の平均給与をみると正規雇用者が 485 万円なのに対し非正規雇用者の平均給与は僅か 171 万円です。

日本の大学の授業料は大きくは上昇していません。1995 年度国立大学の標準

[1] College Board, 'Table 2: Average Tuition and Fees and Room and Board (Enrollment-Weighted) in Current Dollars and in 2018 Dollars, 1971–72 to 2018–19' <https://research.college-board.org/trends/college-pricing/figures-tables/average-published-charges-sector-over-time>（2019 年 3 月 10 日）

[2] 大和総研　上野まな美「米国における学生ローンの現状と危機」

[3] 1975 年の収入も 2015 年ドル価値に換算。Census Bureau, 'A Third of Young Adults Live With Their Parents' <https://www.census.gov/library/stories/2017/08/young-adults.html>（2019 年 3 月 9 日）

[4] 同上

[5] 厚生労働省政策統括官「平成 30 年 国民生活基礎調査（平成 28 年）の結果からグラフで見る世帯の状況」p. 16 <https://www.mhlw.go.jp/toukei/list/dl/20-21-h28.pdf>（2019 年 3 月 13 日）記載データは世帯平均所得金額なので中央値はこれより低くなる。

[6] 国税庁「平成 29 年分民間給与実態統計調査結果」第 5 表，第 8 表 <http://www.nta.go.jp/information/release/kokuzeicho/2018/minkan/index.htm>（2019 年 3 月 11 日）

授業料は 71 万円，2015 年度 82 万円で 15 パーセント増，私立大学の平均授業
料は 1995 年度 101 万円，2015 年度 112 万円，[7] 20 年間で 11 パーセント増にと
どまっています。しかしながら，前述のように同期間の平均世帯所得及び個人給
与額が下がっていることもあり，奨学金や教育ローンの利用者は増加していま
す。独立行政法人日本学生支援機構から 2015 年度には日本の 4 年制大学生総数
の 38 パーセントにあたる 97 万 6 千人が奨学金の貸与を受けています。無利子
奨学金の平均貸与額は一人当たり 236 万円，有利子の平均貸与額は 343 万円と
なっています。[8] 同機構からの有利子奨学金貸与の年利は固定でも 0.16 ～ 1.58
パーセントですが，民間の銀行から教育ローンを借りた場合の年利は 1.7 ～ 4.0
パーセント以上もの負担になります。

　親世代の世帯年収減に加えて，教育ローンを抱えた卒業後の子世代の給与も伸
び悩んでいることは先に述べましたが，中でも就職氷河期といわれる 1993 年か
ら 2005 年は有効求人倍率が 1.0 倍を下回り，派遣労働や非正規雇用に従事する
若年層も増加しました。このような情勢下，親世代への依存継続や結婚を先延ば
しする風潮が日本でも顕著となり，婚姻率は 70 年代をピークに半減し，1980
年代では 2.6 パーセントに過ぎなかった 50 歳男性の未婚率が 2015 年には 23.4
パーセント[9] にまで上昇しています。さらには基礎的生活を親に依存していると
思われる 35 ～ 44 歳壮年者数は 1980 年には 5 万人でしたが，2015 年には 53 万
人[10] と 10 倍以上に増えています。

　[7] 文部科学省「国公私立大学の授業料等の推移」（PDF:22KB）<www.mext.go.jp/a_menu/koutou/
shinkou/07021403/__icsFiles/.../1396452_03.pdf>（2019 年 3 月 11 日）

　[8] 日本学生支援機構「奨学金事業への理解を深めていただくために」<https://www.jasso.go.jp/
about/disclosure/sonota/.../28_1_sankou_shiryou_13.pdf>（2019 年 3 月 9 日）

　日本学生支援機構「平成 19 年 4 月以降に奨学生に採用された方の利率」<https://www.jasso.
go.jp/sp/shogakukin/seido/riritsu/riritsu_19ikou.html#h27>（2019 年 3 月 9 日）

　[9] 内閣府「平成 30 年版　少子化社会対策白書第 1 部」<https://www8.cao.go.jp/shoushi/
shoushika/whitepaper/measures/w-2018/30webhonpen/html/b1_s1-1-3.html>（2019 年 3 月 14 日）

　[10] 総務省統計研修所　西　文彦「親と同居の未婚者の最近の状況（2016 年）」<https://www.
stat.go.jp/training/2kenkyu/pdf/parasi16.pdf>（2019 年 3 月 15 日）

グローバル資本主義の結果の一つとしての経済格差

　日本とUSAで共通する教育関連債務の増加，親世代への依存継続の要因となった1990年代以降の個人平均年収の減少はなぜ起こったのでしょうか。国内総生産を表すGDPは両国ともに1980年代から伸び続けています。日本の1990年度GDPは3兆1320億ドル，2017年度GDPは4兆8730億ドルと約1.6倍に，USAの1990年度GDPは5兆8573億ドル，2017年度GDPは19兆4850ドルと約3.3倍[11]にもなっています。両国ともに国内総生産が伸びているにもかかわらず，個人の平均年収が減少した理由の一つに世界規模の社会制度の転換が考えられます。

　1991年末にソビエト連邦が消滅したことで社会主義という選択肢がなくなり，USA型の資本主義が世界基準となった，いわゆるグローバリゼーションの始まりが起因となったという説があります。自由貿易が拡大し，多国籍企業が世界を股にかけて発展可能な環境が整い，グローバルな企業の利益も飛躍的に増加しました。しかしながら，同時に世界規模での無規制的競争に晒されるため，自由資本主義発起国のUSAでさえ経費抑制のために安価な労働力を求めて生産工場が海外へ移転した結果，国内産業の衰退が起こり，1980年代以前のように国全体の経済成長に見合った給与を国内の被雇用者へ分配し続けることが困難となったというわけです。その結果生じたのが，格差問題です。

　1990年代以降のグローバリゼーションの潮流に乗った一握りの人々とその他大勢の人々の間の経済格差の広がりが日本，USA両国ともに観察されます。USAの不動産，現金，証券などから成る富の経済層別蓄積割合の推移を見ると，2001年から2016年の15年間で大きく増加しているのは最上位1パーセントの層に属する人々だけです。USAの全ての富の33.4パーセントを2001年にはこの1パーセントの人々だけで所有し，2016年には39.6パーセントにまで拡大しました。次層の4パーセントの人々が所有する富も微増し1.3パーセントの伸びを見せましたが，残りの95パーセントの人々の所有する富の割合は15年間で全て縮小，下位に行くほど富の減少率は大きくなり，下位40パーセントの人々の所有する富は2001

[11] International Monetary Fund, 'Gross domestic product, current prices (U.S. dollars)' 実質GDPをUSドルで比較。GDPが一貫して右肩上がりの成長となったアメリカと比べて，日本は1990年から2017年で実質GDPは総じて1.6倍になっているが，前年度よりも下がっている年もある。<https://www.imf.org/external/pubs/ft/weo/2018/02/weodata/weoseladv.aspx?a=&c=158%2c111&s=NGDPD>（2019年3月16日）

231

年の 0.3 パーセントから 2016 年では，マイナス 0.5 パーセント[12] の債務超過となっています。

　日本の場合は，1991 年からバブル経済の崩壊のため地価下落を要因とした家計資産[13] の減少が始まりました。その後も家計資産の減少は続き，1994 年の家計資産平均値 5,375 万円から 2014 年平均値は 3,491 万円にまで下がっています。[14] 詳細を見ると，家計資産額 3 千万円から 1 億円以下の世帯の全世帯に占める割合が減少しました。また，5 百万円未満も含む 3 千万円以下の世帯の割合は，1999 年では 52 パーセントでしたが，2014 年には 61 パーセントに増えています。中でも，5 百万円未満の世帯が 15 パーセントから 19 パーセントとの最大の増加率となっています。対極の現象として，金融資産だけで一億円以上の世帯数及び資産総額の上昇が見られます。該当世帯は 2000 年には 83 万 5 千世帯でしたが，2015 年には 121 万 7 千世帯となり，同年度総世帯数の 2.28 パーセントを占めています。この経済層に属する世帯が所有する純金融資産総額も 2000 年の 171 兆円から 2015 年には 289 兆円[15] に上っています。つまり，日本でも世帯資産額の両極化が進行していることになります。

　世帯資産額の両極化を背景に生じてくるのが社会的な格差の拡大です。OECD の資産・所得の格差を表すジニ係数比較では，0.0 を全員平等社会として 2015 年日本が 0.34，USA が 0.39 です。国民平均所得の半分に満たない層を表す相対的貧困率は，日本は 16 パーセント，USA は 18 パーセント，OECD 加盟国平均の 11 パーセントを両国ともに上回っています。[16] ユニセフ発表の子供の相対的貧困率をみると，日本が 14.5 パーセント，USA が 23.1 パーセント，先進 35 か国中，日本は下から 9 番目，USA は下から 2 番目という結果です。[17] また，社会で最も厳しい貧困層と考えられるホームレスの人数に着目してみると，2017 年に日本全

---

[12] Edward N. Wolff, 'Deconstructing Household Wealth Trends in the United States,1983 to 2016' <wid.world/wp-content/uploads/2017/11/020-Wolff.pdf>（2019 年 3 月 19 日）

[13] 家計資産とは，土地，住宅，貯蓄，耐久消費財等の合計から負債を引いた額。

[14] 総務省統計局の平成 6 年，11 年，26 年の全国消費実態調査 <http://www.stat.go.jp/data/zensho/2014/index2.html#kekka>（2020 年 3 月 20 日）

[15] 野村総合研究所 News Release 2018 年 12 月 18 日版 <https://www.nri.com/jp/news/newsrelease/lst/2018/cc/1218_1>（2019 年 3 月 20 日）

[16] OECD 'In It Together: Why Less inequality Benefits All'

[17] ユニセフ「先進国の子供たちの貧困」<http://www.unicef.or.jp/library/pdf/labo_rc10.pdf>（2019 年 3 月 15 日）

土で確認されたホームレスは 5,534 人[18] に対し，同年 USA 全体のホームレスは 553,742 人と[19] 日本の約 100 倍となっています。但し施設収容率では，USA が 65 パーセントなのに対し日本は 24 パーセントという低さです。

　1990 年代から今日までグローバル資本主義が加速した結果，日本と USA の両社会で富の一部集中が進行しました。両国の大多数を占める被雇用者の収入が下がり，中間層の富が減少し，教育関連債務が増加したため，事例のスキットや解説のように若年層の独立や結婚が難しくなるなど悪循環が起こったと考察されます。また，富の両極化現象の影響下，最も富の減少を余儀なくされたのは日本，USA 両国ともに経済的最下層であったため，相対的貧困率が上昇し，先進国であるにも関わらず子供の貧困率も高くなっています。

---

[18] 厚生労働省　社会・援護局　「ホームレスの実態に関する全国調査（概数調査）結果について」<https://www.mhlw.go.jp/stf/houdou/0000164823_1.html>（2019 年 3 月 22 日）

[19] The U.S. Department of Housing and Urban Development 'The 2017 Annual Homeless Assessment Report' <https://www.hudexchange.info/resources/documents/2017-AHAR-Part-1.pdf>（2019 年 3 月 22 日）

前事例のカフェテリアから場所を Miku が居住する寮に移して，Gwen と Miku のお喋りが続いています。

---

**Gwen:** You always keep your room tidy.　Have you already started packing up for your final leave?

［いつ来てもきちんと片付いているわね。もう帰国する準備を始めたの？］

**Miku:** Oh no, but I am just sorting out what I take back home and what I leave here. I mean (that) selling or giving away things takes time.

［そうじゃないけど，持って帰る物と置いていく物の仕分けをしているだけなの。物の処分には時間がかかるでしょ。］

**Gwen:** Right.　By the way, what is that Japanese form on your desk?　The one with your photo.

［そうよね。ところで，机の上にある日本語の書式は何かしら？　あなたの写真が貼ってある書類。］

**Miku:** This one?　The form is my résumé in Japanese that I am preparing to submit to a Japanese manufacturing company.

［これのことね。この書式はある日本の製造業の会社に提出しようと思って準備している私の日本語の履歴書なの。］

**Gwen:** Is it required to put your photo on a résumé in Japan?

［日本では，履歴書に写真を張るように要請されるの？］

**Miku:** Yes, mostly.　Not only that, but also the form is designed to fill in the age and sex of an applicant.

［ほとんどの場合ね。それだけじゃなくて，履歴書の書式は応募者が自分の年齢や性別も書き入れるようになっているの。］

**Gwen:** Oh, really?　What a difference from ours.

［へぇ。私たちのとは随分違うんだね。］

**Miku:** Yes, indeed.　［そうなのよ。］

---

日本語の履歴書を初めて見た Gwen は馴染みのある USA のレズュメとの違い
に驚いています。日本と USA の履歴書の書式では言語以外にどのような点が異
なるのでしょうか。また，その違いにはどのような理由があるのでしょうか。

解 説

日本でも USA でも希望の仕事に就くためには，応募の初段階で履歴書／レ
ズュメ（résumé）を採用者側に提出するのは同じです。日本で普及している履
歴書が職歴や学歴だけでなく年齢，性別，既婚未婚，扶養義務，特技，趣味，長
短所といった応募者の全体像を捉えることを意識した書式となっているのに対し
て USA の通常のレズュメには募集業務に直接関係すること以外は記載する必要
が一切ありません。応募者の年齢，性別，結婚や家族の有無，趣味などは法律で
保護されるべき個人情報と捉えられているため，募集業務に直接関係するような
特別な事情が無い限り採用者側から記入を求められることもありません。このよ
うな理由から応募者の写真の添付も必要とされていないのです。さらには，連絡
先も電話番号やメールアドレスが記載されていれば，住所の枝番までは必要ない
という解釈もあります。

　採用者側の候補者選定に重要不可欠となる応募者の職歴と学歴に関する項目に
ついては，日本の JIS 規格に代表される一般的な履歴書が両事項を等分に箇条書
用の記載覧を設けているのに対し，USA のレズュメには統一規格的なものはな

く，通常は求職者の氏名・連絡先と応募目的要約の直後に職歴を記入するスペースを優先的に大きく取ります。職歴は最も新しい職から順に遡る形式で記載します。特に応募する仕事に関連するような前職での経験を事細かに記載するように注意を払います。そうすることで採用者側に即戦力としての自分の能力を印象付けることを目的としているのです。学歴に関しては，応募する業務に直接関係がない限り最終学歴を記載するに留めます。

　簡潔な形式を特徴とする USA のレズュメですが，日本の履歴書にはない照会欄（references）があります。レズュメの最後のほうに応募者に関する客観的な評価をする第三者の連絡先を記載します。恩師や知人でもよいのですが，多くは前職の上司が照会先となって採用者側からの問い合わせに対して元部下の過去の業務内容や業績，人柄などについて自らの見解を述べます。求職者が推薦状（letter of recommendation）を前もって元上司などに書いてもらい，応募書類と一緒に採用側に提出することもあります。また，提出した履歴書に照会先がない場合でも，それだけを理由として不採用となることはありません。

　日本式履歴書が募集に対する求職者の公私両面を含む自己紹介と自己アピールを目的とするならば，USA の履歴書は特定の募集業務に対する自己能力のアピールだけを目的としています。提出された履歴書から応募者が採用候補者として目された場合のみ，応募者についての追加情報源として第三者照会が副次的に機能しているのです。

　募集業務に直接関係する事項のみに特化した形式のレズュメが英語圏の中でもとくに USA で広く普及した理由には歴史文化的背景があります。連邦公民権法第 7 編（Civil Right Act Title VII）が 1964 年に制定され，翌年同法の執行機関である EEOC（The U.S. Equal Employment Opportunity Commission / U.S. 雇用機会均等委員会）[1] が発足し，求職者や被雇用者の人種や肌の色，信仰，性別，出生国を理由とする差別を違法としました。加えて，雇用年齢差別禁止法，[2] ア

---

[1] EEOC, 'About the EEOC: Overview, Authority & Role, Location' <https://www.eeoc.gov/eeoc/>（2019 年 12 月 16 日）

[2] Age Discrimination in Employment Act of 1967 では，特に 40 歳以上の人に対する雇用差別を禁止。

メリカ人障害者法,[3] 遺伝子情報差別禁止法[4] をもって年齢，障害，遺伝子情報に関する差別をも禁止し，これらを理由とした全ての告発者に対する雇用者側からの報復行為も違法としています。差別相談を受けた案件が告発に進展した際には，EEOC から企業へ告知をし，職員が企業に出向いて書類等情報収集や証人面談などの調査を行います。調査の結果，上記いずれかまたは複数の理由による差別が行われているという確認がなされた場合は，告発者と雇用者側との和解調停に入ります。調停が不成功に終わった場合は，必要に応じて連邦裁判所にて訴訟を起こすことも業務の一環としています。

　EEOC の本局はワシントン DC にあり全米に 53 の支局を持ち，2018 年度だけでも無料電話相談に 51 万 9 千件，E メールによる相談 3 万 4 千 6 百件を受け付けています。告発案件にかかる調査から解決までの期間は平均 10 カ月とされています。同年 90,558 件の雇用差別を解決に導き，総額 5 億 500 万ドル（約 550 億 4,500 万円，1 ドル＝109 円換算）の補償金を差別された被害者のために獲得するに至っています。[5] 2018 年度に EEOC による連邦裁判所での提訴に持ち込まれた事案 217 件の内，公民権法第 7 編違反が 111 件，障害者法違反が 84 件，雇用年齢差別禁止法違反が 10 件となっています。[6] 提訴された組織には，民間企業だけでなく，連邦政府や地方政府の機関も含まれています。

　EEOC では差別案件への対処だけではなく，企業を対象に雇用差別予防のための対策や情報提供も行っています。まず従業員を一人でも雇っている場合は，同じ労働には同じ賃金を支払うことを義務付けています。従業員数が 15 人から 19 人の事業主には，人種や肌の色，信仰，性別，出生国，障害，遺伝子情報による差別禁止を適用し，従業員が 20 人を超える場合は，40 歳以上の人に対する雇用年齢差別禁止も加わります。[7] 100 人を超す従業員を抱える企業へは，被雇

---

[3] Americans with Disabilities Act of 1990 では，身体および精神障害に対する雇用差別を禁止。

[4] Genetic Information Nondiscrimination Act of 2008 では，雇用における遺伝子情報の利用を禁止。

[5] EEOC, 'Releases Fiscal Year 2018 Enforcement and Litigation Data' <https://www.eeoc.gov/eeoc/newsroom/release/4-10-19.cfm>（2019 年 12 月 16 日）

[6] EEOC, 'Litigation Statistics' <https://www.eeoc.gov/eeoc/statistics/enforcement/litigation.cfm>（2019 年 12 月 20 日）

[7] EEOC, 'Prohibited Employment Policies/Practices' <https://www.eeoc.gov/laws/practices/index.cfm>（2019 年 12 月 19 日）

用者の人種及び性別に対する職級（経営陣，管理職，専門職，技術職，事務職など）との構成比率を明記する報告書（EEO-1）の提出をも毎年義務付けています。

　また，雇用差別防止には，従業員募集の段階からの注意を促しています。例えば，募集広告には業務内容だけを表記するのが適切とし，特定の性別や年齢層等を指定した求人は違法とします。口コミによる募集にも同規定は適用されます。雇用試験についても，募集業務に直接関係する試験のみが合法とされます。採用候補者に関する事前問い合わせでも個人情報にまつわる質問，特に障害に関することは違法とされます。被雇用者の写真の取得も採用が決まり候補者が同意してからのみとされています。募集業務に直接関係することのみに特化したレズュメの形式がUSAで普及した背景には，上記のような雇用差別を禁止する法律の制定と遵守，そして違反企業への罰則を両輪とした差別撤廃を希求する移民社会の歴史的文化が影響していると考察されます。

## コラム　日本の雇用慣習の平等化に向けての課題

　日本の労働制度を管轄する厚生労働省のウェブサイトには，雇用に関する基本事項が掲載されています。公正な採用選考の基本としては，履歴書の見本を掲載し，雇用差別につながる恐れのある応募者の適性・能力に関係のない事柄についての記入や面接での質問を禁止しています。具体例としては，本籍・出生地の記載がある戸籍謄本等の提出，家族の職業，地位，収入，資産，病歴など応募者本人に責任がない事項を尋ねたり，本人の宗教，支持政党，生活信条，労働組合への加入状況や活動歴，社会運動に関することを尋ねたりすることを挙げています。[8] USAのレズュメが募集業務に直接関係のない個人情報の一切を求めないのに対して，日本の履歴書は，求人職務を遂行する応募者個人の適性・能力に関係がある範囲であれば尋ねてもよいという比較的緩やかな規制が反映しています。

　第二次大戦後の日本においては，1947年制定の労働基準法などに基づいた労働者保護を目的とした労働規制が施行されてきました。厚生労働省のサイトでは，人を雇う時の基本ルールとしての労働契約の締結，就業規則の作成，労働保険制度へ

---

[8] 厚生労働省「公正な採用選考の基本」<https://www.mhlw.go.jp/www2/topics/topics/saiyo/saiyo1.htm>（2019年12月22日）

の加入，社会保険への加入と列記する形で障害者の雇用義務が記載されていることからも雇用差別撤廃の流れの中でもいち早く障害者雇用に取り組んできたことが分かります。[9] 1960 年に障害者の雇用の促進等に関する法律が制定され，1976 年の改定で障害者雇用を義務化，2018 年からは障害者の法定雇用率を民間企業が 2.2 パーセント，公共団体が 2.5 パーセントと定め，満たない場合は納付金[10]が課されます。また，障害者本人に対しても，全国 544 箇所にあるハローワークで障害者の態様に応じた職業紹介や職業指導が行われています。

　雇用における性差別撤廃に関しては，1985 年に男女雇用機会均等法が制定され，募集・採用や配置・昇進において性別を理由とした差別を無くす努力義務が課され，1997 年の改定ではこれらの差別すべてが禁止事項となり，加えて紛争解決のために厚生労働省都道府県労働局雇用環境・均等部への調停申請も可能となりました。都道府県労働局への実際の相談状況をみると，2018 年度では男女雇用機会均等法に関する案件が 19,997 件，内，同部による事業主への是正指導となったのが 16,500 件です。また，簡易で迅速な行政機関による紛争解決を希望する場合は労働局長による紛争解決援助となり，2018 年度の同援助の申し立て受理件数は 231 件となっています。より公平性・中立性の高い第三者機関による紛争解決援助を希望する場合は，機会均等調停会議による調停申請を行います。同援助の申し立て受理件数は 61 件となっています。[11]

　障害や性別による雇用差別の撤廃だけでなく，年齢制限禁止や外国人労働者の雇用管理の改善[12]を 2007 年の改正雇用対策法で，同一労働同一賃金は 2019 年施行の働き方改革関連法をもって推進され，不合理な待遇差別が禁止されることになりました。実際の施策例としては，求人内容が年齢制限禁止の法令に違反する事業主に

---

　[9] 厚生労働省「人を雇う時のルール」<https://www.mhlw.go.jp/seisakunitsuite/bunya/koyou_roudou/roudouseisaku/chushoukigyou/koyou_rule.html>（2019 年 12 月 23 日）

　[10] 厚生労働省「障害者雇用促進法の概要」<https://www.mhlw.go.jp/content/000363388.pdf>（2019 年 12 月 23 日）常用労働者 100 人超の事業主で 2.2 パーセントの障害者雇用が未達成の場合は，不足一人当たり月額 5 万円の納付を義務付け，障害者雇用数が超過の場合は一人当たり月額 2 万 7 千円を支給している。

　[11] 厚生労働省 都道府県労働局雇用環境・均等部（室）「男女雇用機会均等法，育児・介護休業法，パートタイム労働法に基づく紛争解決援助制度及び調停のご案内」<https://www.mhlw.go.jp/general/seido/koyou/woman/dl/data01.pdf> 機会均等調停会議による調停申請 61 件中 58 件の調停が開始され，紛争解決方法として作成された調停案を受諾するように勧告が出されたのが 34 件，内，双方が受諾し解決に至ったのが 29 件となっている。

　[12] 厚生労働省「雇用対策法及び地域雇用開発促進法の改正について」<https://www.mhlw.go.jp/bunya/koyou/other16/index.html>（2019 年 12 月 26 日）

対しては，助言，指導，勧告などの措置がとられ，ハローワークや民間職業紹介業者が求人の受理を拒否することもあるとしています。[13] 同一労働同一賃金を進めるにあたっては助成金制度も導入され，有期契約労働者を正規雇用に転換した場合は，中小企業へは一人当たり 57 万円，大企業へは 42 万 7500 円の補助となり，派遣労働者を派遣先で正規（直接）雇用した場合は，中小企業も大企業へも同額の28 万 5000 円を加算助成としています。また，全てもしくは一部の有期契約労働者等の賃金規定を増額改定し昇給した場合にも助成金対象となっています。[14]

　上記のように厚生労働省下の労働局からの助言や指導および助成金や納付金制度をもって雇用差別の改善を図る日本の政策と，調査認定された雇用差別に対する調停や訴訟を通して金銭的な解決支援に重きを置く USA の雇用差別撤廃政策には明確な違いが見られます。両国の雇用差別への取り組み方の違いがどのような現状相違の一因となっているかを雇用統計や指数から推し量ることができます。職業別雇用者数の男女比較に着目すると，日本も USA も共通して専門職は比較的男女の比率差が少ない反面，管理職に男性が多い傾向があります。とくに日本の偏りは顕著で，管理的職業に従事する男性が 125 万人に対し女性は 17 万人[15] の 12.0 パーセントでしかありません。対する USA の統計では，管理職に従事する男性が中間管理職（mid level managers）で 298 万人，女性が 192 万人で全体の 39.2 パーセント，役員職（executive / senior level managers）でも男性が 59 万人，女性が 25 万人で29.7 パーセントを占めています。[16] 両国の労働人口に占める女性の割合は，日本が43.1 パーセントで USA が 46.9 パーセントであることを考慮にいれても日本における管理職を女性が占める割合が極端に少ないことが分かります。

---

[13] 厚生労働省「その募集・採用　年齢にこだわっていませんか？」p. 11 <https://www.mhlw.go.jp/stf/seisakunitsuite/bunya/koyou_roudou/koyou/topics/tp070831-1.html>（2019 年 12 月 26日）

[14] 厚生労働省「キャリアアップ助成金のパンフレット」p. 5 <https://www.mhlw.go.jp/stf/seisakunitsuite/bunya/koyou_roudou/part_haken/jigyounushi/career.html>（2019 年 12 月 26 日）
　有期契約労働者等のすべての賃金規定等を 2 パーセント以上増額改定した場合は，対象労働者数 1 人～ 3 人で中小企業へは助成額を 95,000 円，大企業へは 71,250 円とし，11 人～ 100 人までは対象労働者 1 人当たりにつき中小企業へは 28,500 円，大企業へは 19,000 円の助成としている。

[15] 厚生労働省「男女労働者それぞれの 職業生活の動向」の 2015 年度データ <https://www.mhlw.go.jp/file/05-Shingikai-12602000-SeisakutoukatsukanSanjikanshitsu_Roudouseisakutantou/0000143489.pdf>（2019 年 12 月 27 日）

[16] EEOC, '2015 Job Patterns for Minorities and Women in Private Industry (EEO-1)' <https://www1.eeoc.gov/eeoc/statistics/employment/jobpat-eeo1/2015/index.cfm#select_label>（2019 年12 月 27 日）

　日本企業における管理職を女性が占める割合が少ないだけにとどまらず，管理職の賃金にも男女格差が見られます。厚生労働省の賃金構造基本統計調査結果に掲載された常用労働者が 100 人以上の企業に属する管理職の賃金[17]に着目すると，部長級の男性の賃金が 66.0 万円に対し，女性の賃金が 59.3 万円で男性の約 89.8 パーセント，課長級の男性賃金が 53.7 万円に対し女性の賃金が 46.0 万円で男性の 85.7 パーセント，係長級では，男性の賃金が 40.1 万円に対し女性の賃金が 35.4 万円で男性の 88.3 パーセント[18]と同職位であっても男女賃金格差が存在しています。

　世界経済フォーラムから発表された世界各国の男女平等の度合いを比較するジェンダーギャップ指数では，調査対象 153 ヵ国中，USA は 53 位，日本は 121 位となっていることからも日本における男女格差は深く社会に浸透したものであることも分かります。[19] 仮に日本を他の先進国に並ぶ男女共同参画型社会に変革していくのであれば，高度成長期を支えた「夫は外で働き妻は家を守る」といった性別役割分担意識[20]の払拭や，育児や介護等の理由で離職を余儀なくされる女性への家事負担偏重を無くすなど多面的な社会改革が必要となります。日本の労働制度を管轄してきた厚生労働省の施策もこれまでの企業指導・助成型にとどまらずに社会変革の一環として EEOC で実施されているような調査認定を受けた雇用差別被害者への直接支援，具体的には訴訟補助も含めた損害賠償請求型も必要となるのかもしれません。これは性別による雇用差別だけに限らず，その他すべての理由に基づく雇用差別に対しても同じです。

---

[17] この統計調査における賃金の定義は，6 月分の所定内給与額のことで，支給する現金給与額のうち時間外勤務手当，休日出勤手当などの超過労働給与額をさし引いた額で，所得税等を控除前の額。

[18] 厚生労働省「平成 30 年賃金構造基本統計調査　結果の概況」の 2018 年データ <https://www.mhlw.go.jp/toukei/itiran/roudou/chingin/kouzou/z2018/index.html>（2019 年 12 月 27 日）

[19] World Economic Forum, 'Global Gender Gap Report 2020' (331pp.), p. 9（2019 年のデータ）<http://www3.weforum.org/docs/WEF_GGGR_2020.pdf>

[20] 内閣府 2014 年度「女性の活躍推進に関する世論調査」の概要では，性別役割分担という考え方に対して賛成が 44.6 パーセント，反対が 49.4 パーセントという結果となり，50 代より若い層で反対意識が上回っている。<https://survey.gov-online.go.jp/h26/h26-joseikatsuyaku/gairyaku.pdf>（2020 年 12 月 27 日）

# あなたの信仰は何ですか？

　USA ノースカロライナ州（North Carolina）のクリスチャン系短期大学の寮で，入学後ルームメイトになったばかりの四人の女子学生が自己紹介を皮切りにお喋りに花が咲いています。

---

**Sonia:** Instead of spending hours to go back home, I am going to stay here in this dorm over the weekend and attend the Sunday service at the Methodist church in this town because I am a Methodist.  Any of you coming with me?

［家にかえるために時間を費やすより，今週末は大学の寮に残ってこの町のメソジスト教会の日曜礼拝に出席するつもりなの，私メソジスト派だから。誰か一緒に行かない？］

**Rachel:** I wish I could, but I am a Baptist.  So, I would better go to the Baptist church instead and get to know the congregations in this town.

［行けたらいいけど，私はバプティスト派だから。バプティスト教会に行ってこの町の教派の人々と知り合いになろうと思うの。］

**Alice:** You guys are pretty good.  Although I was baptized into the Presbyterian church, I no longer go to church every Sunday.  How about you, Misaki?  Which church do you belong to?

［二人とも感心ね。私なんかプレスビテリアン教会で洗礼は受けたけど，毎週日曜に教会へはもう行ってないな。美咲，あなたはどう？ どの教会に属してるの？］

**Misaki:** （日本からの留学生）**:**  I am not even a Christian.

［私はクリスチャンでさえないんだ。］

**Sonia:** Are you a Buddhist or do you believe in some particular Japanese religion?

［仏教徒なの？ それとも何か特定の日本の信仰？］

---

*Misaki:*　Not really.

　　　　　［そうでもない。］

*Rachel:*　What do you exactly mean?

　　　　　［それどういうこと？］

*Misaki:*　Well ….

　　　　　［えっと …］

**問　題**

　クリスチャンでもなければ，仏教徒でもなく，その他の信仰も特にないという日本からの留学生美咲の答えにクリスチャン系短大に在籍するアメリカ人学生たちは，理解が及ばないようです。日本と英語圏の信仰に対する一般的な捉え方の違いを説明してみましょう。

**解　説**

　日本でも英語圏の国々でも信教の自由が法律で認められているため，基本的に信仰は個人次第です。両社会の多数派を比較考察してみると，日本は一つの信仰に厳密に断定せず複数の信教と共存している人々が多く，対象的に英語圏では教派に違いはあってもクリスチャンが多数派です。しかしながら，英語圏でもクリスチャン以外の人口や，教派や教会に無所属及び無信仰という人々も増加傾向にあります。

　文化庁の宗教年鑑によると，日本人口の約 48.1 パーセントが仏教信者，46.5 パーセントが神道信者，クリスチャンは 1.1 パーセント，その他が 4.3 パーセントになっています。[1] しかし実際には日本人の多くは，生まれた時や七五三は神道の神社でお宮参りをし，結婚は神式やクリスチャン式の教会で，亡くなった際は仏教のお寺で埋葬と言った形態を自然と受け入れています。一つの信教に厳格

---

[1] 文化庁『宗教年鑑』平成 29 年版 p. 35 <http://www.bunka.go.jp/tokei_hakusho_shuppan/hakusho_nenjihokokusho/shukyo_nenkan/index.html>（2019 年 1 月 22 日）

に帰属しない理由としては，「神と仏は水波の隔て」というように神や仏は水と波のように単に形が異なっているだけで本来は同体であるという考え方から派生しているからなのかもしれません。また，日本古来の神道では複数存在する神々の中で一神を選んで崇拝するのも，複数の神を同時に崇めるのも個人の自由と考えられていることからも信仰に関して厳格な選択を義務付けられてこなかったからなのかもしれません。

　英語圏人口の多数派を占めるクリスチャンは，幼児洗礼を否定している教派を除いて生まれた時に家族の所属する教会で洗礼を受けます。その後，それぞれの家庭のペースで礼拝に通い，聖書を学びます。また，クリスマス，イースターなどの祝事に合わせて教会に集い，聖歌隊に所属したり，教会主催のボランティア活動などにも参加します。結婚式や葬式まで一生を通して同じ教派・教会に属する人もいますが，個人によってはその他の教派の教義なども学び，唯一絶対の神と自分と一対一で真摯に向き合った結果，自分の信じる教派及び教会を選択し直し，堅信式（信仰告白）を行うこともあります。また，育った地域，通った学校や職場の仲間以上に自分の属する教派の教会で出会った面々を生涯の友とするなど信仰を人生の優先基準とする人々もいます。

　このように信仰心の厚い人々が存在する一方で，現代社会では英語圏でも信仰に重きを置かない人も少なくありません。USA の人口の信仰分布をみるとメソジストやバプティストなどプロテスタント系が46.5パーセント，カトリックが20.8パーセント，その他の教派のクリスチャンを合わせると依然全人口の7割を占めるものの，無信仰または特定の教派・教会に属さないと自認する人々も22.8パーセントいます。[2] 1620年メイフラワー号で信教の自由を求めて北アメリカ入植の祖となったピューリタンを輩出したイングランドの無信仰化は USA 以上に進んでおり，アングリカンチャーチを国教会と定めているにもかかわらず，現時点で無信仰または特定の信教に属さない人々の割合は UK 全体で49パーセントに達しており，特にイングランドでその傾向が強く現れています。[3]

---

[2] 'Religious Demographics of the USA' <https://www.worldatlas.com/articles/religious-composition-of-the-united-states.html>（2019年1月24日）

[3] 'Religious Beliefs In The United Kingdom' <https://www.worldatlas.com/articles/religious-beliefs-in-the-united-kingdom-great-britain.html>（2019年1月24日）

## コラム　USA の競争原理とは一線を画すクリスチャン系大学

　事例のようなクリスチャン団体を基盤とする大学および短期大学は，USA 全土に 883 校あります。高校卒業後の主な進学先として USA には，四年制大学と短期大学合わせて 4562 校あり，全国教育統計センターによると内，州立大などの公立大学が 1620 校，私立大学が 2942 校です。[4] クリスチャン系大学は後者の私立大学に分類されます。歴史上の北アメリカの大学の始まりは，17 世紀イングランドからの移民が増加するにつれ宣教師養成所としての大学が設立されましたが，時代の変遷と共に信教色の無い公立・私立大学が主流となり，同データによると USA のクリスチャン系の大学および短大に在籍する学生数は学生総数の 9.5 パーセントに満たないという結果です。

　数万人規模の学生が在籍し研究やスポーツなどそれぞれの得意分野の育成に焦点を絞る州立や私大の総合大学と比べて，クリスチャン系の大学の多くは学生数も少なく小規模で田舎町に位置しているため，聖書研究会や地域ボランティア活動等の機会も多々あり，比較的ゆとりのある学園生活が送れます。事例のように，週末は寮に残ってその地域にある自分の属する教派の教会の日曜礼拝への参加をきっかけに教会員たちと知り合いになり様々な教会活動にも参加します。知り合った教会員が自分の通うクリスチャン系大学に多額の寄付をしているといったことも稀ではなく，その基金から授業料を払うよう手配して貰える幸運なケースなどもあります。というのも USA では，個人による寄付文化が社会に深く浸透しているからです。

　日本では企業法人など団体からの寄付が多く総額の 63.8 パーセント，個人による寄付は 36.4 パーセントですが，対照的に USA では，個人による寄付が総額の 76 パーセントを占めています。年間寄付総額を比較しても日本の約 7 千億円に対し，USA では約 34 兆円にも上り，内 25 兆 9,255 億円は個人の寄付によるものとなっています。寄付の行先を見ると，日本が文化・レクリエーションが 22.5 パーセント，次いで教育・研究が 19.1 パーセントなのに対し，USA では信仰団体が 33 パーセント，次いで教育が 14 パーセントとなっています。[5] このデータからも USA のクリスチャン系の大学には多くの寄付がよせられていることが推察できま

---

[4] National Center for Education Statistics, 'Fall enrolment and number of degree-granting post-secondary institutions, by control and religious affiliation of institution: Selected years, 1980 through 2015' <https://nces.ed.gov/programs/digest/d16/tables/dt16_303.90.asp>

[5] 山田英二「諸外国における寄付の状況と税制の役割」（平成 20 年 5 月 12 日発行）pp. 7-8 <http://www.tax.metro.tokyo.jp/report/tzc20_4/05.pdf>（2019 年 11 月 2 日）

す。

　また，法人寄付が多い日本では一個人が寄付金使用詳細にまで口を出すことはあまりありませんが，USA では，寄付金がどんな名目で使われているのかを確認したり，自分の寄付額の中から前述のように特定の学生の授業料に用いるといった特別な用途に使うように寄付先に指示をすることも可能です。実際，著者が 80 年代に USA のクリスチャン系大学に在籍していた時，教会で親しくなった初老の婦人から，「私と貴女の通う大学は長いお付き合いだから，授業料位だったら何とかしてあげられるわよ」と援助を提案頂いたこともありました。

　クリスチャン系の大学は，英語による講義の履修準備が整っていない留学生にとっても魅力あるところです。母国から離れてまだ日が浅く不安に感じることも多い外国人留学生にとっては，クリスチャンの教えを尊重する面倒見のよい学生や親切心に満ちた教授陣からアットホームな環境で様々な手助けをして貰えるからです。ただし，必修科目としての聖書講義がある以外にも，事例のように各自の信仰について話題になることもあり，留学生にも見解を求められることが予想されます。クリスチャン系大学への留学希望者が事例の美咲のように不明瞭な説明に終始しないためには，信仰に対する自分の考え方を整理しておいたほうがよいでしょう。

# 家族の形を考える

休日を利用して実家に帰る Rachel に誘われて美咲も同行することになりました。Rachel の両親や兄弟たちに挨拶をした後に，Rachel の部屋で荷解きをしながら家族についての話をしています。

**Misaki:** You've got a nice big family.
［素敵な大家族ね。］

**Rachel:** Thank you. Actually, Dad is my step-father, and my brother John is a step-brother from Dad's previous marriage. So, we are not biologically related.
［ありがとう。パパは継父で，兄のジョンは継兄，パパの前の結婚の。だから，私とは血は繋がってないんだ。］

**Misaki:** I see.
［そうなんだ。］

**Rachel:** Also, my younger brother, Ken, is a half-brother. I mean Ken and I were born from the same mother but different fathers.
［弟のケンは異父弟，母は同じだけど父は違うの。］

**Misaki:** Is that so?
［そうなの？］

**Rachel:** Not over yet. The youngest girl, Megan, was adopted two years ago.
［まだあるわ。末っ子のメーガンは2年前に養女として家に来たのよ。］

**Misaki:** Wow, amazing!
［わぁ，驚いた。］

**Rachel:** Yes, a bit complicated, but still we are a happy American family.
［ちょっと複雑だけど，幸せなアメリカ人家族よ。］

**Misaki:** Yes, of course.
［ええ，もちろん。］

**問題**

自分の家族は継父や継兄，異父弟，養子から成りたってはいても幸せな家族と言い切る Rachel に少し驚いた様子の美咲です。家族の形態を考える一つの視点として USA と日本における里親・養子制度を調べた上で，社会への浸透度合いを比較してみましょう。

**解　説**

　実親が養育できず社会的養護が必要な児童は 2016 年時点で，USA に 43 万 4,168 人，[1] 日本には 3 万 5,796 人[2] いるとされています。日本では，これらの児童の内 85.5 パーセントが養護施設や乳児院，グループホーム等で暮らし，里親の養護下にある児童は 14.5 パーセント，特別養子縁組で養子として一般家庭に迎え入れられた児童は増加傾向にあるとはいえ 495 人[3] で，要養護児童全体の 1.4

---

[1] US Department of Health and Human Services (HHS), Children's Bureau, 'The AFCARS Report' <https://www.acf.hhs.gov/cb/research-data-technology/statistics-research/afcars>（2020 年 1 月 15 日）

[2] 厚生労働省 子ども家庭局 家庭福祉課「里親制度（資料集）」里親等委託率の推移 p. 6. <https://www.mhlw.go.jp/content/000553549.pdf>（2020 年 1 月 15 日）USA では 9 月末，日本では年度末の時点での児童数を基にした統計だが，改定が生じている場合本稿では，現時点での最新数値を採用している。

[3] 法務省「特別養子縁組の成立件数」<http://www.moj.go.jp/content/001270408.pdf>（2020 年 1 月 15 日）

パーセントにすぎません。対する USA では，施設やグループホームで暮らす児童は 12 パーセントに留まり，親戚など血縁里親と暮らす児童は 32 パーセント，親族以外の里親と暮らす児童は 45 パーセントです。また，2016 年度に養子になったケースは要養護児童全体の 13.2 パーセントの 57,238 人上ります。養子が成立した割合を比較すると日本は USA のおよそ十分の一という結果です。その理由として考えられるのは，養子縁組の前段階となる里親制度が日本社会に未だ浸透していないことに加えて，日本では経済的なことも含めて養子縁組の際に期待される養父母の条件が厳しいことが挙げられます。

　まず，里親制度（foster care）および養子制度（adoption）については，USA では社会的養護が必要な児童数が非常に多いこともあって，各州のデータが 2003 年からは USA 全体として一元管理され，開示もされています。里親制度並びに養子制度を一貫した施策として社会への浸透に取り組まれてきています。実際に里親制度から養子成立に発展したケースは 2016 年度で 29,044 人，[4] 養子成立総数の 51 パーセントを占めています。対する日本の里親制度は，2008 年の児童福祉法改正をもって児童虐待防止の一環として里親制度の量的拡充に係る方策が推進されることになりました。2017 年からは都道府県の児童相談所の業務として，里親の新規開拓から委託児童の自立支援までの一貫した里親支援を位置付けました。また，養育里親と養子縁組を希望する里親を制度上区分し，研修の義務化も進めています。[5] 日本の里親制度は本格的に始動したばかりといえます。

　第二に，里親や養父母の経済的要件については，USA の制度では明確な規定は存在せず，住宅ローンや賃貸料，光熱費，食糧や衣服を賄える収入があることとなっています。民間の調査では，子供がいる USA の世帯年収の平均値が 74,301 ドルに対し里親世帯の年収の平均値は 56,364 ドル[6] と 3 割も低いという結果もあります。反対に日本の場合は，厚生労働省のデータによると里親家庭の平

---

[4] HHS, Children's Bureau, 'Relationship of Adoptive Parents to Child Prior to Adoption', in 'The AFCARS Report' <https://www.acf.hhs.gov/sites/default/files/cb/afcarsreport24.pdf>（2020 年 1 月 15 日）

[5] 厚生労働省 子ども家庭局 家庭福祉課「里親制度（資料集）」里親制度の概要 p. 1. <https://www.mhlw.go.jp/content/000553549.pdf> (2020 年 1 月 15 日)

[6] The Foster Coalition, 'Foster Parents: Who Are They?' <http://www.fostercoalition.com/who-are-foster-parents-demographic>（2020 年 1 月 16 日）

均所得金額が591.8万円で，一般家庭の平均所得金額が537.2万円[7]と里親家庭が約1割上回っています。

　USAでは，法令（Adoption and Safe Families Act of 1997）で各州に対し可能な限り早く支援の必要な児童に永続的な居場所を探し出すことが義務付けられているため，州政府では施策の一つとして里親への委託期間を短縮して養子縁組が推進されています。研修やカウンセリングに加えて養親への経済的な支援制度も設けられています。基本的には養子は実子と同等に扱われるため養育費支給の対象とはならなくとも，「養育に特別な手助けの必要な児童」という枠が法令（Title IV of the Social Security Act）や州法で規定され経済的補助の対象となっています。精神や身体に問題を抱える児童，養子成立時の年齢が5歳以上（州によっては7歳以上）の児童，人種差別の対象になりやすいマイノリティの児童などが特別援助対象として挙げられています。[8] 実際に各州政府から養育費等の経済補助を受けている養親は全体の93パーセントにもなっています。[9] 具体的な経済補助としては，養子縁組成立時に家屋検査費や法廷費などの初期費用の内2,000ドルを上限に払い戻し，また月々の養育にかかる費用補助も居住地の州政府から養子が18歳になるまで（州によっては21歳まで）受けられます。[10] 養育費用は各州で異なり，また児童の年齢によっても異なりますが，該当児童の里親（過半数の養親が元里親からの移行）に支払っていた金額を超えない範囲で，具体的には月額400ドルないし900ドルを目安に経済補助を受けられます。加えて医療費の支給制度もあります。USAでは実子の養育だけで経済的には精一杯の家庭であっても，政府からの経済補助によって様々な事情を抱える養子を迎えている家庭も少なくありません。また，養親が勤務する企業においても半数以上が養子を迎える際に何らかの補助を提供しており，連邦法下でも社員50人以上

---

[7] 厚生労働省 子ども家庭局 家庭福祉課「里親制度（資料集）」里親制度の概要 p. 9. <https://www.mhlw.go.in/content/000553549.pdf>（2020年1月15日）

[8] HHS, Children's Bureau, Child Welfare Information Gateway, 'Adoption Assistance by State' <https://www.childwelfare.gov/topics/adoption/adopt-assistance/>（2020年1月17日）

[9] HHS, Children's Bureau, 'Receive Adoption Subsidy', in 'The AFCARS Report' <https://www.acf.hhs.gov/cb/resource/afcars-report-26>（2020年1月15日）

[10] HHS, Children's Bureau, Child Welfare Information Gateway, 'Planning for Adoption: Knowing the Costs and Resources' <https://www.childwelfare.gov/pubs/s-cost/>（2020年1月17日）

の企業は，実子と同様に最長 12 週間の無給休暇を養親が取得できるよう義務付けられています。[11]

　対照的に日本の場合は，養育里親には養育費や医療費以外に手当として月額 86,000 円（二人目以降は 43,000 円）の支給が規定されています。しかしながら，養子縁組を前提とした里親には手当は支給されないことが多く，養子縁組成立後は実子と同等という理由から養育費等の経済的援助はありません。さらには，養子が 2 歳になるまでは共働きは控えることや子供との相性が悪い場合でも養親の都合で返すことはできない等に理解を求める民間団体もあります。[12] 養子を受け入れたい気持ちはあっても最初から多大な覚悟が養親に要求され，期待される経済的負担も大きい，つまり日本では養親になるための条件が厳しいという実情もあるのです。

　養子縁組には，公的制度だけでなく選択肢として民間団体や医療機関を介することもあります。USA では個人間の養子縁組も認められてはいますが，全ての養子縁組において法廷で最終手続きを行うことが義務付けられています。日本でも 2016 年施行の養子縁組児童保護法により民間団体も届け出制から都道府県知事による許可制となり，児童の利益最優先が明記されています。現在日本では，養子縁組総数の 3 割程度が民間団体を通して成立しています。USA も日本でも民間団体では実母への援助を含む新生児や一歳未満の養子縁組を多く扱っていますが，両国共通して養子縁組時に必要とされる養親の経済的負担が公的制度と比べてはるかに高額となっています。

　特定の大人との絆の構築が児童の成長には不可欠であるという英語圏全般の認識を取り入れ，日本でも社会的養護を必要とする児童の養育場所を施設から個人家庭へと移行していくのであれば，特別養子縁組の前段階としての多様な役割を果たす里親制度の拡充，並びに養親への経済補助も含めた長期的な支援体制の構築も課題であると考察されます。

---

[11] 同上

[12] NPO 法人 Baby ぽけっと「お子様を迎えたい方へ：養親の条件について　児童相談所との違い」<https://babypocket.net/adoptive-parent/difference/>（2020 年 1 月 17 日）

## コラム　多様化する家族の形態に即した養子制度の拡充

　解説では，里親制度の拡充や，養親への長期経済補助が社会的養護を必要とする児童の永続的養育場所となる家庭を増やすことに繋がると述べましたが，もう一つ根本的な課題があります。それは日本人全般に刻み込まれた通念ともいえる血縁関係重視の家族観です。筆者自身も，知人の 24 歳のアメリカ人夫婦が養子を迎えたという話を聞いた際，「まだ若いでしょうに」と何の気なしに言ってしまったことがあります。それを聞いたアメリカ人の友人から「そんなこと関係ないでしょ，実子が生まれたら兄弟姉妹になるだけよ」と怪訝な顔をされたことがありました。このように家族とは，血縁または婚姻関係を基盤とするものと疑問を挟む余地もなく思い込んでいる日本人は今でも少なくないと思われます。日本の社会制度をみても，例えば厚生労働省の特別養子縁組の成立要件として，養親は 25 歳以上で，配偶者のいる方（夫婦）であることと記載されています。[13] 民間団体では，養親は婚姻歴が 3 年以上で，子供との年齢差が 45 歳まで等の家族基準が追加されることもあります。

　しかしながら，統計から日本の世帯現状をみると，婚姻や血縁関係に無い世帯は全体の 3 割に上っていて，その大多数を単独世帯が占めています。50 歳時の生涯未婚率も上がり続けており，2010 年時点で男性が 20.1 パーセント，女性が 10.6 パーセントになっています。生涯未婚率の増加傾向は大学や大学院など高等教育を受けた人々にも共通して見られます。[14] 経済的には充分であっても人生の選択肢として結婚という道を選ばない人々は今後も増え続けるという予測もあります。過去五十年で婚姻率が半減する反面，離婚率は 3 倍に増加しており，[15] 大切な家族の繋がりを失ってしまった単身者も増えています。このような状況下で現行の特別養子縁組の養親基準を適用すると，これらの単身者全てを養親には不適格として最初から除外してしまうことにもなるのです。

　対照的に USA では，2018 年度に養子を受け入れた 62,194 世帯の内訳をみると，

---

　[13] 厚生労働省「特別養子縁組制度について」成立の要件 <https://www.mhlw.go.jp/stf/seisakunitsuite/bunya/0000169158.html>（2020 年 1 月 17 日）

　[14] 内閣府 男女共同参画局「生涯未婚率の推移（男女別）」<http://www.gender.go.jp/about_danjo/whitepaper/h25/zentai/html/zuhyo/zuhyo01-00-20.html>（2020 年 1 月 21 日）

　[15] 内閣府「平成 16 年版 少子化社会白書」婚姻率，離婚率の推移 <https://www8.cao.go.jp/shoushi/shoushika/whitepaper/measures/w-2004/html_h/html/g3380000.html>（2020 年 1 月 21 日）

婚姻関係にある夫婦が68パーセント，非婚カップルが3パーセント，単身女性世帯が25パーセント，単身男性世帯が3パーセントとなっています。[16] 単身世帯だけでも，1年間に17,784人の児童が養子として迎えられているのです。養親としての資格は各州の州法により異なりますが，成人の独身者による養子受け入れは，全ての州で認められています。養親の年齢制限は州によって21歳ないし25歳以上の規定や，養子との年齢差は10歳以上などがありますが，反対に何歳以下といった年齢の上限はありません。また，同性のカップルによる養子縁組に関しては，19の州で認可，ミシシッピ州のみで禁止，その他の州は言及なしという状況で今後の展開が注目されています。[17]

USAの養子制度を日本社会に適用するわけではなくとも，日本政府が拡充を推進している里親制度の養親を増やしていく上での参考にはなります。日本の現在の里親構成をみると，夫婦世帯数が3,728世帯で86.9パーセントを占め，ひとり親世帯が563世帯で13.1パーセントという結果になっています。[18] しかし日本の世帯現状として増加傾向にあるのは，単独世帯，夫婦のみ世帯，ひとり親世帯です。今後里親数を大幅に増やしていくには，これらすべての世帯，中でも全世帯の26.9パーセントを占める単独世帯を里親制度の養親になり得る対象として取り込んでいくことが必要ではないかと思われます。勿論，夫婦と子供で構成される核家族世帯や三世代世帯も養親対象となることに変わりはありませんが，この形態の世帯は両方合わせてももはや全世帯の35.4パーセント[19]に過ぎません。

婚姻と血縁を基盤とした家族形態を典型的家族のイメージとして長きに渡り日本社会全体で常識のごとく捉えられてきましたが，現実には時代とともに家族の形態は多様に変化しています。養子縁組を考える上でも，固定概念に固執した家族観に合わせるように養親を限定選択するのではなく，個々の養親の不足部分を補うような支援策の拡充が必要な状況になっています。里親・養子縁組制度の今後について考えていくことは，多様な家族を自然に受け入れ，どんな形態の家庭にとっても居

---

[16] HHS, Children's Bureau, 'Adoptive Family Structure', in 'The AFCARS Report' <https://www.acf.hhs.gov/cb/resource/afcars-report-26>（2020年1月20日）

[17] HHS, Children's Bureau, Child Welfare Information Gateway, 'Who May Adopt, Be Adopted, or Place a Child for Adoption?' <https://www.childwelfare.gov/pubPDFs/parties.pdf#page>（2020年1月20日）

[18] 厚生労働省「里親制度（資料集）」就業状況 p. 9 <https://www.mhlw.go.jp/content/000553549.pdf>（2020年1月23日）

[19] 厚生労働省「グラフでみる 世帯の状況 国民生活基礎調査（平成28年）の結果から」p. 6 <https://www.mhlw.go.jp/toukei/list/dl/20-21-h28.pdf>（2020年1月21日）

心地の良い社会を構築していく上でも一つのきっかけになると思われます。さらには，一人一人がどんな形の家族を築きたいのか，たとえそれが旧来の家族のイメージとは違っていても自己否定的な思いに囚われることなく，個人本来の価値観に沿って生きることは可能です。

## 著者紹介

阿部　隆夫 (Takao Abé, PhD)

社会言語学者，歴史学者。異文化間コミュニケーションと異文化間交流史を専門とする。日本，カナダ，英国で教育を受け，リーズ大学（英国 University of Leeds）より人文学博士号 PhD を取得。ヨーロッパの Brill 社から Takao Abé, *The Jesuit Mission to New France* (Chicago & Leiden: Brill, 2012) を出版する。共著に『岩波世界史史料』第 7 巻（岩波書店，2008 年），*Translating Catechisms, Translating Cultures* (Brill, 2017) がある。現職は山形県公立大学法人山形県立米沢女子短期大学英語英文学科，教授。

阿部　真由美 (Mayumi Abe)

カナダ・ブリティッシュコロンビア大学（UBC）社会学科卒。外資系企業勤務を経て，フリーランス翻訳者。

イラスト：(資)イラストメーカーズ・池和子

## *42* の事例から考える
## 異文化間英語コミュニケーション

〈一歩進める
英語学習・研究ブックス〉

2020 年 9 月 26 日　第 1 版第 1 刷発行©

著作者　　阿部隆夫・阿部真由美
発行者　　武村哲司
印刷所　　日之出印刷株式会社

〒113-0023 東京都文京区向丘 1-5-2
電話　（03）5842-8900（代表）
振替　00160-8-39587
http://www.kaitakusha.co.jp

発行所　　株式会社　開　拓　社

ISBN978-4-7589-1213-6　C0382